HET EMPATHISCHE BREIN

Christian Keysers

Het empathische brein

Waarom we socialer zijn dan we denken

Vertaald door Marjolein van Velzen

2019 Social Brain Press Amsterdam

Voor Julia and Laura

Oorspronkelijke titel *The Empathic Brain*
© 2011 Christian Keysers
2012 Nederlandse vertaling Marjolein van Velzen
Illustraties binnenwerk Valeria Gazzola
Foto auteur Valeria Gazzola

www.socialbrainlab.org

isbn 978 90 81 82 92 12

Uitgeverij Social Brain Press

Inhoud

'Connecting People'

De mooiste dag van mijn leven begon met een kleine hapering. Dat moment zal me mijn leven lang bijblijven, tot in de kleinste details. Een zaterdagochtend in januari 2004; het had pas gesneeuwd. De ruige pieken van de Dolomieten rond het Italiaanse dorpje Castelrotto lagen onder een donzige, witte deken. In een klein kerkje zaten Valeria en ik tegenover twee katholieke priesters. 'Dan mag u nu de trouwgelofte afleggen,' zei een van de geestelijken. Mijn hart begon te bonzen.

Wat ik ging zeggen – woorden die ik eindeloos in mijn hoofd had geoefend – lag klaar om te worden uitgesproken, maar hier, oog in oog met Valeria en ten overstaan van mijn familie en mijn beste vrienden, kreeg ik een brok in mijn keel en tranen in mijn ogen. Ik begon, ik stamelde; mijn stem brak. Iedereen zat te wachten tot ik iets zou zeggen, en de stilte om me heen klonk luider en luider in mijn oren. Ik begon opnieuw en luisterde naar mezelf alsof ik het niet was.

En toen gebeurde er iets. Nog steeds hakkelend en stamelend keek ik naar de mensen om ons heen. Ik dacht dat ik ongeduldige blikken zou ontmoeten, maar in plaats daarvan zag ik een goede vriend van me op de voorste rij met een zakdoek in de hand zitten. Ik keek naar mijn vader en zag de tranen over zijn wangen biggelen. Zelfs de fotograaf maakte geen foto's meer. De mensen om me heen leken, althans deels, te voelen wat er door mij heen ging. Toen ik dat zag, toen dat tot me doordrong, vatte ik moed en kon ik verder. Mijn knieën knikten nog steeds en het duurde voor mijn gevoel minuten voordat ik mijn stem genoeg onder controle had om die paar zinnen uit te spreken. Maar uiteindelijk lukte het me. (En ze zei 'ja'.)

Dit verhaal vertel ik niet vanwege wat míj die dag is overkomen, maar vanwege wat de andere aanwezigen overkwam. We hebben allemaal wel van dit soort ogenblikken meegemaakt; momenten van ontroering, niet omdat we zelf iets meemaken, maar omdat iemand anders iets overkomt.

Andermans emotie kan deel uitmaken van onszelf; het kan onze emotie worden, bijna alsof datgene wat anderen beleven doorstroomt naar onszelf. Het kost ons geen enkele moeite om dit te ervaren. Het gebéurt: automatisch, intuïtief en grotendeels buiten onze wil om. Dat wil zeggen, onze hersenen doen het. Die eigenaardigheid van ons brein, die emotionele band met anderen, bepaalt voor een groot deel ons mens-zijn. Maar hoe doen onze hersenen dat? Waarom hebben de emoties van anderen zo'n invloed op ons? Daar gaat dit boek over.

Natuurlijk delen we niet alleen blijde momenten. Voor andere emoties geldt dit precies zo, zoals we dadelijk zullen zien. Ik word wel eens uitgenodigd om te komen vertellen over mijn onderzoek. Soms is dat heel ver weg, en sta ik voor een publiek met een volledig andere culturele achtergrond. En toch lijkt iedereen intuïtief de filmclip te begrijpen waarmee ik begin.

Het is een clip uit een film die ik als kind geweldig vond, *Dr. No*, met Sean Connery als James Bond. Bond ligt in bed, onder een wit laken, te slapen. Plotseling komt er een vogelspin zo groot als een hand onder het laken vandaan en kruipt naar zijn hoofd. Bij iedere stap van de spin lijkt er een kuiltje te ontstaan in Bonds huid waar de scherpe klauw neerkomt. Bond wordt wakker van het kriebelende gevoel. Hij verstrakt. In zijn oren klinkt het ritmische dreunen van zijn hart. Op zijn gezicht verschijnen zweetdruppels, en hij kijkt rond op zoek naar iets waarmee hij de spin kan wegvegen.

Zelf heb ik die beelden minstens honderd keer gezien, dus ik kijk er niet meer naar. Ik kijk naar het publiek. Ik kies een paar mensen uit die ik goed kan zien, en als ik naar hun gezichten en lichaamstaal kijk, hoef ik me niet af te vragen wat er in hun hoofd omgaat. Dat zie ik. En ik voel hoe onbehaaglijk ze zich voelen. In feite is het een mengeling van onbehagen en plezier, want hoewel ze de spin zien en Sean Connery's spanning voelen, weten ze dat hunzelf niets kan overkomen. En toch, alleen al doordat ze naar die beelden kijken gaat hun hart sneller slaan, beginnen ze licht te transpireren, spannen ze hun spieren. Sommige mensen voelen het zelfs prikkelen op hun eigen armen, alsof de klauwtjes van de spin langs hun eigen huid strijken. We hebben een band met James Bond en we voelen wat hij ervaart. Maar waarom? Waarom hebben films die uitwerking op ons? Waarom vertonen we lichamelijke reacties die gepast zouden zijn als we zelf in gevaar verkeerden, terwijl we gewoon thuis op de bank zitten?

Natuurlijk trouwen we niet dagelijks en goddank worden de meesten van ons niet regelmatig aangevallen door gigantische spinnen. Maar één ding is duidelijk: ook in ons gewone, dagelijks leven kunnen we dat inlevingsvermogen, die band met anderen, dat medegevoel niet missen. Het sociale leven zou zonder meer ineenstorten als we dat vermogen niet hadden.

Als ik 's ochtends wakker word en naar mijn vrouw Valeria kijk, moeten mijn hersenen ogenblikkelijk een aantal ingewikkelde vragen beantwoorden die voor mijn huwelijk van vitaal belang zijn, zoals: wat gaat er om achter haar slaperige gezicht? Moet ik haar in mijn armen nemen omdat ze net een nachtmerrie heeft gehad? Wil ze dat ik ontbijt ga maken? Op het werk moet ik de stemming van mijn baas peilen, zodat ik weet of ik vrij kan vragen teneinde dit boek te kunnen schrijven. Als ik 's avonds weer thuis ben en op de bank hang, moet ik erachter zien te komen of Valeria het meende toen ze zei dat zij wel zou koken, of dat ze eigenlijk liever wil dat ik het doe. De hele dag lang hangt het succes van onze relaties en onze carrières af van ons vermogen om de gevoelens en geestestoestand van anderen te bespeuren. Heel vaak voelen we inderdaad aan hoe anderen eraan toe zijn, ook als die anderen proberen dat te verbergen. We voelen verdriet achter een geveinsde glimlach, en slechte bedoelingen achter een schijnbaar vriendelijk gebaar. Hoe doen we dat? Hoe zien we kans die verborgen emoties aan te voelen?

In de tweede helft van de negentiende eeuw begon de moderne

hersenwetenschap met eenvoudige vragen als: waar zit het taalvermogen in de hersenen, hoe werkt het geheugen, hoe worden onze bewegingen gereguleerd? Meer dan honderd jaar later, in de jaren tachtig en negentig van de vorige eeuw, werden gevoelens onderwerp van studie. Maar nog steeds werd er alleen bij afzonderlijke personen onderzoek gedaan. De vraag hoe we andermans gedachten lezen en hoe we beïnvloed worden door andermans gevoelens werd eigenlijk niet gesteld.

En terecht. De wetenschap hield zich niet bezig met hersenen in een sociale context, omdat dat verschrikkelijk moeilijk is. Complexe menselijke interactie kun je moeilijk testen aan de hand van diermodellen of door iemand te bekijken die in zijn eentje roerloos in een scanner ligt.

Een tweede reden waarom het menselijk inlevingsvermogen niet bestudeerd werd was dat die vraag tijdenlang volslagen onbelangrijk leek, zodat niemand zich er echt druk om maakte. De meeste kinderen kunnen tegen de tijd dat ze zeven zijn de gevoelens van anderen onderscheiden, en wanneer we andermans emotie invoelen zijn we ons er zelden van bewust dat we iets doen; het gebeurt gewoon. Je hoeft niet na te denken om te begrijpen wat Bond meemaakt als die spin over zijn lijf kruipt: dat begrijp je intuïtief. Het lijkt zo makkelijk, zo triviaal in tegenstelling tot 'moeilijke' dingen als meetkunde, waar bijna niemand voor zijn zestiende aan toe is, dat we dit vermogen als normaal zijn gaan beschouwen. Het grappige is dat computers al sinds de jaren vijftig meetkundige berekeningen kunnen verrichten, maar beoordelen of iemand naast je blij of bang is bleek zo moeilijk dat niet één computer of robot in de eenentwintigste eeuw ertoe in staat is. Waarom is het voor ons makkelijker om onze medemens te begrijpen dan om meetkundige berekeningen uit te voeren, terwijl het voor een computer juist andersom is?

Als je erbij stilstaat zou het inderdaad bijzonder moeilijk moeten zijn om andere mensen te begrijpen. Het menselijk brein is zonder enige twijfel het ingewikkeldste orgaan dat we kennen, en toch kan een kind van zeven al moeiteloos snappen wat er omgaat in de gedachten, en dus in de hersenen, van de mensen in zijn omgeving. Als ik een stel dobbelstenen opgooide en u vroeg hoeveel ogen ik gegooid had, zou u zeggen: 'Ik kan ernaar raden, maar hoe kan ik het nou zeker weten?' Maar als u op een feest ziet hoe een jonge man en een jonge vrouw hand in hand naar een slaapkamer rennen en al giechelend de deur dichtdoen, kunt u er bijna zeker van zijn wat er in hun hoofd omgaat en kunt u met grote zekerheid voorspellen wat er gaat gebeuren. Op de een of andere manier zit de natuur zo in elkaar dat het ingewikkelde menselijk brein vreemd genoeg makkelijker te voorspellen is dan de uitkomst van een eenvoudige worp met een dobbelsteen.

Tijdenlang heeft niemand geweten hoe de hersenen die taak volbrengen of hoe ze zo goed geworden zijn in het uitvissen van wat er in anderen omgaat. Tot daar plotseling verandering in kwam. In het begin van de jaren negentig ontdekten collega's van mij in Parma (Italië) een groep speciale hersencellen die ze 'spiegelneuronen' noemden. Die ontdekking betekende een ommekeer in de manier waarop we naar de hersenen kijken en in ons begrip van sociale interactie.

Spiegelneuronen 'spiegelen' het gedrag en de emoties van mensen om ons heen, zodat die anderen als het ware deel van ons gaan uitmaken. De ontdekking van deze cellen kan een groot aantal van de raadselen van het menselijk gedrag verklaren. Waarom is het bijvoorbeeld zo moeilijk om je aan een dieet te houden als je de mensen om je heen exact datgene ziet eten wat jij niet mag hebben? Spiegelneuronen bieden een antwoord. Wanneer je een stuk chocola pakt en opeet, wordt een bepaald netwerk van hersencellen geactiveerd, laten we zeggen het 'netwerk voor chocolaconsumptie'. Sommige van die cellen zijn heel bijzonder. Ze worden niet alleen actief wanneer u zelf een stuk chocola eet, maar ook wanneer u iemand anders chocola ziet eten. Dat zijn spiegelneuronen. Zoals we in dit boek zullen zien kunnen we dankzij die neuronen andermans ervaringen delen. Door iemand anders chocola te zien eten, krijgen wij het gevoel dat we willen weten hoe het zou zijn om hetzelfde te doen. Dat gevoel helpt ons begrijpen wat zij doen, maar activeert helaas ook de neiging om het zelf ook te doen. Dankzij spiegelneuronen zijn wij sociaal in hart en nieren – tegen wil en dank.

Sinds de ontdekking van spiegelneuronen in het begin van de jaren negentig hebben we steeds meer inzicht gekregen in de sociale aard van de mens. Spiegelneuronen helpen ons niet alleen onze medemens te begrijpen, maar leveren ook verrassende nieuwe antwoorden op eeuwenoude vragen als: hoe heeft de evolutie geleid tot menselijke taal, en hoe is ons lichaam gerelateerd aan onze denkwijze?

De studie van spiegelneuronen heeft niet alleen onze kijk op de menselijke natuur veranderd, maar biedt ook inzicht in onopvallender aspecten van het dagelijks leven, zoals waarom je beenspieren zich spannen als je favoriete voetballer op het punt staat een penalty te nemen, waarom een pianist zijn handen bijna niet stil kan houden als hij luistert naar pianomuziek, of hoe we vaardigheden aanleren door bij anderen letterlijk 'de kunst af te kijken'.

Aangezien spiegelneuronen een bijdrage leveren aan onze band met anderen, kan een fout in deze cellen leiden tot een 'emotionele breuk' met anderen. Mensen met autisme zijn emotioneel geïsoleerd van de rest van de mensheid. Met spiegelneuronen kunnen we onderzoek doen naar die breuk, en nieuwe therapieën ontwikkelen.

Psychopaten als Ted Bundy moorden erop los alsof het hun niets uitmaakt – spiegelneuronen helpen ons begrijpen hoe dat kan.

In dit boek zal ik proberen nieuwe inzichten te bieden in deze en andere raadselen. Inlevingsvermogen is diep ingebed in de architectuur van onze hersenen. Wat anderen overkomt heeft invloed op bijna alle gebieden van onze hersenen. We zijn geschapen voor medegevoel, voor een band met onze medemens. Ik hoop hier de principes te ontrafelen van het inlevingsgevoel in onze hersenen; ik hoop de sublieme eenvoud van dit systeem te tonen en u deelgenoot te maken van mijn ontzag en verwondering over de ontdekking wát ons mensen menselijk maakt.

1

De ontdekking van spiegelneuronen

Vol ongeloof schudt Vittorio zijn hoofd. 'Leo, non può essere!' (Leo, dat kán niet!) Hij pakt een rozijn van het bordje dat voor de aap staat. Uit de luidspreker komt een geluid dat nog het meest weg heeft van een machinegeweer. Dat is het natuurlijk niet. Het is het geluid van één enkele zenuwcel die 'vuurt'. Een elektrode zo dun als een haar is in de hersenen van de aap aangebracht en zodra de zenuwcel wordt geactiveerd, wordt het zwakke elektrische stroompje door de elektrode versterkt; daarna wordt het in geluid omgezet door een luidspreker en zichtbaar gemaakt via een groene lijn op het scherm van een oscilloscoop. 'Is dat ruis? Kan het dezelfde cel zijn?' Met een verbaasd gezicht kijkt Vittorio naar de oscilloscopen. Alles ziet er volkomen normaal uit: een groene zigzaglijn op een zwarte achtergrond. Nu pakt de aap het rozijntje van het bord en de reactie klinkt net zo, de lijn zigzagt precies hetzelfde als toen Vittorio de rozijn pakte. 'Hoe is het mogelijk!' zegt Leo.

Ik was verbijsterd toen Vittorio me vertelde wat er die dag gebeurd was: adembenemend spannend, vond ik. Maar op die warme augustusavond in 1990 aan de universiteit van Parma hadden Leonardo Fogassi, Vittorio Gallese, Giacomo Rizzolatti en de rest van het team niet eens meteen door wat ze zojuist hadden ontdekt. Jaren later zou de eminente neurowetenschapper Vilayanur Ramachandran de revolutionaire ontdekking die de Italiaanse wetenschappers min of meer toevallig gedaan hadden vergelijken met de ontdekking van de structuur van het menselijk DNA door Jim Watson en Francis Crick. 'Let op mijn woorden: spiegelneuronen zullen voor de psychologie gaan betekenen wat de dubbele helix voor de biologie is geweest,' zei hij.

Het team had het eerste 'spiegelneuron' ontdekt, een heel bijzonder soort hersencel. Dit zijn unieke cellen doordat ze niet alleen reageren wanneer de aap een bepaalde handeling verricht, bijvoorbeeld wanneer hij een rozijntje pakt, maar ook wanneer de aap iemand anders iets soortgelijks ziet doen. Dankzij spiegelneuronen zijn we radicaal anders gaan denken over de werking van de hersenen.

Vóór deze ontdekking was al onderzoek gedaan naar de basisfuncties van een groot aantal hersengebieden. Daaruit was het beeld ontstaan van een brein dat functioneert op basis van een strikte werkverdeling (de belangrijkste gebieden, die in de loop van dit boek vele malen zullen worden genoemd, worden geïllustreerd in 'Landkaart van het empathische brein'). Van de cortex helemaal achter in de hersenen, de zogenoemde primaire visuele cortex, was bekend dat deze de beelden van het netvlies opbreekt in piepkleine details, met de nadruk op hoeken en randen op bepaalde plaatsen in het beeld. Die details worden dan weer bijeengevoegd door hersengebieden in de temporale visuele cortex (donkergroen in het overzicht), waar bepaalde neuronen reageren op de unieke combinatie van eigenschappen die een rozijn kenmerken, terwijl andere neuronen reageren op de gelaatstrekken van je grootmoeder. Verder naar voren in de hersenen waren gebieden ontdekt, te weten de premotorcortex (PM en IFG in het overzicht) en supplementaire motorcortex, die actief worden voordat we een bepaalde handeling uitvoeren. Die cellen leken te programmeren wat we in de toekomst gaan doen. De primaire motorcortex (M1) daarentegen wordt actief bij daadwerkelijke bewegingen en geeft de rechtstreekse aansturing voor onze spieren. Al deze kennis was gecombineerd in een prettig overzichtelijk beeld van de hersenen. Die bestonden uit twee helften. De wereld gewaarworden of een rozijn bekijken gebeurde in het achterste deel van de hersenen, terwijl handelingen zoals het pakken van de rozijn werden uitgevoerd door de voorste helft van de hersenen (M1, PM, IFG en SMA).

De ontdekking van de spiegelneuronen betekende een omslag in deze opvatting over de werkverdeling in de hersenen. Spiegelneuronen hebben een tweeledig doel: ze nemen de wereld waar én ze reageren erop. De zenuwcel die de groep in Parma had gevonden maakte deel uit van de premotorcortex (het gebied vlak voor de primaire motorcortex). Er was altijd gedacht dat die neuronen zich uitsluitend bezighielden met het programmeren van de eigen handelingen van de aap. Maar het neuron dat ze hadden gevonden was niet alleen actief als de aap een rozijn pakte, wat niet zo vreemd is voor een premotorneuron, maar ook als de aap iemand anders diezelfde handeling zag verrichten. En dat wekte wél verbazing, want tot dan toe was altijd aangenomen dat een reactie op andermans handelingen in een heel ander deel van de hersenen plaatsvond, namelijk in de temporale visuele cortex. Het leek wel of de hersenen van de aap 'speelden' dat ze de handeling uitvoerden die ze voor zich zagen.

De vondst van een premotorneuron dat reageert op de aanblik van handelingen was verbijsterend. Denkt u zich ter vergelijking in dat u zou ontdekken dat uw tv, waarvan u altijd had gedacht dat hij alleen beelden weergaf, al die jaren ook had gewerkt als een camera die alles wat u deed had opgenomen. Het simpele verschil tussen invoer en uitvoer had plotseling geen betekenis meer, en wetenschappers vingen een eerste glimp op van het feit dat in bepaalde hersengebieden 'zien' hetzelfde kan zijn als 'doen'.

Aanvankelijk had het team in Parma geen vertrouwen in de ontdekking. Toen ze de eerste spiegelneuronen hadden geregistreerd, dachten ze dat de aap had bewogen terwijl hij zag dat iemand een rozijn pakte. Maar ook toen ze het dier zorgvuldig in de gaten hielden en meetapparatuur aansloten op zijn ledematen, om te kijken of zijn spieren actief waren, bleek dat de spiegelneuronen reageerden op de aanblik van de hand die de rozijn pakte, terwijl de aap zelf stilzat. Stukje bij beetje drong het besef door dat sommige premotorneuronen – de spiegelneuronen – inderdaad mogelijk een functie hadden die niets te maken had met het direct waarneembare gedrag van de aap.

Maar wat betekent het als een premotorneuron vuurt terwijl je kijkt naar wat iemand anders doet? Je kunt premotorneuronen kunstmatig stimuleren door een zwak elektrisch stroompje te sturen via de elektrode waarmee normaal gesproken de activiteit van de neuron wordt geregistreerd. De aap houdt dan op met wat hij aan het doen was en steekt plotseling zijn hand uit om iets te pakken.[1] Dat bevestigt dat premotorneuronen inderdaad integraal deel uitmaken van de eigen handelingen van de aap, maar de vraag blijft wat de aap 'voelt' wanneer dit gebeurt. Soms maken we bewegingen die onwillekeurig aanvoelen. Als u bijvoorbeeld op de rand van een tafel zit en iemand met een hamertje net onder uw knieschijf tikt, maakt uw onderbeen een schoppende beweging. Toch hebt u het gevoel dat die beweging niets te maken had met uw eigen wil. Als u daarentegen bewust uw been uitstrekt, voelt diezelfde beweging heel anders aan: u wilde uw been strekken, en het been 'gehoorzaamde'. Dus wat voelt de aap wanneer een onderzoeker zijn premotorneuronen activeert? Voelt die grijpbeweging even onwillekeurig aan als onze kniepeesreflex, of heeft de aap het gevoel dat hij echt iets wil pakken?

Dat hebben we kunnen achterhalen doordat elektrostimulatie van bepaalde hersengebieden soms wordt uitgevoerd bij mensen die een hersenoperatie moeten ondergaan. Sommige patiënten met epilepsie hebben bijvoorbeeld zo veel toevallen per dag dat ze geen normaal leven meer kunnen leiden. Als hier met medicijnen niets aan te doen is, laten veel patiënten zich opereren. Epileptische toevallen beginnen in een duidelijk afgebakend deel van de hersenen en verspreiden zich daarvandaan geleidelijk naar de omliggende gebieden, dus als kan worden vastgesteld waar de toevallen beginnen, kan dat deel van de hersenen worden verwijderd. Er zullen dan veel minder toevallen per dag plaatsvinden, en soms wordt de epilepsie zelfs helemaal genezen. Het probleem is dat het weggehaalde weefsel verantwoordelijk is voor bepaalde hersenfuncties, en als het wordt verwijderd zal die functie veranderen. Om te voorkomen dat belangrijke functies worden weggenomen kan de hersenchirurg verschillende delen van het brein prikkelen om te zien wat de functie van die delen is. De chirurg kan dan samen met de patiënt besluiten of dat deel kan worden verwijderd of niet, afhankelijk van de vraag of de patiënt bereid is die functie op te offeren om minder toevallen te krijgen. Als bijvoorbeeld het taalvermogen of basale bewegingsfuncties worden verstoord, kan dat zo'n ernstige handicap opleveren dat de meeste patiënten liever voortleven met hun epilepsie.

Wanneer een hersenchirurg de primaire motorcortex stimuleert vlak achter de plek waar de spiegelneuronen zich bevinden, maakt de patiënt bewegingen. Die stimulatie kan plaatsvinden terwijl de patiënt bij kennis is, want de hersenen zelf bevatten geen pijnsensoren. Op de vraag wat ze voelen, melden patiënten: 'Mijn hand trekt samen', alsof ze de beweging niet zelf hebben bepaald – net als een kniepeesreflex. Als er gebieden vlak vóór de primaire motorcortex worden gestimuleerd (d.w.z. de premotor- of supplementaire motorgebieden), voeren patiënten complexere bewegingen uit: ze buigen hun arm of pakken iets beet. Als je vraagt wat er in hun hoofd omging tijdens die beweging, krijg je het antwoord dat de patiënt 'de aandrang voelde om dat te doen'.[2] Soms hebben patiënten zelfs het subjectieve gevoel dat hun arm beweegt, zonder dat ze daadwerkelijk een fysieke beweging maken. In het licht van die bevindingen is de activiteit van de spiegelneuronen in de premotorcortex van de aap die ziet wat mensen doen het best te begrijpen als een innerlijk gevoel dat hij die handelingen begrijpt. Hij deelt op dat moment de aandrang om die beweging te maken, net als de aandrang waarover menselijke patiënten het hadden na elektrische stimulatie van datzelfde gebied in de hersenen. Om terug te keren naar het eerdere voorbeeld: als we iemand anders chocola zien eten worden er premotorspiegelneuronen geactiveerd die ervoor kunnen zorgen dat wij het plan opvatten om chocola te gaan eten, en dan voelen we de aandrang om inderdaad zelf aan de chocola te gaan.

Is perceptie een soort sandwich?

Toen Vittorio Gallese en zijn collega's tegen het eind van de jaren negentig hun ontdekking publiceerden, was ik nog bezig met mijn masterstudie. Een paar jaar later, toen ik voor mijn doctorstitel onderzoek deed in het middeleeuwse Schotse stadje St. Andrews, zat ik een keer bij een voordracht waarin Vittorio over zijn ontdekking vertelde. Ik was meteen geboeid. 'De meeste mensen zien onze waarneming van, en reacties op, de medemens als een sandwich,' zei Vittorio. 'De onder- en bovenlaag zijn het visuele systeem, waarmee we anderen kunnen zien, en het motorsysteem, waarmee we de juiste motorpatronen (bewegingsreeksen) kunnen uitvoeren. Bekeken vanuit het standpunt hoe we andermans gedachten lezen zijn dit noodzakelijke elementen, maar op zich niet echt spannend, zoiets als het brood in een sandwich,' vervolgde hij met een glimlach. 'De meeste mensen denken dat ons begrip van de medemens niet plaatsvindt via het visuele en het motorsysteem, maar via een speciaal proces dat zich voltrekt ergens tussen onze waarneming van andermans handelingen en onze eigen reactie daarop. Niemand weet waar dat speciale proces zich voltrekt, maar het wordt gezien als het sappigste deel van het probleem: zoiets als de vulling van de sandwich.'

Vittorio had gelijk. In de jaren negentig begon de neurowetenschap te begrijpen dankzij welke visuele verwerkingsmechanismen onze hersenen in staat zijn een beeld op te bouwen van wat ze in de wereld zien. Het probleem is dat zien wat er in de wereld is niet gelijkstaat aan begrip van die wereld. Stel: u pakt een stuk chocola en u brengt het naar uw mond. Ik zie dat, en meteen zie ik u glimlachen. Dan begrijp ik ten eerste dat u dat stuk chocola hebt opgegeten, en dat u zich daar prettig bij voelt. Ik zie wat u doet, maar daarnaast begrijp ik intuïtief wat u voelt. In de jaren negentig wisten we dat er in de visuele cortex neuronen zitten die reageren op de aanblik van iemand die iets naar zijn mond brengt. Die neuronen vuren als iemand iets naar zijn mond brengt, en ook alleen dán. Maar het visuele systeem zelf weet niets over wat het echt inhoudt om chocola te eten: die heerlijke zoete en toch bittere smaak in je mond, die romige substantie, het verlangen naar meer, de zalige nasmaak...

Daarentegen was altijd aangenomen dat het motorsysteem zich bezighield met de nauwgezette programmering van onze handelingen. De redenering was als volgt: als je iemand chocola zag eten en je nam dan zelf ook een stuk, was het motorsysteem alleen betrokken bij die handeling van 'hetzelfde doen', nadat je de ander iets had zien eten, nadat je had geanalyseerd en herkend wat die ander had gedaan en nadat je had bedacht dat je zelf ook een stuk wilde. Het motorsysteem was simpelweg de uitvoerder van cognitieve processen die elders plaatsvonden. Maar voor het begrip van onze medemens is één ding natuurlijk bij uitstek interessant, en dat moet een proces zijn dat zich afspeelt nadat je hebt gezien wat iemand anders doet, voordat je daar zelf op reageert. In de jaren negentig heerste de mening dat een deel van de hersenen was gespecialiseerd in het 'mentaliseren' of nadenken over het innerlijk leven van anderen op basis van gegevens die vanuit het visuele systeem binnenkwamen. Het systeem kon de juiste reacties voorstellen, waarna de motor- en premotorcortex de leiding overnamen om de voorgestelde handelingen in werking te stellen. Vele wetenschappers waren op zoek naar die 'mentalisatiemodule'.

Onderzoek naar autisme werd gezien als de sleutel voor het begrip van dit mentalisatieproces. Mensen met autisme lijken een normaal visueel systeem te hebben (ze hebben weinig problemen met een beschrijving van de wereld om hen heen), en normale motorsystemen (de meeste motortaken voeren ze even goed uit als vergelijkbare personen zonder autisme). Bij mensen met autisme verloopt het mentalisatieproces echter anders dan bij de meeste anderen. Als ik u een zakje M&M's laat zien en ik vraag u wat daarin zit, zegt u waarschijnlijk: 'M&M's'. Als ik de zak opendoe zodat blijkt dat er in werkelijkheid munten in zitten, kijkt u daarvan op. Als er dan iemand anders binnenkomt en ik vraag u: 'Wat zal die persoon zeggen als ik vraag wat er in de zak zit?' antwoordt u: 'Nou, M&M's'

In Frankrijk heeft mijn vriend en collega Bruno Wicker een soortgelijke proef uitgevoerd bij mensen met autisme. Daar was een jonge man bij, ene Jerôme, die getest werd op het moment dat ik op bezoek was. 'Die jongen is bijna klaar met een promotieonderzoek op het gebied van theoretische natuurkunde. Een superslimme vent!' zei Bruno terwijl we zaten te wachten.

Toen Bruno mij voorstelde, keek Jerôme om zich heen, zonder me ook maar een moment aan te kijken. Hij begroette me op vlakke, bijna mechanische toon. 'Ik heb een vraag,' zei Bruno, terwijl hij een koektrommel uit zijn bureaula haalde. 'Wat zit daarin, denk je?' vroeg hij. 'Koekjes,' antwoordde Jerôme. Bruno deed de trommel open: in plaats van de verwachte koekjes bleken er kleurpotloden in te zitten. 'Gunst,' zei Jerôme. Bruno deed de trommel weer dicht, en zijn onderzoeksassistent kwam de kamer binnen. 'Wat zou zij denken dat er in die trommel zit?' vroeg Bruno aan Jerôme. Op het beledigende af, vond ik, zo'n simpele vraag. 'Kom op zeg, Jerôme houdt zich bezig met theoretische natuurkunde,' zei ik bijna. Maar Jerôme was beslist niet gepikeerd. 'Kleurpotloden,' antwoordde hij. Ik was verbijsterd. De meest complexe wiskundige vergelijkingen waren gesneden koek voor hem, maar zijn vermogen om te begrijpen wat andere mensen al dan niet konden weten was uitermate beperkt. Door dat soort waarnemingen gefascineerd gingen steeds meer onderzoekers tegen het eind van de jaren negentig op zoek naar een gespecialiseerd deel van de hersenen dat zich bezighield met het begrip van andermans gedachten: die smakelijke vulling tussen de twee sneden brood waar Vittorio het over had gehad.

Van zien naar doen

'Wat spiegelneuronen ons vertellen,' zei Vittorio tijdens zijn lezing, 'is dat die mentalisatieprocessen niet alleen de smakelijke vulling zijn. Diezelfde motorprocessen waarmee we reageren op de handelingen van anderen – het saaie brood in de klassieke sandwich – zijn nu juist de plek waar het allerinteressantste proces lijkt plaats te vinden: daar vallen jouw handelingen samen met de mijne. Zodat ik voel wat jij doet. Op de een of andere manier is mentalisatie niet altijd nodig om andermans handelingen te begrijpen. Het ziet ernaar uit dat de spiegelneuronen in de premotorcortex, dat bij uitstek pragmatische deel van de hersenen, een intuïtief begrip geven van andermans handelingen.'

Toen ik die middag in de kantine zat, smaakte mijn sandwich plotseling heel anders. Het werd me duidelijk dat Vittorio en zijn team een sleutel hadden gevonden tot het grootste mysterie van de sociale omgang met anderen, namelijk: waarom is het voor mensen zo gemakkelijk om door te hebben wat er in andermans hoofd omgaat? Die schijnbaar filosofische vraag is eeuwenoud, maar honderden jaren lang was het onderzoek gericht geweest op expliciete, logische oplossingen die geen bevredigend antwoord hadden opgeleverd. Nu had de neurowetenschap een fenomeen ontdekt dat nieuw licht wierp op het debat. Aan wat het visuele systeem waarneemt wordt betekenis toegevoegd: wat we zien wordt gekoppeld aan ons eigen handelen. Zodra ik het verband leg tussen de aanblik van iemand die een stuk chocola pakt en naar zijn mond brengt, en mijn eigen vermogen om dat te doen, is wat ik zie geen abstracte, betekenisloze indruk meer. Ik weet hoe je chocola eet, en die kennis wordt gekoppeld aan het beeld van iemand anders die dat doet. Zo krijgt datgene wat mijn visuele systeem ontdekt een sterk pragmatische betekenis. Als ik u een nieuwe zeemansknoop voordoe en ik vraag u: 'Duidelijk?', dan is er maar één manier waarop u mij kunt laten zien dat u snapt hoe die knoop gaat, namelijk door hem zelf te maken. Spiegelneuronen koppelen de aanblik van een handeling aan het motorprogramma dat betrokken is bij de uitvoer van diezelfde handeling. En daarmee doen ze precies wat ik hierboven als voorbeeld aanhaalde: wat je ziet wordt omgezet in hoe je dat doet.

Ik was zo onder de indruk van die ontdekking dat ik solliciteerde naar een baan bij het team in Parma. Met een auto vol verhuisdozen en een hoofd vol ideeën kwam ik daar een jaar later aan, in het najaar van 2000, twee weken nadat ik de laatste versie van mijn dissertatie had ingeleverd. Met mijn aftandse vw Golf en een aanhanger die de lange rit van Schotland via Engeland, de veerboot, België, Duitsland en Zwitserland ternauwernood had overleefd, reed ik naar een spiksplinternieuw gebouw net buiten het centrum van Parma, pal naast het enorme plaatselijke ziekenhuis. Het was een modern gebouw van drie verdiepingen, dat gebouwd was ter vervanging van het oude instituut waarin zo'n tien jaar tevoren de eerste spiegelneuronen waren ontdekt. Vittorio leidde me rond, gaf me een kop koffie uit het espressomachientje dat het middelpunt van het sociale leven in het instituut vormde, en tien minuten later stonden we in het laboratorium.

Het eerste wat ik hoorde was het geluid van een mitrailleur. Even later zag ik twee onderzoekers, Alessandra Umiltà en Evelyne Kohler, bij een aapje staan, bezig vellen papier aan repen te scheuren. Ik kon de verleiding niet weerstaan: ik moest mijn eerste spiegelneuron testen. Ik keek hoe de aap een pinda oppakte en hoorde het vuren van het neuron door de versterker. Ik greep zelf een pinda, en het neuron van de aap vuurde opnieuw. Ik was verbijsterd. Alessandra glimlachte naar me. 'Met eigen oren een spiegelneuron horen vuren is heel wat overtuigender dan erover lezen, vind je ook niet?' Ik probeerde de pinda nogmaals te pakken, ditmaal met mijn andere hand en vanuit een andere hoek, maar ook toen vuurde het neuron, alsof het zeggen wilde: 'Mij maakt het niet uit hoe je dat ding oppakt. Ik ben niet op mijn achterhoofd gevallen: ik zie jou dat ding pakken, en dus vuur ik!'

Hersenfunctie gebaseerd op verbindingen tussen neuronen

Om spiegelneuronen te begrijpen is het van cruciaal belang om te begrijpen hoe neuronen meer in het algemeen werken, en hoe onze hersenen meerdere neuronen gebruiken om een bepaalde capaciteit te behalen. Neuronen in de hersenen zijn kleine verwerkingseenheden binnen een verwerkingsketen. Ze ontvangen binnenkomende signalen van de neuronen vóór hen en geven uitgaande signalen af aan de neuronen na hen. Die signalen bestaan uit chemische stofjes. Een neuron geeft kleine hoeveelheden neurotransmitters af: chemische stofjes die boodschappen overbrengen tussen neuronen. Die overdracht vindt plaats bij de zenuwuiteinden, de zogeheten synapsen. Daar stromen de stoffen over naar het volgende neuron in de keten. Als er maar één dosis neurotransmitter wordt vrijgegeven aan het volgende neuron, gebeurt er niet veel. Maar als het 'afzender'-

neuron bijzonder actief is, worden er meerdere doses verzonden. Als dat het geval is, of als andere neuronen gaan meedoen en zelf ook neurotransmitters gaan afgeven, telt het signaal snel op. Zodra de som van alle verzonden signalen boven de drempel van het ontvangende neuron uit komt, ontstaat er in dat neuron een korte stoot elektrische activiteit, een zogeheten 'actiepotentiaal'. Dit heeft twee gevolgen: ten eerste leidt het tot de afgifte van neurotransmitters vanuit de synapsen van dit ontvangende neuron, dat nu op zijn beurt afzender wordt. Ten tweede is het actiepotentiaal zo'n sterke elektrische prikkeling dat deze kan worden gedetecteerd wanneer je in de buurt van het neuron een kleine elektrode in de hersenen steekt. Wordt dat signaal versterkt en naar een luidspreker gestuurd, dan horen we het geknetter dat in het laboratorium klonk. Hoe meer signalen een cel ontvangt, des te vaker wordt hij over de drempel van het actiepotentiaal getild en des te vaker klinkt dus het geratel van snelle geweersalvo's: een teken dat we te maken hebben met een uitermate actief neuron. Door te luisteren naar dat versterkte geluid weten we hoe actief een neuron is en krijgen we een indruk van de activiteit tijdens die bepaalde fase van de verwerkingsketen.

Naast de stimulerende synapsen die de activiteit van een cel verhogen zijn er ook andere synapsen, de zogenaamde remmende synapsen. Deze hebben het tegenovergestelde effect en verlagen de activiteit van de ontvangende zenuwcel.

De hersenen bevatten circa honderd miljard neuronen (een 1 met elf nullen erachter), die met elkaar verbonden zijn via 10^{15} synapsen. De werking van het zenuwstelsel wordt bepaald door het patroon van deze verbindingen (zie Figuur 1). Als een neuron stimulerende signalen ontvangt van een neuron dat reageert op een verticale streep en een tweede signaal van een neuron dat reageert op een horizontale streep, zal dat neuron het sterkst vuren wanneer het een plusteken ziet. Als een soortgelijk neuron stimulerende signalen ontvangt van het neuron dat op horizontale strepen reageert, maar remmende signalen van het neuron dat op verticale strepen reageert, vuurt het niet bij het zien van een plusteken, maar juist bij een minteken. Waar het

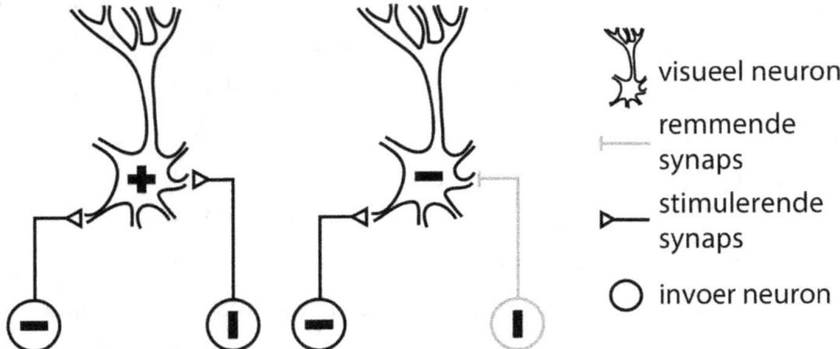

FIGUUR 1: Een kabeldiagram dat aangeeft hoe een en hetzelfde neuron (boven) een '+'-detector kan zijn bij stimulerende signalen vanuit twee visuele neuronen die reageren op horizontale en verticale strepen, of een '-'-detector bij ontvangst van stimulerende signalen van de eerste, en remmende signalen uit de tweede.

om gaat is dat de detectorcel voor de plus op zich niet anders is dan de mindetector: het verschil wordt uitgemaakt door het patroon van verbindingen met andere neuronen.

De fysiologen David Hubel en Torsten Wiesel zagen als eersten de kans om in het brein van een aap kabeltjes te implanteren die signalen afkomstig uit één enkel neuron konden opnemen. In de occipitaalkwab, achter in het hoofd, vonden ze exact het soort detectoren dat hierboven beschreven is. Maar op het moment dat ze die elektroden inbrachten wisten ze niet wat voor verbindingen het bewuste neuron zou blijken te hebben, en wat voor prikkel ze moesten gebruiken om de activiteit van het neuron te stimuleren. Daarvoor was enig speurwerk vereist, want je kunt een reusachtig aantal stimuli uitproberen op een bepaalde cel: die kan voornamelijk reageren op zicht, geluid, aanraking, geur, smaak of beweging, of een combinatie daarvan. Een bepaald neuron zal bijvoorbeeld reageren op de smaak van suiker, dus als je de hele dag in de weer bent met een vergelijking tussen horizontale en verticale strepen, kom je niet dichter bij je ontdekking dat een zoete smaak het best werkt voor het neuron in kwestie.

Het is onmogelijk om alle denkbare stimuli uit te proberen, en daarom duurde het zo lang voordat spiegelneuronen ontdekt werden. Spiegelneuronen zitten in de premotorcortex, waar bijna alle neuronen reageren als de aap bepaalde handelingen uitvoert, bijvoorbeeld wanneer hij een rozijn pakt. Niemand kwam op de gedachte om eens een tijdje tegenover de aap te blijven staan om te kijken of de neuronen misschien ook reageerden op een volledig ander soort prikkel, namelijk de aanblik van iemand die een rozijn oppakt. Denkt u zich in dat u in de supermarkt op zoek bent naar wijn – u kijkt langs een van de schappen en u ziet overal bierflessen staan. U gaat dan hoogstwaarschijnlijk niet áchter die bierflessen kijken of de wijn daar misschien verstopt staat.

Telkens wanneer de onderzoekers in Parma een rozijn pakten om aan de aap te geven, zodat ze konden zien of een bepaald neuron zou reageren als de aap een klein voorwerpje vastpakte, viel hun op dat het neuron ook vuurde als de onderzoeker de rozijn in zijn hand nam. Zulke bijkomende activaties worden in eerste instantie genegeerd, want ze passen niet in het beeld dat we hebben van de functie van dat hersengebied – net zoals we een wijnfles op de bierafdeling niet zouden opmerken. Bovendien: 90 procent van de cellen in dit gebied reageert inderdaad niet op de aanblik van andermans handelingen. Maar toen de activiteit keer op keer plaatsvond, begonnen de onderzoekers in Parma er meer aandacht aan te schenken. In zekere zin was het een kwestie van puur toeval waardoor het bestaan van spiegelneuronen werd opgemerkt; de betekenis van die ontdekking was echter een kwestie van inzicht.

Het hersenvocabulaire voor handelingen

Bijna alle neuronen in de premotorcortex zijn betrokken bij het uitvoeren van een specifieke handeling, maar hoe selectief de neuronen zijn verschilt per neuron. De zogeheten selectiviteit van een neuron geeft aan in welke mate het reageert op de diverse mogelijke stimuli. Om dit aanschouwelijk te maken: ik kan uw muziekvoorkeuren meten door u een aantal muziekfragmenten te laten horen: pop, rock, jazz en klassiek. Als u positief reageert op klassieke muziek en niet reageert op alle andere genres, zou ik zeggen dat u ten eerste hoogst selectief bent, en ten tweede dat u selectief bent ten opzichte van klassieke muziek. Iemand anders zal misschien uitsluitend op jazz reageren en niet op andere genres, ook niet op klassiek. Die persoon is dan ook selectief, alleen ten opzichte van jazz. Weer iemand anders kan gematigd reageren op alle muziekgenres die ik afspeel; die persoon is dan minder selectief.

Datzelfde geldt voor zenuwcellen. Sommige reageren alleen sterk als de aap iets tussen zijn wijsvinger en duim oppakt, maar niet op wat voor andere handelingen dan ook; andere reageren alleen als de aap iets oppakt door er al zijn vingers omheen te klemmen, en vuren bij geen enkele andere beweging. Weer andere reageren op beide grijpbewegingen én wanneer hij het voorwerp met zijn lippen oppakt.

Door middel van de verschillende soorten selectiviteit staan neuronen voor een 'vocabulaire' van handelingen die kunnen worden gecombineerd tot grotere eenheden. De reeks handelingen 'pinda's eten' kan bijvoorbeeld worden opgebouwd door verschillende neuronen te combineren: eerst neuronen die selectief vuren tijdens het breken van de dop, dan neuronen die vuren als de aap de pinda uit de dop peutert, dan de beweging waarmee de aap de pinda naar de lippen brengt, enzovoort. Zo wordt door de reeks activaties in deze cellen met verschillende selectiviteit een complexe handeling gecreëerd. De neuronen zou je kunnen vergelijken met woorden, en de opeenvolging van activaties zou je zinnen kunnen noemen. Een bepaalde reeks premotorneuronen kan worden gebruikt voor het samenstellen van verschillende reeksen handelingen. Zo kan een groot deel van de neuronen die worden gebruikt voor het eten van pinda's ook worden gebruikt voor het eten van rozijnen, hoewel het breken van de dop in dat geval dus wordt overgeslagen. In zekere zin weerspiegelt de activiteit van premotorneuronen de taal van onze handelingen. En in deze verbale analogie komen meer of minder selectieve neuronen overeen met woorden van uiteenlopende specificiteit. De meest selectieve cellen komen overeen met uitermate specifieke werkwoorden als 'met-je-vingertoppen-oppakken', en de minder selectieve hebben meer weg van het werkwoord 'pakken', waarbij niet wordt gespecificeerd hóe je iets oppakt.

Van visie naar beweging

Slechts zo'n 10 procent van de premotorneuronen bestaat uit spiegelneuronen die reageren wanneer de aap stilzit en kijkt wat anderen doen. Wanneer de aap zelf een handeling uitvoert, valt onmogelijk te zeggen of een neuron een spiegelneuron of een normaal premotorneuron is. Momenteel is er geen reden om aan te nemen dat spiegelneuronen anders gevormd zijn dan andere neuronen. Waarschijnlijk verschillen ze alleen van andere neuronen doordat ze andere verbindingen hebben.

Spiegelneuronen krijgen op de een of andere manier stimulerende signalen van visuele hersengebieden die reageren op de aanblik van andermans handelingen. Door de verbindingen die ze hebben, 'vertalen' ze de visuele taal in de motortaal van de eigen handelingen van de aap.

Als we erbij stilstaan, is die vertaling eigenlijk een wonder. Denkt u zich eens in: een foto van een schaap, en het geluid van het Nederlandse woord 'schaap' in onze oren. Die twee dingen zijn fundamenteel verschillend, en toch worden ze in onze hersenen zo sterk aan elkaar gekoppeld dat we er bewust bij moeten nadenken willen we beseffen dat die twee zaken in feite niets met elkaar te maken hebben; iemand die bijvoorbeeld niets anders dan Frans spreekt zal niet inzien dat het geluid van ons Nederlandse woord bij het plaatje hoort. Op de een of andere manier vertalen onze hersenen het geluid van het woord in een plaatje van het dier, en andersom.

Datzelfde geldt voor onze handelingen. Als we een handeling uitvoeren, zorgen onze hersenen ervoor dat onze spieren in beweging komen. Als we daarentegen iemand anders iets zien doen, gaat het om licht dat in onze ogen valt. Ook dit zijn twee fundamenteel verschillende zaken. En toch maken onze hersenen zo'n sterke koppeling tussen beide zaken dat het ons bijna zwaar valt te beseffen dat er fysiek gezien geen enkele overeenkomst is tussen spieren die in ons lichaam bewegen, en licht dat op ons netvlies valt. Als spiegelneuronen reageren wanneer de aap iets doet én wanneer hij iemand anders diezelfde handelingen ziet uitvoeren, moet het patroon van neurale verbindingen tussen de visuele cortex en de spiegelneuronen gezorgd hebben voor een vertaling van de visuele taal (iemand zien) naar de motortaal (iets doen).

Hoe de hersenen een doel coderen

Spiegelneuronen verschillen in de precisie waarmee ze waargenomen handelingen vertalen in uitgevoerde handelingen. Min of meer congruente spiegelneuronen vertalen de handelingen van anderen in redelijk algemene termen. Vaak hebben ze een relatief brede motorische selectiviteit en reageren ze bijvoorbeeld wanneer de aap een pinda pakt, of hij dat nu met zijn hand of met zijn lippen doet. Zo reageren ze ook als ze iemand op verschillende manieren iets zien 'pakken', en vertalen ze die aanblik in zeer algemene termen als 'pakken' of 'grijpen'. Zo'n omzetting is opmerkelijk, want pakken met de hand ziet er heel anders uit dan pakken met de lippen, en toch worden deze twee verschillende visuele beschrijvingen vertaald naar één woord in de motorische taal van de spiegelneuronen: 'pakken'. Sommige breed congruente spiegelneuronen zijn bijzonder specifiek wanneer de aap zelf iets doet; zij reageren bijvoorbeeld alleen als de aap iets tussen de duim en de wijsvinger van zijn rechterhand pakt. Desalniettemin reageert zo'n neuron dan wel als de aap iemand anders iets ziet pakken, of dat nu met de hand of met de lippen gebeurt.

Hoewel voor deze breed congruente spiegelneuronen de overeenkomst tussen waargenomen en uitgevoerde handelingen redelijk groot is (vandaar de naam), zijn andere spiegelneuronen op conceptueel niveau van 'pakken' of 'grijpen in het algemeen' veel strikter. Sommige worden alleen actief wanneer de aap met zijn rechterhand iets pakt, en reageren ook alleen als de aap iemand anders iets ziet pakken met zijn rechterhand. Andere reageren alleen op 'pakken met de lippen'. Weer andere zijn nog selectiever en reageren uitsluitend wanneer de aap iets beetpakt met een heel fijne motoriek, maar niet als het voorwerp in de volle vuist wordt genomen; ook reageren ze uitsluitend wanneer de aap iemand anders zo'n verfijnd gebaar ziet maken. Deze neuronen, die selectiever zijn, worden strikt congruente spiegelneuronen genoemd.

Zo'n meerlaags ontwerp kan misschien overkomen als een systeem vol overbodigheden. Als de details op de juiste wijze vertaald worden door strikt congruente spiegelneuronen, waarvoor zijn er dan nog neuronen nodig die niet specifieker worden dan 'pakken'? Misschien bestaat er een eenvoudig antwoord op die vraag. Stelt u zich voor dat u op tangoles bent en dat u moet begrijpen hoe je de *gancho* doet (een zwaaibeweging met het onderbeen) die uw leraar op dat moment voordoet. U hebt nog nooit van uw leven een gancho gedaan, en u beschikt dus niet over het precieze motorprogramma voor gancho's. U hebt dus ook geen strikt congruente spiegelneuronen voor deze vaardigheid. Wel tilt u al lopende bij iedere pas uw been op, en wanneer u naar de gancho kijkt, worden uw breed congruente spiegelneuronen voor die handeling actief. Daardoor krijgt u althans een algemeen gevoel dat u uw voet achterwaarts moet optillen. De breed congruente spiegelneuronen zijn dus misschien met name belangrijk voor nieuwe handelingen, met details die u nog nooit hebt uitgevoerd. Door training kunt u de gancho dan zelf verfijnen, uitgaande van een opgetild been. Naarmate u beter wordt in de tango zal uw leraar verlangen dat u meer specifieke gancho's uitvoert, en in een specifieke volgorde. Wanneer u de motorprogramma's hebt opgebouwd voor de diverse soorten gancho, beschikt u over diverse strikt congruente spiegelneuronen voor elk van deze types, die uitsluitend, selectief, reageren op de aanblik en de uitvoering van een bepaalde gancho. Zo komt het dat u na verloop van tijd zo'n specifieke reeks bewegingen kunt nadoen.

Doordat de meerlaagse simultane vertaling wordt uitgevoerd door de combinatie van breed en strikt congruente spiegelneuronen, is de aap voorzien van een uitermate flexibel vertaalsysteem dat nog het meest weg heeft van de zoomlens van een camera. Die kan inzoomen op de details van andere individuen als het gaat om handelingen binnen het eigen motorische vocabulaire van de aap, of uitzoomen om een meer algemene indruk van het tafereel te geven.

Wat gebeurt er als we een handeling horen?

Tot nu toe heb ik het gehad over de aanblik van andermans handelingen. Vaak begrijpen we echter wat iemand anders doet door simpelweg te luisteren. In de jaren tachtig was er een beroemde radioreclame van Coca-Cola, waarin je hoorde hoe een fles die met het gesis van ontsnappend koolzuurgas werd geopend, een metalen kroonkurk op tafel stuiterde, vloeistof in een glas werd geschonken gevolgd door een enthousiast 'klok-klok' van een gulzige drinker, en tot slot een tevreden 'Aah!' van degene die zijn dorst had gelest. Twintig jaar later loopt het water me nog in de mond als ik op een warme dag die geluiden hoor. Waarom heeft het geluid van andermans handelingen zo'n onweerstaanbare uitwerking op ons eigen lichaam?

Kort nadat ik in Parma arriveerde ontdekten we het antwoord op die vraag. Vittorio, Alessandra en Evelyne hadden een opname gemaakt van spiegelneuronen die niet alleen leken te reageren als de aap bepaalde handelingen zag en uitvoerde, maar ook als hij het geluid van die handelingen hoorde. We wilden begrijpen hoe goed zulke neuronen het verschil kenden tussen verschillende handelingen en hoe goed de visuele reactie overeenkwam met die op het geluid. Als zulke neuronen ons moeten helpen andermans handelingen te begrijpen, dan moeten ze de vertaalslag maken van u die een stuk papier aan snippers scheurt naar mij die een stuk papier aan snippers scheurt, en van uw glas frisdrank naar het mijne. Waar we juist niet op hopen is dat ik dorst krijg als ik u een stuk papier hoor verscheuren, of dat uw glas frisdrank mij aanzet tot scheuren. Anders zou u nooit weten of ik stond te drinken of papier stond te verscheuren!

Eerst maakten we een opname van een neuron dat reageerde als de aap een stuk papier verscheurde. Daarna weekte ik het papier in water zodat het scheuren geen geluid meer maakte. Ik blinddoekte de aap en gaf hem het papier, dat hij binnen de kortste keren versnipperde. Hoewel de aap niets kon zien of horen, vuurde diezelfde cel: een teken dat dit daadwerkelijk een motorneuron voor het scheuren van papier was. Datzelfde neuron vuurde niet als de aap een pindadop brak, en was daarmee dus selectief. Om daarna de reactie van het neuron te testen op handelingen die de aap alleen maar horen kon, gingen we achter hem staan en verscheurden met veel kabaal een droog blad papier. Het neuron vuurde alsof de aap net zelf een stuk papier aan repen had gescheurd. Nog steeds achter de aap staand braken we de dop van een pinda, en er gebeurde niets. Dit suggereerde dat de cel die een rol speelde bij het luisteren eenzelfde selectiviteit vertoonde voor papier verscheuren versus het breken van een pindadop. Als laatste test weekten we nog een stuk papier in water, gingen voor de aap staan en scheurden geluidloos het natte papier aan repen. Weer vuurde het neuron. Maar toen we een pinda openden waarvan we de dop van tevoren hadden gebroken, zodat de handeling geen geluid maakte, bleef het neuron stil.

Dit betekent dat de spiegelneuronen kennelijk de aanblik, het geluid en de uitvoering van een handeling combineren. Ze zijn 'drietalig'. De belangrijkste conclusie was echter dat spiegelneuronen in alle drie de modaliteiten selectief zijn. Nadat we nog veel meer van dit soort neuronen hadden gevonden, werd me duidelijk dat radiocommercials als het Coca-Cola-spotje ons verlangen naar een bepaald product aanwakkeren, omdat de auditieve spiegelneuronen zorgen voor selectieve activering van motorprogramma's die we associëren met de consumptie van de geadverteerde producten en het plezier dat we daaraan beleven.

2

De kracht van intuïtie

Vreemd genoeg ligt de grootste hindernis voor een goed begrip van de menselijke geest uitgerekend in de geest van de wetenschappers die hem bestuderen, namelijk in de obsessie met de ratio. De tweede hindernis zijn computers. Samen hebben die twee het beeld geschapen van een brein dat alle informatie verwerkt op bewuste, logische en abstracte wijze – in grote lijnen net als gewone computers. Dat beeld veranderde door de ontdekking van spiegelneuronen.

Als ik mijn grootmoeder had gevraagd hoe zij wist dat ik verliefd was, had ze gezegd dat ze dat gewoon 'aanvoelde'. Ze wist dat de processen waarmee we onze medemens begrijpen niet logisch zijn, maar intuïtief. Als je een groot aantal wetenschappers in de jaren tachtig diezelfde vraag had gesteld, hadden ze iets geantwoord over waarneembare feiten (dagdromen, glimlachen, enzovoort) in combinatie met een theorie over wat 'liefde' is (bijvoorbeeld: bij liefde horen dagdromen en een gevoel van geluk), alsof intuïtie er niet toe deed.

Het verschil tussen beide antwoorden is symptomatisch voor een diepgeworteld probleem: de wetenschappers die ons begrip van de hersenen opbouwen worden goede wetenschappers dankzij hun rationele en empirische denkwijze, maar tegelijkertijd hebben ze daardoor de neiging te geloven dat rationeel denken betere resultaten oplevert dan intuïtie. Vóór de ontdekking van spiegelneuronen hadden we dan ook het volgende beeld van hersenfuncties in het algemeen en van sociaal functioneren in het bijzonder: onze hersenen zien de wereld zoals een wetenschapper die ziet, namelijk door bewijzen te verzamelen en een rationele theorie over de wereld te ontwikkelen op basis van dit proefondervindelijk bewijs.

Die abstracte, rationele wetenschappelijke visie werd nog verder in ons gedachtegoed ingeprent door de gebrekkige vergelijking tussen hersenen en computers. De meeste zaken uit het biologische domein zijn moeilijk te begrijpen omdat we ze niet zelf hebben gebouwd. Zo ook onze hersenen. Computers daarentegen zijn makkelijk te begrijpen, althans voor de ingenieurs die ze fabriceren. In de jaren zeventig en tachtig kwamen er steeds meer computers op de markt en probeerden computermakers, op zoek naar de beste manier om een computer te fabriceren, de kunst af te kijken bij de neurowetenschappen. Daar is niets mis mee, maar neurowetenschappers kijken ook naar computers in hun pogingen te begrijpen hoe de menselijke geest wellicht werkt. De achterliggende gedachte daarbij is: als een computer zich net zo gedraagt als wij, dan moet datgene wat een computer 'intelligent' maakt ons inzicht geven in wat de mens intelligent maakt.

De vergelijking tussen onze hersenen en computers gaat uiteraard mank. Een luipaard is snel, en een Ferrari ook. Mogen we daarom aannemen dat ergens in het luipaard een verbrandingsmotor schuilt? Helaas zijn veel cognitieve wetenschappers meer of minder bewust deze verkeerde manier van denken gaan volgen. De grote Amerikaanse pionier op het gebied van kunstmatige intelligentie Doug Lenat heeft bijvoorbeeld een computerprogramma ontwikkeld dat het menselijk denken moest benaderen. Lenats team voerde het programma miljoenen stukjes encyclopedische kennis, waarvan een groot deel bestond uit gelijksoortig opgebouwde kennis over de niet-sociale wereld, bijvoorbeeld 'alle auto's zijn machines' en 'alle machines houden uiteindelijk op met werken' en over de mensenwereld: 'alle mensen zijn dieren' en 'alle dieren worden uiteindelijk moe'. Als je het programma vraagt of je auto tot in alle eeuwigheid kan blijven rijden, beredeneert het dat het antwoord 'nee' is, omdat jouw auto een machine is en alle machines uiteindelijk ophouden met werken. Als je vraagt of jijzelf eindeloos kunt blijven doorlopen, gebruikt het programma eenzelfde redenering en komt tot de conclusie dat je uiteindelijk moe zult worden en dan ophoudt met lopen.

Op zich is het programma een groot succes. Het heeft voldoende kennis om op het web te zoeken en relevante antwoorden te geven op een groot aantal vragen. Het succes van dergelijke zogeheten expert-programma's is echter opgevat als bewijs dat de rationele, abstracte manier van denken van het programma een redelijke verklaring is voor de manier waarop onze hersenen werken.

Maar bij het waarnemen van gedrag van andere organismen zijn meer processen gaande dan alleen ons abstracte denken, zoals we zullen zien. En misschien geeft het intuïtieve antwoord van onze grootmoeders 'dat voel ik nu eenmaal aan' een beter beeld van onze menselijke aard dan de visie van de meeste rationele wetenschappers, omdat zij de geest zien als een logisch, kil apparaat voor verwerking van gegevens.

Onze verwachting van wat anderen gaan doen is gebaseerd op wat we zelf zouden doen

Hoe weet een aap wat andere apen, of mensen, dadelijk gaan doen? Gebruikt hij daar abstracte regels voor? Het antwoord luidt waar-schijnlijk nee. We hebben net gezien dat bij een aap die waarneemt wat iemand anders doet een aantal premotorneuronen gaat vuren die normaal gesproken actief zouden worden wanneer de aap de be-wuste handeling zelf uitvoert.

Tijdens het eigen gedrag van de aap wordt de strekbeweging in de richting van de pinda meestal gevolgd door een grijpbeweging. In de bekabeling van de premotorneuronen wordt activiteit routinematig doorgegeven van strekneuronen naar grijpneuronen. Wanneer de aap een strekbeweging ziet die door zijn spiegelneuronen wordt om-gezet naar premotoractiviteit, zal dezelfde opbouw van verbindingen optreden, zodat de waarneming zich uitbreidt naar de grijpneuro-nen. Die moeten nu zelf actief worden voordat er een grijpbeweging waarneembaar is, en daardoor wordt het gedrag van anderen voor-spelbaar op basis van de regels die het gedrag van de aap zelf regelen.

Om te testen of dit soort voorspelbaarheid inderdaad plaatsvindt binnen het systeem van spiegelneuronen hebben we een opname gemaakt van een spiegelneuron dat reageerde als de aap een sinaasappel pakte. Daarna pakte een van de teamleden voor de ogen van de aap een sinaasappel; hetzelfde spiegelneuron vuurde op het moment dat de aap de beweging zag. En dat is natuurlijk ook de rol van spiegelneuronen. Wanneer de sinaasappel werd weggehaald en de onderzoeker gewoon zijn hand uitstrekte naar de plek waar de vrucht net gelegen had, bleef het neuron stil, wat betekende dat het inderdaad codeerde voor het vastpakken van een voorwerp, en niet alleen voor het openen en sluiten van de hand. Daarna volgde de cruciale voorspellingstest. Voor de sinaasappel werd een ondoorzichtig scherm neergezet, zodat de aap alleen een hand zag die naar het scherm reikte en erachter verdween. In die situatie vuurde de helft van de spiegelneuronen, alsof ze uit de aanblik van de reikbeweging konden afleiden dat de hand de sinaasappel zou pakken – omdat de aap dat in die situatie zelf zou doen.[3]

Zulke voorspellingen kunnen uiteraard bijzonder nuttig zijn. Als een aap een luipaard op zich af ziet rennen dat vervolgens achter een struik verdwijnt, kan hij dankzij de voorspelling van een gulzig happende muil tijdig een boom in klimmen. In een minder gevaarlijke situatie heeft de aap misschien een lekkere rijpe vrucht gevonden. Als hij een mede-aap daarnaar ziet reiken, kan dat betekenen dat het malse hapje zijn neus voorbijgaat, tenzij hij dat gedrag kan voorspellen en de vrucht pijlsnel weggrist. In de complexe leefomgeving van apen kan een sterk ontwikkeld talent voor het voorspellen van andermans gedrag inhouden dat de aap meer tijd heeft om te reageren op nieuwe, onvoorziene situaties.

De manier waarop de aap gedrag voorspelt, is fundamenteel anders dan de manier waarop een computer dat doet. Computers graaien niet naar fruit en eten geen fruit. Dus kunnen ze diergedrag niet voorspellen aan de hand van hun eigen handelingen. Apen daarentegen doen vrijwel dagelijks alles wat andere apen ook doen of kunnen. Ze kunnen het gedrag van hun soortgenoten projecteren op hun eigen lijf en hun eigen gedrag. Als zij apengedrag voorspellen, doen ze dat niet op basis van een reeks propositionele regels die speciaal bijeengebracht zijn om het gedrag van anderen te voorspellen, maar gebruiken ze de machinerie die de handelingen en het lichaam van de waarnemer zelf besturen, en voeren aan de hand daarvan een simulatie uit van wat de waarnemer zelf in deze situatie zou doen. Vervolgens wordt het voorspelde gedrag toegeschreven aan het waargenomen dier. Daarbij wordt de klassieke scheidslijn tussen het zelf en de ander, en tussen lichaam en geest, vaag en vallen er gaten in. De geestelijke functie van het voorspellen van andermans gedrag is nu gebaseerd op de neurale representatie van het eigen lichaam en de handelingen van de waarnemer; de functie wordt 'embodied', ofwel belichaamd, dat wil zeggen: geworteld en geaard in het lichaam.* Het andere organisme wordt dus vertegenwoordigd in delen van de hersenen van de waarnemer waarvan voorheen was aangenomen dat ze uitsluitend gericht waren op handelingen van de aap zelf.

Het 'zelf' gebruiken als simulatie van andere individuen is een bijzonder economische en elegante vorm van berekening, want in plaats van expliciete regels over anderen is hierbij alleen de machinerie nodig die gespecialiseerd is in het uitvoeren van de eigen handelingen; met diezelfde machinerie worden ook de daden van anderen voorspeld. De ontdekking dat de hersenen deze manier van belichaamde simulatie gebruiken betekende een verandering in onze opvattingen over de hersenen. Voor het eerst werd sociale cognitie niet langer gezien als een zoveelste, willekeurige vorm van berekening, maar als een uitermate specifiek proces dat berust op overeenkomsten tussen organismen. Wij mensen kunnen moeiteloos voorspellen wat het stelletje van plan is dat op een feestje giechelend naar de slaapkamer sluipt, maar het gedrag van een stel dobbelstenen kun-

* Een klein aantal filosofen en wetenschappers had al eerder gesteld dat we het gedrag van anderen begrijpen door het te projecteren op ons eigen gedrag, maar de ontdekking van spiegelneuronen was van fundamenteel belang: hiermee werd aangetoond dat deze theorie inderdaad van toepassing is op de hersenen.

nen we onmogelijk voorspellen. En nu wordt duidelijk waarom: omdat we mensen zijn, geen dobbelstenen.

De medemens begrijpen: hoe voelt het als ik dit doe

Zoals we hierboven gezien hebben, houdt stimulatie van premotorneuronen bij de mens meer in dan een mechanische beweging van het lichaam; er wordt ook een mentale staat gecreëerd die bij de betreffende beweging hoort: bijvoorbeeld het gevoel dat onze eigen arm beweegt, ook als dat niet zo is, of een gevoel dat we iets willen ('Ik voel de aandrang iets met mijn hand te doen'[2]). De activaties die in dit hersengebied worden gemeten terwijl de aap anderen iets ziet doen, kunnen dus een bewust 'gevoel' genereren voor de waargenomen handelingen. Dat innerlijke gevoel voor die handelingen heeft veel weg van de aandrang iets bepaalds te doen die we ook zien bij elektrische stimulatie van de hersenen. De neuronen in de premotorcortex zijn selectief voor bepaalde handelingen, vaak onafhankelijk van de manier waarop die handelingen precies worden uitgevoerd (bijvoorbeeld iets pakken met de linker- of de rechterhand of zelfs met de lippen); we krijgen dus een idee welke aspecten van de beweging aanwezig zijn in de premotoractivatie. Daarbij blijkt het niet zozeer te gaan om de vraag welke spieren precies zijn gebruikt, maar om het doel van de handeling. Als de aap u met uw linkerhand een sinaasappel ziet pakken, krijgt hij door de activiteit van zijn premotorneuronen voornamelijk het gevoel dat u de sinaasappel pakt, en geen gedetailleerd beeld van hoe u uw triceps aanspant, uw vingers strekt, de vingers buigt, de biceps aanspant, enzovoort. De premotorcellen geven dus niet alleen een gedetailleerde vooruitblik op het komende gedrag, maar zorgen ook voor een gevoel van het doel van de handeling, de intentie. Daarmee komen ze een stapje dichter in de buurt van wat we kunnen betitelen als 'andermans bedoelingen begrijpen'.

Het woord bedoeling is hier gebruikt in de zeer simpele betekenis van: wat de persoon in kwestie probeert te bereiken. Of apen zulke bedoelingen hebben valt moeilijk te zeggen, maar uit hun gedrag zou je kunnen opmaken dat apen inderdaad een bedoeling kunnen hebben. Ik weet nog dat ik een van mijn apen, Florence, een keer een marshmallow gaf. Florence was dol op marshmallows en stak vliegensvlug haar hand ernaar uit. Speels trok ik de lekkernij weg, waarop ze met een boze blik haar hoofd naar voren stak. Voor mensen gaat zulke woede gepaard met het gevoel dat je voor de gek wordt gehouden, en daarom denk ik – na een simulatie in mijn eigen geest – dat apen een soortgelijk gevoel van 'bedoeling' hebben.

Ook het woord 'begrijpen' is hier in pragmatische zin gebruikt. De aap 'voelt' misschien de waargenomen handeling (bijvoorbeeld de hand die achter het scherm de sinaasappel pakt), net zoals patiënten met elektrostimulatie in hogere motorgebieden hun arm voelen bewegen. Dit betekent niet dat de aap de complete reikwijdte van onze bedoeling snapt (waarom we die sinaasappel willen pakken), maar het toont wel dat begrip van het doel en de voorspelling van handelingen nauw met elkaar verbonden zijn en dat spiegelneuronen een gevoel kunnen geven van het onmiddellijke doel van een waargenomen handeling (bijvoorbeeld: de sinaasappel in handen krijgen).

En zelfs deze pragmatische vorm van begrepen bedoelingen is al een klein wonder op zich. Mijn wens om die sinaasappel te bemachtigen zit in mijn hoofd verstopt, maar door mijn gedrag te observeren voelt de aap mijn verborgen, innerlijke bedoeling aan. Met spiegelneuronen worden apen bijna 'telepathisch'. Ook hier geldt weer dat in de hersenen van de aap geen ellenlange reeks regels wordt geformuleerd waarmee hij uit waargenomen gedrag een bedoeling kan afleiden, maar dat mijn gedrag wordt geprojecteerd op dat van de aap zelf. Daardoor ontstaat een gevoel voor de waargenomen handelingen; dat gebeurt via een belichaamde simulatie die eerder wordt aangestuurd door bewegingsmechanismen dan door abstract redeneren.

Bovenstaand paradigma biedt een nieuw perspectief, en dat komt veel dichter bij onze eigen ervaring. Immers, als we naar een James Bondfilm kijken, zitten we niet continu na te denken: onze spieren spannen zich wanneer we Bond zien verstrakken, en we voelen wat Bond ervaart. Abstract denken kan uiteraard een belangrijke bijdrage leveren aan dit soort belichaamde simulatie, doordat we op die manier onze kennis over geheim agenten aan de mix kunnen toevoegen (iets waarmee we geen persoonlijke ervaring hebben) maar deze gedachten zijn niet de enige manier om inzicht te krijgen in anderen. De belichaamde simulatie die vóór de bewuste gedachtevorming plaatsvindt en die wordt uitgevoerd door de spiegelneuronen kon wel eens van fundamenteel belang blijken voor onze sociale intuïtie.

Spiegelneuronen en imitatie

Toen ik Vittorio voor het eerst over spiegelneuronen hoorde spreken, dacht ik dat zulke neuronen aan de basis moesten liggen van ons vermogen om dingen te leren door ze te zien doen. Aan de faculteit Psychologie van St. Andrews, waar ik bezig was met mijn promotieonderzoek, werkten in die tijd twee van de beroemdste experts op het gebied van cognitieve en sociale vaardigheden bij primaten: Andy Whiten en Dick Byrne. Door gesprekken met hen wist ik van gevallen waarbij apen en mensapen vaardigheden overnemen door elkaar te observeren.

Een beroemd voorbeeld is het wassen van aardappelen. Als een jonge aap een aardappel in de grond vindt, kan hij die natuurlijk opeten, maar het knersen van het zand tussen zijn tanden is onplezierig. In Japan zijn apen gezien die hun aardappelen in zout water wassen. Een simpele procedure waarmee het zand wordt weggespoeld en zout wordt toegevoegd waardoor, zoals algemeen bekend is, aardappelen lekkerder smaken. Het interessante is dat deze Japanse aapjes de enige groep zijn waarvan bekend is dat ze hun aardappelen wassen, en de jonge aapjes leren die vaardigheid van de volwassen dieren. Dit is een plaatselijke traditie geworden, en het gebruik wordt vaak gezien als een voorbeeld van cultuur, dat wil zeggen de overdracht van kennis binnen een samenlevingsverband. Gezien het belang van cultuur voor onze eigen soort heeft de overdracht van cultuur bij apen veel belangstelling gewekt, met als kern de vraag hoe leerling-apen dingen leren van hun leraren.

Met de gedachte aan spiegelneuronen in het achterhoofd ligt de conclusie voor de hand dat de aanblik van iemand die aardappels wast de spiegelneuronen voor wassen activeert, zodat de leerling de leraar gaat imiteren en zelf ook aardappels gaat wassen. Dat dacht ik zelf ook. Maar alle primatologen die ik sprak vertelden me dat apen dan misschien spiegelneuronen mogen hebben en dat ze leren door observeren, maar dat ze niet werkelijk imiteren. Daar keek ik van op, maar ik kreeg te horen dat werkelijke imitatie niet zomaar leren door observeren is, maar dat de leerling in dat geval exact de bewegingen moet kopiëren waarmee de leraar de handeling uitvoerde. Apen leren de waargenomen doelen te bereiken, maar ontwikkelen daarbij hun eigen methode. Het onderscheid tussen werkelijke imitatie en leren een doel te bereiken heeft me jarenlang beziggehouden en pas veel later begon het me duidelijk te worden, na een aantal onderzoeken die we bij mensen hadden uitgevoerd.

3

Spiegelen bij mensen

Valeria en ik ontmoetten elkaar in Parma, bij een cursus bergbeklimmen. Zij was in het laatste jaar van haar studie biologie, en ik werkte met spiegelneuronen bij apen. Na die eerste kennismaking verliep het begin van onze relatie traag. We zagen elkaar op gezette tijden in een groep, maar pas nadat we naar een conferentie in San Francisco waren geweest werd duidelijk dat we samen een toekomst hadden. Na San Francisco keerden we terug naar Italië en algauw woonden we samen. Twee jaar later trouwden we en in 2004 vertrokken we naar Groningen, waar we samen een spannend nieuw avontuur aangingen: we zouden ons eigen neurowetenschappelijk laboratorium starten in het pas opgerichte NeuroImaging Center Groningen. Daar zouden we het spiegelneuronensysteem bij de mens gaan bestuderen. Maar terwijl wij het druk hadden gehad met trouwplannen, met ons nieuwe leven en met het organiseren van ons nieuwe lab, was het onderzoek naar spiegelneuronen met reuzenstappen gevorderd. Dit werd de fundering van ons eigen onderzoek.

Ons eigen lichaam wordt actief als we iemand iets zien doen

Kort na de ontdekking van spiegelneuronen bij apen brak onder neurowetenschappers over de hele wereld het debat los over de vraag of er een vergelijkbaar systeem bestond bij de mens. Helaas is dit moeilijker na te gaan, want bij mensen gebeurt het maar zelden dat we spiegelneuronen rechtstreeks kunnen meten. Momenteel is er maar één manier om de activiteit van een enkel neuron te registreren, en dat is door dunne kabeltjes in de hersenen aan te brengen, zoals we bij apen hebben gedaan. Maar die procedure is uiteraard niet zonder risico's. Het hersenweefsel kan licht beschadigd raken, net zoals de dunne injectienaald waarmee insuline wordt ingespoten lichte schade aanbrengt aan de huid. In tegenstelling tot huidweefsel zijn de hersenen echter minder goed in herstel. Een prikje in de huid geneest snel, maar een hersenbloeding heeft vaak blijvende gevolgen, zoals we maar al te goed weten. Verder kunnen via geïmplanteerde elektroden infecties binnendringen, en een infectie in de hersenen is bijzonder moeilijk te bestrijden. Het is dan ook niet te rechtvaardigen dit soort elektroden in menselijke hersenen aan te brengen om op die manier onderzoek te doen.

We moesten ons begrip van het menselijk spiegelneuronensysteem dus voornamelijk baseren op een combinatie van wat we al wisten na onderzoek bij apen, en het gebruik van niet-invasieve methoden. Met name hersenscans worden vaak gebruikt om overtuigend bewijs te leveren voor spiegelneuronen bij de mens. Ik zal hier geen uitputtende lijst geven van alle bewijzen die we voor spiegelneuronen bij mensen hebben gevonden, maar wel wil ik twee voorbeelden geven die illustreren hoe auditieve spiegelneuronen kunnen worden bestudeerd bij menselijke proefpersonen.*

* Er zijn honderden experimenten uitgevoerd met het menselijk spiegelsysteem. Het viel niet mee om er voor dit boek twee uit te kiezen. Als de ruimte het had toegestaan, zou een groot aantal andere onderzoeken zeker in aanmerking zijn gekomen voor vermelding. Daarvan hebben de volgende met name een pioniersrol gespeeld: in 1995 hebben Luciano Fadiga en collega's aangetoond (*J. Neurophysiology* 73, 2608-2611) dat kijken naar een handeling de prikkelbaarheid verhoogt van de primaire motorcortex, die verantwoordelijk is voor het uitvoeren van diezelfde handeling. In 1996 lieten Scott Grafton en collega's zien (*Exp Brain Res* 112, 103-111) dat vergelijkbare premotor- en pariëtaalgebieden actief waren tijdens handbewegingen en bij het kijken naar soortgelijke handelingen, met name in de linkerhersenhelft. In 1999 toonden Marco Iacoboni en zijn collega's aan (*Science* 286, 2526-2528) dat er tijdens imitatie interactie in de ventrale premotorcortex leek te zijn tussen de waarneming en de uitvoering van handelingen. In 2000 zagen Marcel Brass en zijn collega's (*Brain Cogn* 44, 124-143) kans om aan te tonen dat kijken naar een bepaalde handeling de uitvoering van diezelfde handeling versnelt, terwijl de uitvoering van een tegenstrijdig soort handeling juist wordt vertraagd.

Los Angeles, 2002, Ahmanson Lovelace Brain Mapping Center, UCLA. Dit is het verhaal dat Lisa Aziz-Zadeh me later vertelde: ze staat naast Peter, die in een comfortabele stoel met een hoofdsteun zit. Er lopen draden van zijn handen naar een computer in het aangrenzende vertrek. Die draden zitten vast aan plakelektroden op de spier tussen zijn duim en wijsvinger. De elektroden, kleine rondjes, meten de activiteit in die spier. 'Ontspannen maar,' zegt Lisa, maar aan haar glimlach is te zien dat ze weet hoe moeilijk het is in een lab te ontspannen terwijl zij een buitenaards ogend vlinderding vlak boven zijn hoofd houdt.

Die 'vlinder' is een instrument waardoor een stroomstoot kan worden gegeven die een heel gericht, kortdurend magnetisch veld creëert. Dat magnetische veld stimuleert de hersenen. 'Tok!' Een mechanisch geluidje uit het instrument geeft aan dat er zojuist een magnetisch veld is gemaakt. Er gebeurt niets. Op het computerscherm dat de spieractiviteit van Peters hand meet is een vlakke lijn te zien. Lisa houdt de vlinder wat meer naar achteren. 'Tok!' Nu trekt een van Peters vingers even, en op het computerscherm verschijnt een piekje in de lijn. Lisa maakt het instrument vast aan een houder. 'Oké, nu goed naar het geluid luisteren,' zegt ze, voordat ze het vertrek verlaat en de deur achter zich dichttrekt.

Het experiment begint. Er komen geluiden van voetstappen uit een luidspreker, daarna het geluid van een ouderwetse schrijfmachine, gevolgd door donderslagen, de schrijfmachine weer, enzovoorts. Bij ieder geluid klinkt ook de kenmerkende 'tok' van de machine voor transcraniële magnetische stimulatie (TMS) die zijn magnetische puls geeft.

Wanneer de proefpersoon naar huis is, analyseert Lisa de lijnen die de computer heeft opgeslagen. Als Peter naar voetstappen of donderslagen luisterde, liet de lijn op het scherm steeds vergelijkbare, kleine piekjes zien. Maar wanneer hij het geluid van de schrijfmachine hoorde, leidde dezelfde TMS-puls tot een hogere piek, en bewoog de vinger meer. Het interessante daarbij was dat dit alleen werkte als het instrument aan de linkerkant van het hoofd van de proefpersoon werd gehouden, vlak boven het vingergebied van de premotorcortex, en niet aan de rechterzijde.[8]

Als wij net als apen spiegelneuronen hebben voor geluid, zouden we verwachten dat het geluid van dingen die we met onze handen doen premotorneuronen zou activeren voor handbewegingen, die op hun beurt verbinding maken met het gebied voor handbewegingen in de primaire motorcortex. Zonder het TMS-apparaat is het geluid van handbewegingen niet genoeg om onze hand te laten bewegen. De TMS-puls zelf veroorzaakte maar een klein trekje in de vinger. Maar als het geluid en de puls tegelijk plaatsvonden, was de vingerbeweging meetbaar groter. Dit experiment toont aan dat het geluid van handbewegingen de spieren bereikt die wij zouden gebruiken om diezelfde handeling uit te voeren; alleen is er wat hulp in de vorm van een TMS-puls nodig om dit effect meetbaar te maken.

Jaren eerder al had Luciano Fadiga een vergelijkbaar experiment uitgevoerd om het visuele systeem te testen. Hij had met behulp van TMS dat deel van de primaire motorcortex gestimuleerd dat leidde tot vingerbewegingen. Proefpersonen keken naar filmpjes van handbewegingen en naar controlestimuli, bijvoorbeeld plaatjes van voorwerpen. Uit de resultaten bleek dat wanneer deelnemers handbewegingen zagen de TMS-puls tot krachtiger vingerbewegingen leidde.

Uit dit soort TMS-experimenten blijkt dat de aanblik en het geluid van andermans handelingen samenvallen met onze eigen motorprogramma's, precies zoals spiegelneuronen voorspellen. Maar wáár in de hersenen komen ze samen?

Van Parma naar Holland: een dag in het nieuwe lab

Voorjaar 2004, Groningen: mijn kersverse echtgenote Valeria en ik zijn verhuisd naar een nieuw land en een nieuw lab. De wekker gaat: het is even na zessen in de ochtend. Na een slaperig ontbijt trekken we onze regenjacks aan en stappen op de fiets. Pal tegen de wind en de regenvlagen in fietsen we naar het NeuroImaging Center, waar we ook nu nog werken. Anita, de scannerlaborante, houdt niet van laatkomers en deelt ons bij voorkeur zo vroeg mogelijk in.

Enkele minuten later neemt Joyce, een jonge Française, plaats op een wit bed voor de grote tunnel. Ze heeft een ziekenhuispyjama aan en oordoppen in, en haar hoofd zit vast in een groot instrument dat iets weg heeft van een vogelkooi. Anita drukt op een knop, en langzaam schuift Joyce de tunnel in voor onderzoek met een fMRI-scan. fMRI (functional Magnetic Resonance Imaging oftewel beeldvorming via functionele magnetische resonantie) kan weer andere informatie opleveren dan de eerdere TMS-onderzoeken, en zal hopelijk verder bewijs leveren voor een systeem van spiegelneuronen bij de mens, dat actief wordt bij handelingen die we zien of horen.

De ruimte waarin de fMRI-machine staat dreunt van het pompen van de vloeibare stikstof waarmee de magneet op een temperatuur van 184°C onder nul wordt gehouden – de kritieke temperatuur voor supergeleiding.

fMRI is een uitermate doeltreffende manier om hersenactiviteit te meten. Wanneer we een bepaald deel van onze hersenen gebruiken, heeft dat gebied meer zuurstof nodig. Om aan die vraag te voldoen stuurt het lichaam meer bloed naar dat bepaalde hersengebied. Door mensen in een sterk magnetisch veld te plaatsen kunnen we die toegenomen bloedtoevoer opsporen en meten. En daarmee voeren we dus een indirecte meting van hersenactiviteit uit.

Anita, Valeria en ik lopen naar de computerruimte. De zware deur gaat achter ons dicht, en Valeria pakt de microfoon: 'Oké, Joyce, je weet het: goed luisteren en als je een geluid uit de verkeerde categorie hoort, druk je op de knop.'

Anita noteert Joyce' gegevens en een anoniem deelnemersnummer in de scannercomputer en een paar muisklikken later komt er een gonzend geluid uit de scannerruimte. Op ons scherm verschijnt een plaatje van Joyce' hersenen. Valeria start de onderzoekscomputer waarop de geluiden staan, Anita start de scanner. In plaats van het gonzende geluid van daarnet klinkt er nu een luide pieptoon van anderhalve seconde, gevolgd door een stilte van vier seconden, met daarna weer de pieptoon, en zo verder. Tussen de pieptonen door hoort Joyce via een hoofdtelefoon een reeks verschillende geluiden, zoals een colablikje dat wordt geopend en in een glas geschonken, een rits die wordt opengetrokken en een blad papier dat verscheurd wordt. Na een minuut of twintig stopt de scanner. Ons computerscherm laat plakjes van Joyce' hersenen zien, één voor één.

Een paar minuten later zit Joyce weer in haar gewone kleren een stel vragen op een formulier in te vullen (zie Appendix). 'Tot volgende week,' zegt Valeria. Joyce knikt. Ze heeft al tweemaal eerder voor ons in de scanner gelegen. De eerste keer hebben we haar foto's van voorwerpen en handen laten zien. De tweede keer filmpjes van handelingen, bijvoorbeeld een mensenhand die een glas wijn pakt, een hand die een suikerbus dichtdoet, maar ook een robothand die diezelfde handelingen uitvoert. De volgende keer, de laatste sessie, laten we haar zelf voorwerpen vastpakken, in haar mond nemen en tussen haar tenen wiebelen.

We begrijpen het geluid van handelingen door middel van eigen handelen

Een paar weken later kijken we met ingehouden adem naar het scherm in afwachting van de resultaten van ons eerste Nederlandse onderzoek. Aan de ene kant van het scherm staan de resultaten van de proeven waarbij deelnemers, onder wie Joyce, handelingen verrichtten met hun handen en hun lippen, en aan de andere kant zien we de uitslag van de keren dat deelnemers naar diezelfde handelingen luisterden. Wat we op het scherm zien is bijna te mooi om waar te zijn. Het geluid van de handelingen activeerde overduidelijk dezelfde hersengebieden als wanneer iemand die handelingen zelf uitvoerde, zij het minder sterk (Figuur 2). En dat was precies wat we gehoopt hadden als er inderdaad auditieve spiegelneuronen in de menselijke hersenen aanwezig zijn.

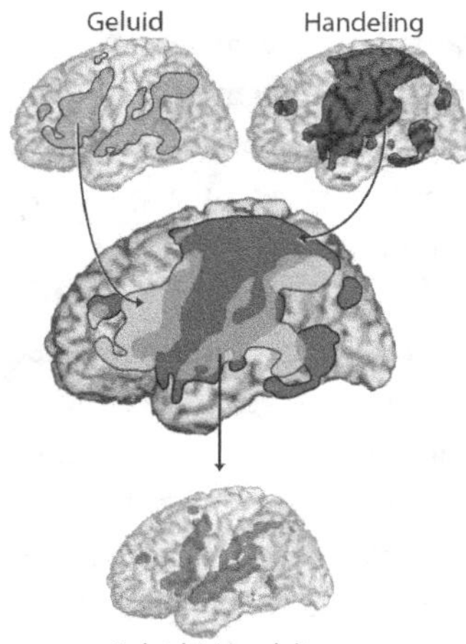

FIGUUR 2: De activiteit ten gevolge van het geluid van handelingen is te zien als lichtgrijze laag over een profiel van de hersenen heen (linksboven), naast de activiteit die is gemeten wanneer deelnemers in de scanner een handeling uitvoeren (rechtsboven). Die twee activatiepatronen overlappen elkaar in premotor-, pariëtaal- en temporaalgebieden (onder). Een rechtstreekse vergelijking (midden) toont de gedeelde 'spiegel'-gebieden in de hersenen voor geluiden van een handeling en het zelf uitvoeren van die handeling, terwijl andere gebieden specifiek zijn voor geluid van een handeling (lichtgrijs) en het uitvoeren van een handeling (zwart).

Nu is een spiegelneuronensysteem alleen bruikbaar als het selectief is. Het geluid van een bepaalde handeling moet een gebied activeren dat betrokken is bij de uitvoering van diezelfde handeling. Bij de aap hadden we gezien dat neuronen met uiteenlopende voorkeur voor bepaalde handelingen vaak heel dicht bij elkaar lagen. Een neuron dat selectief was voor breken lag nog geen halve millimeter verwijderd van een neuron voor scheuren. Zo gedetailleerd zijn de beelden uit een fMRI-scanner helaas niet, want door de beperkte resolutie van het beeld worden de hersenen verdeeld in 3D-pixels, de zogeheten voxels, die zo'n 2x2x2 millimeter groot zijn en per voxel miljoenen neuronen bevatten. Binnen zo'n voxel vallen de signalen van alle neuronen samen, dus ook al mocht er sprake zijn van spiegelen, de selectiviteit van afzonderlijke neuronen valt onmogelijk vast te stellen.

Wat we bij apen hadden gevonden is dat het middelste deel van de premotorcortex, waar spiegelneuronen zich bevinden, weliswaar vaak overeenkomt met bewegingen van de hand en de mond, maar dat het bovenste deel van de premotorcortex voornamelijk neuronen bevat voor handbewegingen en het onderste deel voor mondbewegingen. Gezien die hoog- en laaggelegen sectoren zou dus te verwachten zijn dat zelfs met de beperkte resolutie van de fMRI-beelden de bovenste delen sterker reageren wanneer mensen zelf dingen doen met hun handen en wanneer ze anderen dingen horen doen met hun handen, maar minder sterk als ze zelf iets met hun lippen doen of anderen iets horen doen met hun lippen. Het tegenovergestelde zou dan waar moeten zijn voor de onderste sector van het spiegelneuronengebied.

En als we goed naar onze gegevens kijken, is dat ook inderdaad het geval.[9] Grote delen van de premotorcortex werden geactiveerd wanneer mensen handelingen uitvoerden met hun handen of met hun lippen, maar het bovenste deel was actiever voor de hand, het onderste voor de lippen. Datzelfde patroon was te zien tijdens het luisteren.

Dat was een opwindend onderzoeksresultaat. Slechts twee jaar na de ontdekking van een auditief spiegelsysteem bij apen hadden we met behulp van fMRI gezien dat een vergelijkbaar selectief systeem bij mensen lijkt te bestaan.

Vanwege de beperkte resolutie van de scannerbeelden is fMRI-onderzoek op zich niet voldoende bewijs voor het bestaan van auditieve spiegelneuronen bij de mens. Dat dezelfde locatie op een fMRI-beeld actief wordt bij het horen en bij het uitvoeren van een handeling kán liggen aan het feit dat er in beide gevallen spiegelneuronen actief zijn. In theorie kan het echter ook zo zijn dat er twee afzonderlijke groepen neuronen zonder spiegeleigenschappen bij betrokken zijn: één groep voor reacties tijdens het horen van andermans handelingen, de andere bij het uitvoeren van diezelfde handeling. Gezien de grootte van een neuron, dat een doorsnede heeft van nog geen honderdste millimeter terwijl fMRI op zijn best een resolutie van twee millimeter heeft, kunnen die twee mogelijkheden niet uitsluitend en alleen op deze manier van elkaar onderscheiden worden. Om een analoog voorbeeld te geven: als kind dacht ik dat iedere pixel van onze tv alle mogelijke kleuren van het visuele spectrum kon weergeven. Maar toen ik een keer met een vergrootglas ging kijken, zag ik dat iedere pixel in feite bestaat uit verschillende elementen die elk maar één basiskleur kunnen vertegenwoordigen. Kon iets dergelijks ook gelden voor de voxels van ons fMRI-onderzoek?

We hadden twee redenen om aan te nemen dat de resultaten van ons fMRI-experiment inderdaad te maken hadden met spiegelneuronen. De premotorcortex die reageerde op de uitvoering én op het geluid van handelingen correspondeerde met die hersengebieden waar we bij apen de auditieve spiegelneuronen hadden gevonden; dat was één. Dat kon betekenen dat dit gebied ook bij de mens spiegelneuronen bevat. Ten tweede was met het TMS-onderzoek bewezen dat ergens in de menselijke hersenen motorneuronen zitten die reageren op het geluid van handelingen. Immers, als de vinger ging bewegen op een combinatie van geluid en een TMS-puls, moest dat geluidssignaal dus op de een of andere manier samenvallen met het motorsignaal van de hand. De fMRI-experimenten toonden aan dat de meest waarschijnlijke locatie voor dat samenvallen te vinden is in de spiegelneuronen van de premotorcortex. Kortom, het fMRI-onderzoek liet zien wáár de signalen samenvielen, terwijl het TMS-onderzoek aantoonde dát ze samenvielen. Als we het bestaan van auditieve spiegelneuronen niet hadden aangetoond bij de aap, hadden we nog sceptisch kunnen reageren op deze onderzoeksresultaten, maar alles bij elkaar genomen kon het bestaan van spiegelneuronen bij de mens nu wel bijna als een feit worden gezien.

Sindsdien is deze conclusie verder bevestigd door een groot aantal onderzoeken. Een wel heel spectaculaire studie is in 2010 gepubliceerd door mijn collega's Roy Mukamel en Marco Iacoboni aan UCLA, samen met hersenchirurg Itzhak Fried, ook werkzaam bij UCLA. Als neurochirurg helpt Itzhak Fried mensen met een vorm van epilepsie die niet reageert op medicijnen. Als hij vermoedt dat de bron van de epilepsie gelegen is een bepaald deel van de hersenen, implanteert hij een paar dagen lang kleine elektroden in de hersenen om dat vermoeden te bevestigen. Als de elektroden inderdaad spontane epileptische activiteit meten, kan hij dat gebied operatief verwijderen, om zo de epilepsie te genezen. Tijdens die meting van activiteit, die verschillende dagen kan duren, ligt de patiënt gewoon in bed te wachten tot er een spontane toeval optreedt. Intussen biedt die elektrode, die om medische redenen is aangebracht, de neurowetenschap een unieke kans om rechtstreeks te luisteren naar de activiteit van één neuron in de hersenen, zonder dat daaraan een extra risico is verbonden voor de patiënt. Veel mensen met neurologische problemen als epilepsie werken graag mee aan een beter begrip van de hersenen, en doen vrijwillig mee aan wetenschappelijke experimenten. Roy Mukamel en Marco Iacoboni besloten dus te onderzoeken of ze via dergelijke elektroden een rechtstreekse opname konden maken van spiegelneuronen bij de mens. Op medische indicatie krijgen veel patiënten elektroden in het aanvullende motorgebied (Supplementary Motor Area, SMA), een motorgebied dat veel weg heeft van de premotorcortex, waar spiegelneuronen voor het eerst zijn geregistreerd bij apen. Tot hun grote opwinding zagen Roy en Marco dat meerdere neuronen in dit motorgebied niet alleen actief werden als de patiënt zelf een klein voorwerp pakte, maar ook als hij naar filmopnamen keek van andere mensen die soortgelijke voorwerpen vastpakten. Een aantal andere neuronen reageerde juist wanneer de patiënt werd verzocht een bepaald gezicht te trekken en wanneer hij naar andermans gelaatsuitdrukkingen keek.[10] Bij elkaar genomen leveren deze experimenten nu onweerlegbaar bewijs dat ook mensen spiegelneuronen bezitten.[11]

Het spiegelsysteem omvat meerdere hersengebieden

Onderzoek met fMRI- en PET-scans (Positron Emissie Tomografie) heeft aangetoond waar precies in de hersenen de activiteit ontstaat bij de aanblik/het geluid en bij de uitvoering van handelingen. Twee van de gebieden die hierbij betrokken zijn, de premotorcortex en het achterste deel van de pariëtaalkwab, zijn exact die twee gebieden waar spiegelneuronen zijn gevonden bij apen.

Een derde gebied met gedeelde activatie is de visuele cortex in de temporaalkwab. Toen ik in Schotland aan mijn promotie werkte, heb ik samen met David Perrett de eigenschappen onderzocht van neuronen in dat gebied. Neuronen in de visuele cortex van apen reageren op de aanblik van gezichten en gelaatsuitdrukkingen, op de aanblik van bewegingen van het menselijk lichaam en op het geluid van handelingen. Maar in tegenstelling tot spiegelneuronen in de premotorcortex en de pariëtale cortex reageren de neuronen in dit visuele gebied niet als de aap zelf iets doet. Hietanen en Perrett hadden onderzoek gedaan naar de neuronen die reageren op de aanblik van een hand die omhoog gaat en ontdekten dat wanneer de aap zelf zijn hand omhoog bracht, slechts de helft van deze neuronen sterk reageerde op de aanblik.[12] Als de neuronen uitsluitend visueel waren, hadden ze in gelijke mate moeten reageren op de aanblik van eigen of andermans hand. Maar in zeker opzicht is het logisch dat dit niet het geval is. Als ik mijn eigen hand beweeg, hoef ik me niet bijzonder bewust te zijn van de aanblik van die hand, want ik weet al dat ik mijn hand beweeg. Om de reactie op de aanblik van mijn eigen beweging te temperen, zouden mijn hersenen een kopie van het motorsignaal waardoor mijn hand beweegt naar de temporaalkwab moeten sturen, om daar een selectieve remming uit te voeren op de neuronen met overeenkomstige visuele eigenschappen. Dat proces vergt energie, en misschien neemt hierdoor de bloedtoevoer in de visuele cortex toe wanneer proefpersonen handelingen uitvoeren tijdens fMRI-onderzoek.

Kietelen is een uitstekend voorbeeld van een ervaring waarbij we onze eigen beweging negeren bij de verwerking van sensorische signalen. Sarah-Jayne Blakemore, die uitgebreid onderzoek heeft gedaan naar kietelen, heeft een kietelmachine gebouwd.[13] Proefpersonen kietelden zichzelf door een joystick te bewegen die een kleine robot aanstuurde. Als de robot gelijk met de joystick bewoog, hadden de proefpersonen geen kietelervaring. Maar als Sarah-Jayne een vertraging inprogrammeerde tussen de beweging van de joystick en de robot, konden proefpersonen plotseling zichzelf kietelen: een teken dat de gevolgen van onze eigen bewegingen (bediening van de joystick) via een hoogst selectief proces worden afgetrokken van de sensorische invoer. Als die gevolgen (het kietelgevoel) pas later plaatsvinden, ontsnappen ze aan deze selectieve filtering en kunnen we onszelf kietelen.

Een interessante eigenschap van dat rekenproces is dat dit precies het omgekeerde inhoudt van wat spiegelneuronen doen. Die vertalen namelijk een sensorische stimulus (ik zie een handeling) in een motorvocabulaire (de handeling die ik kan uitvoeren). Maar om de gevolgen van onze eigen bewegingen te annuleren moeten de hersenen een geplande beweging omzetten in het sensorische vocabulaire van wat ik te zien zal krijgen om dit te negeren bij de verwerking van een visuele beschrijving. De hersenen vertalen dus in twee richtingen tussen motorvocabulaire en sensorisch vocabulaire. Dat heeft een bijkomend voordeel: als onze beweging er niet uitziet zoals we verwacht hadden, worden de verwachte aspecten geannuleerd en blijven de aspecten die we niet voorspeld hadden overeind, zodat we een nuttige 'foutmelding' krijgen. Ik herinner me een ochtend dat ik naast Valeria wakker werd; we lagen allebei op onze rug met onze benen verstrengeld. Ik keek naar onze voeten in de overtuiging dat een bepaalde voet van mij was. Maar toen ik met mijn tenen wilde wiebelen, bewoog er een andere voet! Dat voelde heel vreemd aan. Mijn motorprogramma had op de een of andere manier de beweging van de verkeerde voet uitgewist en de aanblik van die andere, bewegende voet overeind gehouden, wat een verbazingwekkend effect had.

Het totale spiegelcircuit bestaat dus uit een kern van gebieden in de premotorcortex en pariëtaalkwab waarin spiegelneuronen te vinden zijn, met een derde gebied in de temporaalkwab, dat sterk verbonden is met de eerste twee gebieden. Dit deel van de temporaalkwab biedt visuele invoer aan de kerngebieden en ontvangt in ruil informatie over geplande bewegingen waarmee het verwachte visuele gevolgen annuleert. Die situatie heeft sterke overeenkomsten met de situatie bij makaken, een klein soort apen die vaak worden gebruikt als proefdieren (Figuur 3); dit suggereert dat de spiegelsystemen van de makaak en de mens inderdaad afstammen van een gemeenschappelijke voorouder. We hebben gezien dat de functie van een neuron wordt bepaald door zijn verbindingen, en zo kunnen we het spiegelsysteem dus pas begrijpen als we weten dankzij welke verbindingen de neuronen in dit gebied spiegeleigenschappen vertonen.

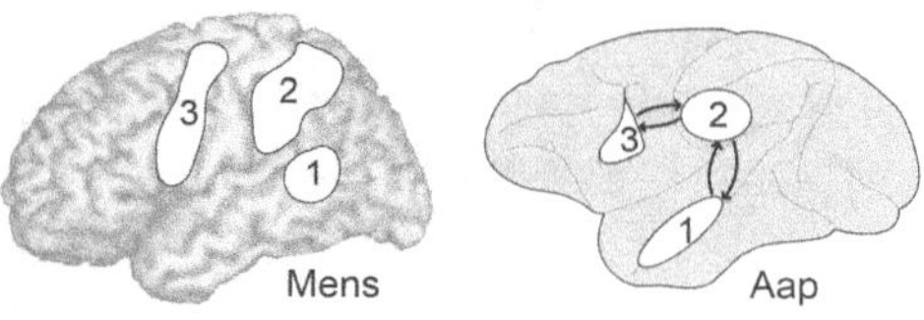

FIGUUR 3: Bij zowel de mens (links) als de aap (rechts) is een aantal gebieden betrokken bij het systeem van spiegelneuronen: een visueel ver-
werkingsgebied in de temporaalkwab (1), een gebied in de pariëtaalkwab
(2) en de premotorcortex (3). Bij de aap weten we dat er neurale verbindingen lopen tussen 1 en 2 en tussen 2 en 3, maar niet tussen 1 en 3.

Een zeer belangrijke vraag is hoe spiegelneuronen aan hun binnenkomende signalen komen. Bij apen kunnen de verbindingen met behulp van zeer precieze methoden worden bestudeerd. Bij een van die
methoden wordt de plant mierikswortel gebruikt. Deze bevat een en-
zym dat mierikswortelperoxidase heet, met de Engelse afkorting
HRP. Deze stof heeft de eigenschap te worden opgenomen door neuronen. HRP wordt vervolgens door het neuron actief vervoerd in tegengestelde richting van de normale informatiestroom. Neuronen
tellen hun inkomende signalen op en als deze een bepaalde drempel
overschrijden, sturen ze via de axonen een actiepotentiaal als uit-
gaand signaal. Dat eindigt op een synaps, waar de activiteit wordt
meegedeeld aan het volgende neuron. HRP wordt daarentegen door
het neuron in tegengestelde richting vervoerd, van het eindpunt van
de synaps terug langs de axon naar het cellichaam. Als je HRP inspuit
in de premotorcortex van een aap, wordt het stofje in achterwaartse
richting naar de pariëtaalkwab vervoerd. Interessant daarbij is dat
als je het stofje in de pariëtaalkwab injecteert, het wordt terugge-
voerd naar de premotorcortex, een teken dat de twee gebieden onderling verbonden zijn; een deel gaat echter naar de visuele cortex.
Op hun beurt leiden HRP-injecties in de visuele cortex tot vervoer
naar de pariëtaalkwab, wat een tweede onderlinge verbinding aan-
toont.

Samen suggereren deze onderzoeken dat het visuele signaal als we

naar andermans handelingen kijken een reis maakt door een reeks visuele verwerkingsstappen die leiden tot de activatie van visuele neuronen in de temporaalkwab, waar neuronen reageren op de aanblik
van lichaamsbewegingen en gelaatsuitdrukkingen. Daarvandaan gaat
het signaal naar de pariëtaalkwab en vandaar naar de premotorcortex. Onderweg wordt de visuele informatie vertaald in informatie
met een steeds hoger gehalte aan motoraspecten, want in zowel de
pariëtaalkwab als de premotorgebieden zijn spiegelneuronen te vinden die ook actief zijn bij het uitvoeren van eigen bewegingen. Tijdens
die eigen handelingen lijkt een informatiestroom in omgekeerde
richting plaats te vinden. De motoractiviteit in premotor- en pariëtaalgebieden wordt in omgekeerde volgorde naar de visuele cortex
gestuurd om daar de verwachte gevolgen van de eigen handeling uit
te wissen.

Spiegelneuronen gebruiken dit systeem om samenwerking met anderen makkelijker te maken. Als ik u bijvoorbeeld vraag me te helpen bij het verplaatsen van een eettafel die al voor het diner is gedekt,
moeten we die tafel recht zien te houden. Ik til als eerste mijn kant
van de tafel op, en daardoor komt een informatiestroom op gang van
mijn premotorgebieden naar mijn visuele cortex. Tegelijkertijd zie ik
dat u ook aanstalten maakt om uw kant op te tillen, waardoor er een
informatiestroom op gang komt van uw premotorcortex naar uw lichaam en vandaar naar mijn ogen, mijn visuele cortex en mijn premotorspiegelneuronen. De aanblik van uw tilbeweging activeert
mijn eigen spiegelneuronen voor optillen, en die zorgen dat ik de
juiste reactie geef door de tafel iets verder op te tillen om hem recht te
houden; daardoor komt dan weer een informatiestroom op gang van
mijn premotor naar mijn visuele cortex, maar ook van mijn premotor naar uw visuele cortex doordat u mijn bewegingen in de gaten
houdt, enzovoort. De hele handeling is niet zozeer een reeks uitwis-
selingen van gegevens, maar een kwestie van twee breinen die samen
één onderling verbonden regelproces worden. Wat onze hersenen
met elkaar verbindt is de manier waarop spiegelneuronen zowel tot
actie leiden als tot de gewaarwording van andermans actie. Vanuit

het perspectief van de hersenen is de buitenwereld, die bestaat uit onze lichamen en de tafel, een interface geworden tussen onze hersenen, en de complexe informatiestroom is zo fijn afgestemd dat we er vaak in slagen geen druppel wijn te morsen uit de glazen op die tafel.

Dit schitterende systeem is het gevolg van miljoenen jaren van evolutie, waardoor we nu in staat zijn een enorme evolutionaire sprong te maken en samen te doen wat ons in ons eentje nooit gelukt was. Aanvankelijk ging het bij dit soort interactie misschien om het verplaatsen van zware voorwerpen, de jacht op grote dieren of coördinatie van de verdediging. Nu gaat het om de bouw van ruimteveren met teams van duizenden mensen, en om de ontwikkeling van onze technologische cultuur door samenwerking en door van elkaar te leren.

Empathische mensen spiegelen meer

Inherent aan de idee van een spiegelsysteem is het concept dat mensen die empathischer zijn een sterker spiegelsysteem hebben. We zijn niet allemaal even meevoelend; sommige mensen kijken naar films als *Dr. No* zonder ook maar enig gevoel van onbehagen terwijl de spin over Bonds borst kruipt. Anderen worden er zo door aangedaan dat ze hun blik moeten afwenden en een hand voor hun ogen slaan. Hoe empathisch bent u? Aan het eind van dit boek, in de Appendix, kunt u een formulier invullen dat is ontwikkeld door Mark Davis van de universiteit van Texas in Austin.[14, 15] Op basis van uw antwoorden zal die test u zeggen hoe empathisch u bent.

Als u een bijzonder hoge empathiescore hebt behaald, kunt u ervan uitgaan dat uw hersenen de handelingen van anderen heel sterk spiegelen. Behaalt u een lage score, dan kunt u het tegenovergestelde aannemen. En dat is dan ook precies wat we vonden.[9] We lieten Joyce en de andere deelnemers in ons fMRI-experiment datzelfde formulier invullen. Vervolgens selecteerden we de zes personen met de hoogste scores en de zes met de laagste scores op de Perspectiefschaal en maten in hoeverre deze beide groepen hun eigen handelin-

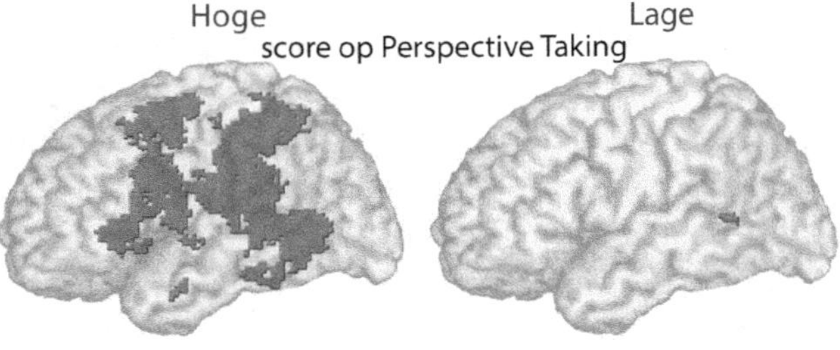

FIGUUR 4: Mensen met een hoge score op de Perspectief-schaal vertonen een intense activatie van het spiegelsysteem terwijl ze luisteren naar wat anderen doen (links); mensen met een lage score op deze schaal vertonen veel minder activatie (rechts).

gen activeerden tijdens het luisteren naar andermans handelingen. De resultaten waren meer dan opvallend. De zes proefpersonen met de hoogste score op de Perspectief-schaal vertoonden sterke spiegelactivaties in die gebieden die te maken hebben met gebaren van de hand, terwijl de zes personen met de laagste score geen significante spiegelactivatie vertoonden (zie Figuur 4).[9] Dit was de eerste keer dat verschillen in het spiegelsysteem voor handelingen werden aangetoond in relatie tot het gemak waarmee mensen zich in andermans plaats indenken.

Het interessante was dat niet alle aspecten van empathie even goede voorspellers bleken voor de vraag of iemand al dan niet sterke activaties zou hebben in het spiegelsysteem. In tegenstelling tot de Perspectief-schaal gaven de meer emotionele aspecten van empathie zoals gemeten met Emotioal Concern en Personal Distress geen voorspelling of mensen sterke of juist zwakke spiegelactivaties zouden hebben. Activaties in het spiegelsysteem voor handelingen van anderen lijken dus meer te maken te hebben met begrip van andermans doelen en motivatie als gemeten met de Perspectief-schaal, dan met het delen van pijn of verdriet.

Als u een lage Perspectief-score hebt, wil dat niet zeggen dat u geen spiegelsysteem bezit. Als u werkelijk uw best doet in te voelen hoe het zou zijn om zelf de handeling uit te voeren die u net hebt gehoord wordt ook uw spiegelsysteem actief. Maar mensen met meer empathie hebben zonder er hun best voor te doen een sterkere activatie van hun eigen handelingen.

Wat we nog niet begrijpen is hóe een score op de Perspectiefschaal is gekoppeld aan activiteit in uw spiegelsysteem. Spiegelneuronen zijn het resultaat van een bepaald patroon van verbindingen tussen visuele, auditieve en motorgerelateerde delen van de hersenen. Misschien is het zo dat sterkere verbindingen zorgen voor een meer automatisch delen van andermans handelingen en een sterkere neiging dingen vanuit andermans perspectief te bekijken. Volgens deze opvatting zouden mensen die hun blik moeten afwenden bij gewelddadige scènes in een film dat dus doen omdat zij sterkere verbindingen hebben.

Daarentegen kan het ook zo zijn dat de basisverbindingen niet doorslaggevend zijn. Ook andere mechanismen in de hersenen kunnen onze neiging tot het delen van handelingen aansturen, bijvoorbeeld selectieve aandacht. Als u de schijnwerper van uw mentale aandacht op een bepaald aspect of een bepaalde plek van de wereld of uw eigen lichaam richt, wordt de neurale reactie op de voorwerpen binnen die lichtbundel vergroot; maar dat gaat ten koste van de neurale representatie van andere aspecten. Experimenten met apen hebben aangetoond hoe sterk het effect van selectieve aandacht kan zijn. Als de aap de taak krijgt horizontale lijnen te negeren en alleen op een knop te drukken wanneer er verticale lijnen beginnen te knipperen, blijkt dat in de visuele hersengebieden bijna geen reacties meer plaatsvinden op de genegeerde horizontale lijnen, alsof door de selectieve aandacht de horizontale lijnen uit het beeld zijn verwijderd.[16] Tegelijkertijd wordt de reactie op verticale lijnen vergroot. Misschien is het zo dat proefpersonen met een hoge Perspectief-score simpelweg meer aandacht besteden aan andermans handelingen, waardoor de verwerking van die handelingen in de visuele en auditieve cortex efficiënter wordt. Deze sterkere activatie wordt dan via de verbindingen van het spiegelsysteem verzonden en leidt tot sterkere spiegelactivatie, ook zonder dat daarvoor sterkere verbindingen nodig zijn.

Deze twee mogelijkheden dienen verder onderzocht te worden, want ze hebben sterk verschillende gevolgen voor de manier waarop we de sterkte van de reacties in ons spiegelsysteem kunnen beïnvloeden. Verbindingen zijn moeilijk te wijzigen, maar aandacht kan op meer flexibele wijze worden omgeleid en is gemakkelijk toegankelijk voor cognitief-gedragsmatige procedures.

4

Geboren voor sociaal gedrag

De ontdekking van spiegelneuronen was voor de meeste wetenschappers een echte verrassing. Dankzij deze hersencellen kunnen we een vluchtige blik werpen op de trucs waarmee de hersenen begrip opbrengen voor de medemens. Zoals de meesten van ons het ermee eens zullen zijn dat een piloot met een zekere basiskennis van natuur- en werktuigbouwkunde veiliger vliegt, zo kunnen we met enige basiskennis omtrent de werking van spiegelneuronen enkele toepassingen vinden binnen onze sociale omgeving.

We gaan anders kijken als we een nieuwe vaardigheid hebben geleerd

In een klassieke opvatting over de hersenen vindt het proces van begrip voor andere personen plaats in gespecialiseerde systemen binnen de hersenen, afzonderlijk van de delen die verantwoordelijk zijn voor onze eigen daden. Dit zou inhouden dat uw eigen motorische vaardigheden slechts een beperkte en indirecte invloed hebben op uw waarneming van andermans gedrag. Maar in het licht van de spiegelneuronen wordt de situatie heel anders. Als we de handelingen van anderen interpreteren via onze eigen motorische programma's, hebben onze eigen programma's grote invloed op onze waarneming van anderen. Mijn vrouw Valeria speelt al meer dan tien jaar piano. Ik heb nooit piano gespeeld. Voelt het voor haar dus anders om naar pianomuziek te luisteren dan voor mij? Jazeker! Zij kan het geluid omzetten in het motorprogramma dat nodig is om die muziek te spelen; ik niet.

Marc Bangert en zijn team aan de universiteit van Hannover in Duitsland hebben in 2006 onderzoek gedaan naar dit fenomeen. Ze vergeleken een groep mensen die nooit piano hadden gespeeld met een groep die al jarenlang intensief speelde. Beide groepen luisterden naar opnamen van een pianoconcert, terwijl intussen hun hersenactiviteit werd gemeten. Er was geen activiteit in de premotorgebieden van proefpersonen die nooit piano hadden gespeeld, maar ervaren pianisten activeerden automatisch de premotorprogramma's die betrokken waren bij pianospel. Op de een of andere manier waren ze anders naar muziek gaan luisteren doordat ze zelf hadden geleerd piano te spelen. Plotseling hoorden ze de piano niet alleen via hun oren maar namen ze de klanken ook waar via bewegingen van hun eigen vingers, wat niet het geval was voor de niet-pianospelers.[17] Dit zou kunnen inhouden dat het auditieve spiegelsysteem dat we hebben gemeten met het geluid van handelingen kan worden uitgebreid naar nieuwe handelingen, bijvoorbeeld het spelen van een muziekinstrument. Ons spiegelsysteem is dus niet volledig gevormd bij de geboorte, maar kan worden uitgebreid door ervaringen waardoor we diezelfde handelingen bij anderen anders gaan waarnemen.

De sterkere reactie dankzij expertise op pianogebied kan het gevolg zijn van het feit dat pianisten grote belangstelling hebben voor pianomuziek en daar vaak naar luisteren, of van het feit dat ze zoveel pianospelen. Om te zien welke van deze twee mogelijkheden de oorzaak was, voerden de Spaanse neurowetenschapper Beatriz Calvo-Merino en haar collega's aan University College London een onderzoek uit met balletdansers. Mannelijke en vrouwelijke dansers trainen samen en zien elkaars bewegingen dus met grote regelmaat. Sommige bewegingen zijn voor de vrouw hetzelfde als voor de man, andere niet. De specifieke bewegingen voor man en vrouw bieden dus een kans om onderscheid te maken tussen het effect van bewegingen zien en er belangstelling voor hebben, en het effect van zelf een beweging uitvoeren. Toen de onderzoekers specifiek mannelijke en specifiek vrouwelijke passen lieten zien aan ervaren mannelijke en vrouwelijke dansers, vertoonden beide groepen bij alle bewegingen enige mate van spiegelactiviteit, maar de vrouwen hadden meer activiteit bij de vrouwenpassen, de mannen bij de mannenpassen.[18]

Het verschil in reactie suggereert dat het spiegelsysteem kan reageren op bewegingen waarvan de details niet in het eigen vocabulaire aanwezig zijn, net als de zogenoemde breed-congruente spiegelneuronen in eerdere hoofdstukken. Er treedt echter een sterkere spiegelreactie op bij de aanblik van een beweging die keer op keer is geoefend.

De ontdekking van het spiegelsysteem biedt dus een nieuw perspectief op de bekende ervaring dat we, nadat we een nieuwe sport hebben geleerd, met veel meer plezier naar die sport op tv kijken. We kunnen weliswaar basisbewegingen waarnemen van sporten en activiteiten die we nooit hebben uitgevoerd, maar activiteiten waarin we zelf getraind zijn bieden een rijkere kijkervaring.

Dat effect herinner ik me zelf van mijn schermlessen. Voordat ik leerde schermen vond ik de schermtoernooien van de Olympische Spelen boeiend om te zien, zonder dat ik goed begreep wat er gaande was. Het was één grote wirwar van bewegingen. Na twee jaar schermles ben ik nog niet echt gevorderd, maar met mijn vaardigheden is ook mijn blik aangescherpt. Ik zie nu veel beter wat schermers op tv doen. De bewegingen komen logisch over en soms valt het me zwaar niet zelf in beweging te komen als ik een wel heel slimme riposte zie. Het lijkt wel of delen van mijn lichaam mijn ogen nu helpen zien wat ze voorheen niet konden waarnemen.

Uit deze waarnemingen valt een simpel advies te destilleren. Als je bepaalde handelingen van anderen goed wilt begrijpen, moet je die anderen niet alleen bestuderen, maar zorgen dat je je die vaardigheden zélf eigen maakt. Dan krijg je een veel beter begrip. Scheidsrechters bij sport, muziekrecensenten, sporttherapeuten en mensen in vele andere beroepen zouden er goed aan doen te beseffen dat er een nauw causaal verband is tussen hun motorvaardigheden en hun waarneming.

Als we naar *Star Wars* kijken, schrijven de meesten van ons een breed scala aan menselijke emoties toe aan R2D2 en C3PO, hoewel we met ons nuchtere verstand best weten dat robots worden aangestuurd door computers zonder emotie. Bij andere mensen hebben we intuïtief het gevoel dat hun innerlijk overeenkomsten vertoont met het onze, en dus schrijven we hun bij het uitvoeren van handelingen de gevoelens toe die we zelf hebben als we diezelfde handeling uitvoeren. We besloten te kijken wat onze hersenen doen als ze een robot iets zien doen.

In het lab toonden we onze proefpersonen, onder wie Joyce, filmpjes niet alleen van een mens die alledaagse handelingen verricht, maar ook van een industrierobot die diezelfde handelingen verricht. De robot pakte een kop koffie en een glas wijn, lepelde soep uit een kom, maar deed dat allemaal op de manier van een industrierobot, dus met hoekige bewegingen en onveranderlijke snelheid. De klauw van de robot leek meer op de arm van R2D2 dan op een mensenhand. We wilden weten of het menselijk spiegelsysteem de film van een robot die een glas vastpakt net zo zou verwerken als het filmpje van een medemens.

Het antwoord is ja.[19] Toen de proefpersonen naar de filmpjes van de robot keken, werd het spiegelsysteem evenzeer geactiveerd als bij de filmpjes van mensen. Ondanks het verschil in het bewegingspatroon en het fysieke uiterlijk tussen de robot en onze menselijke waarnemers werden de robothandelingen door het spiegelsysteem geïnterpreteerd in het licht van de eigen, menselijke handelingen van de deelnemer. Dit gold ook als de robot niet iets typisch menselijks deed zoals een glas oppakken, maar als hij simpelweg een stel gekleurde houten blokjes in het rond schoof. Uit een ander experiment bleek dat we ook de handelingen van dieren interpreteren via onze eigen daden.[20]

In een wereld waarin robots steeds belangrijker worden is dit vermogen van ons spiegelsysteem om robothandelingen te assimileren een belangrijke ontdekking. Onze hersenen zijn in de loop van miljoenen jaren zo geëvolueerd dat ze optimaal kunnen reageren op het gedrag van dieren en van de medemens. De waarneming dat robots, ook al zien ze er niet uit als mensen, ons spiegelsysteem in grote lijnen net zo lijken te activeren als onze medemens dat doet, betekent dat robots in de toekomst kunnen worden ingezet op de werkvloer en naadloos kunnen worden opgenomen in het spiegelsysteem van de menselijke werknemers. Zo wordt optimaal gebruikgemaakt van een evolutie die miljoenen jaren in beslag heeft genomen. Er zijn meer experimenten van deze aard nodig om te kijken waar de grenzen van dit verschijnsel liggen. Filmmakers als George Lucas lijken hier een neus voor te hebben. De vreemdst ogende robots kunnen opgaan in ons sociale brein zodat we, bijna alsof het om mensen gaat, medelijden, medeleven en vreugde voelen.

Hoe mensen die zonder handen geboren zijn handgebaren spiegelen

Op een dag liep het hoofd van de Koninklijke Nederlandse Academie van Wetenschappen, hoogleraar bewegingswetenschappen Theo Mulder, met een brede glimlach op zijn gezicht ons kantoor in. 'Zouden jullie belangstelling hebben voor proefpersonen die zonder armen zijn geboren?' vroeg hij. Ik zag een flits van belangstelling in Valeria's ogen. Ze was net klaar met de analyse van de gegevens over robots en vroeg zich nog steeds af hoe we handbewegingen zouden zien als we nooit handen gehad hadden. Dus zeiden we ja.

Een paar maanden later arriveerde onze eerste proefpersoon. 'Hoe maakt u het,' zei hij, en hij tilde een voet op om mijn hand te schudden. Ik schudde zijn voet, verbluft over de behendigheid waarmee hij zijn benen en voeten bewoog. Terwijl Valeria hem het experiment uitlegde, krabde hij bedachtzaam met zijn voet over zijn *five o'clock shadow*. 'Moet te doen zijn,' zei hij, en even later lag hij in de scanner.

Eerst keek hij naar filmpjes van handen die van alles deden, vervolgens van handen en voeten die handelingen uitvoerden zoals een hand die suiker in een kop koffie deed en een voet die daarna datzelfde deed. Tot slot vroegen we hem zijn lippen en zijn voeten te bewegen om te kijken waar de motorische representatie van de lip- en voetbewegingen zich bevond. Even later arriveerde de tweede proefpersoon. Ik schudde zijn voet intussen alsof het de normaalste zaak van de wereld was. Ook het tweede experiment verliep soepel, en daar gingen ze weer. Beide deelnemers zijn halverwege de dertig, hebben veeleisende banen en zijn geboren zonder armen en handen.

Een tijdje later zaten we voor onze computers naar de resultaten te kijken. Die vertoonden volslagen normale spiegelactivaties in hetzelfde gebied waar deelnemers mét handen en armen spiegelactivaties hebben. Maar toen we keken naar de resultaten van handelingen die ze met hun lippen en voeten hadden verricht, bleek dat de aanblik van de handbeweging die ze zelf nooit hadden uitgevoerd werd weergegeven in hersengebieden die zij gebruiken voor handelingen met hun voet of lippen. Ook hier leek het of hun spiegelsysteem het doel van de handeling begreep: 'vastpakken' en dat projecteerde op het eigen motorprogramma voor 'vastpakken', waarbij in hun geval voeten of lippen worden gebruikt. Interessant was dat de representatie van de voet ook het gebied besloeg dat bij mensen mét armen en handen wordt gebruikt voor handbewegingen. Dit wordt ook vaak gezien bij amputatiepatiënten en verklaart waarom de visuele activiteit in hetzelfde gebied plaatsvond als bij mensen die over alle ledematen beschikken. Die hersengebieden die voorheen te maken hadden met het nu ontbrekende lichaamsdeel gaan de aangrenzende delen overnemen – en reageren wanneer ze andere mensen dingen zien doen die zijzelf met het vervangende lichaamsdeel zouden uitvoeren.

Beter begrip van doelstellingen dankzij het spiegelsysteem

Ons motorsysteem bestaat uit de primaire motorcortex en de hogere motorgebieden, waaronder de premotorcortex, waar de spiegelneuronen te vinden zijn. Neuronen in de primaire motorcortex zijn gebonden aan bepaalde spiergroepen. Als we naar alle gevallen kijken waarin een bepaald neuron in de primaire motorcortex vuurt, zien we dat het altijd gaat om een bepaalde spiergroep en een bepaalde manier van bewegen. De spieren die bijvoorbeeld uw wijsvinger bewegen zijn bezig als u op een toetsenbord typt, als u de as van een sigaret af tikt en als u 'kom jij eens even hier!' gebaart. Deze bewegingen hebben geen gemeenschappelijk doel, maar de spierbeweging is vergelijkbaar.

Als we datzelfde doen voor een premotorneuron, zien we dat er telkens wanneer een neuron vuurt sprake is van een gemeenschappelijk doel, bijvoorbeeld pakken, breken of weghalen. Het woord 'doel' wordt hier pragmatisch gebruikt, in de zin van datgene wat we met onze handeling willen bereiken. Als ik de dop van een vulpen haal, is het doel dat de dop niet meer op de pen zit, of ik dat nu met mijn handen of met mijn lippen doe. Neuronen in de premotorcortex lijken te zijn ingedeeld in termen van dergelijke doelen, onafhankelijk van de manier waarop het doel bereikt wordt. Uit fMRI-onderzoek is gebleken dat bij schrijven met de hand of met de voet dezelfde gebieden in de premotorcortex worden gebruikt.[21]

Al met al zou je kunnen zeggen dat het motorsysteem een soort militaire organisatie kent, waardoor de hersenen uiterst flexibel kunnen werken. Generaals in de premotorgebieden beslissen wat er moet gebeuren, onderofficieren bij de overgang van premotorneuronen naar primaire motorneuronen beslissen hoe dit doel binnen de beperkingen van een bepaalde situatie moet worden bereikt, en soldaten in de primaire motorcortex zorgen er vervolgens voor dat de juiste spieren in beweging komen zodat de handeling plaatsvindt. Die flexibiliteit is nuttig: om bijvoorbeeld te eten moet je weliswaar altijd iets pakken, dan kauwen, dan slikken, maar de manier waarop je iets vastpakt kan per keer verschillen. Het is dus verstandig om het algemene programma op te slaan in de premotorcortex en vervolgens afhankelijk van de situatie op flexibele wijze verschillende spieren in te zetten, al naargelang je eetstokjes, een vork of een stuk brood voor je neus hebt. De indeling in hogere en lagere 'rangen' uit het legervoorbeeld zullen we in dit boek nog vaker tegenkomen. In neurowetenschappelijke termen heet zo'n rang een orde; we hebben hersengebieden van hogere en van lagere orde, ook wel hoge en lage gebieden genaamd. De hogere gebieden, zoals de premotorcortex, zijn minder rechtstreeks betrokken bij de directe uitvoering van commando's. Zij bepalen de activiteit van de lagere gebieden die wél rechtstreeks zorgen voor het uitvoeren van commando's.

De premotorcortex beschikt dus over generaals en onderofficieren die denken in termen van doelstellingen, maar niet over soldaten die denken in termen van concrete spiergroepen. Met de ontdekking van spiegelneuronen in de premotorcortex wordt dit feit rechtstreeks relevant voor onze perceptie van de handelingen die anderen uitvoeren. Zoals we hebben gezien bij de experimenten met robots, dieren en mensen die zonder armen geboren zijn, lijkt ons spiegelsysteem motorprogramma's te activeren waardoor we het doel bereiken dat we bij het waargenomen individu zien. Als we een robot een glas zien pakken, activeren we motorprogramma's waarmee we zelf met onze eigen handen dat glas zouden kunnen pakken. Als deelnemers zonder handen filmpjes zien van iemand die een glas pakt, activeren ze motorprogramma's die de voet of de lippen gebruiken om eenzelfde doel te bereiken. Binnen onze kennis van de doelgerichte representaties in de premotorcortex zou deze uitkomst niet als een verrassing mogen komen. Als je in een klassieker model van de hersenen geloofde, waarbij andermans handelingen worden vertegenwoordigd op een manier die niets te maken heeft met onze eigen handelingen, dan zou het heel wat moeilijker zijn om te begrijpen waarom doelstellingen nu juist zo belangrijk zijn bij onze observatie van de medemens.

Leren door observeren

De ontdekking van spiegelneuronen heeft ook een ingrijpende verandering teweeggebracht in de manier waarop we tegen een ander fundamenteel menselijk talent aan kijken, namelijk leren door te observeren. Als kinderen leren we heel veel door onze ouders en vriendjes te observeren. In de eerste weken van hun leven hebben pasgeborenen een aangeboren neiging om hun tong uit te steken als hun ouders dat voordoen.[22] Die imitatie is niet perfect. Misschien zult u uw eigen baby niet steevast zijn of haar tong zien uitsteken als u die van u naar de hummel uitsteekt, maar als u het vaak genoeg doet, zal het tongetje vaker naar buiten komen. Baby's brabbelen en, in een latere fase, imiteren de geluiden die hun ouders voortbrengen. Nog later gaan ze, in navolging van hun ouders, met stofzuigers en hamers spelen.

Onze hedendaagse cultuur, waarin we schrijven, spreken, lezen, ruimteschepen bouwen en naar school gaan, kan alleen functioneren omdat we ons niet beperken tot het gedrag waarmee we zijn geboren of dat we door vallen en opstaan leren. We steken een heleboel op door simpelweg naar anderen te kijken. Culturele overdracht verwijst vaak naar dit verbijsterende vermogen om in hoog tempo vaardigheden en kennis over te nemen van anderen. In de cultuur van het Stenen Tijdperk moest je bijvoorbeeld weten hoe je van een steen een handbijl maakt. Onderzoek naar bijltjes uit dat tijdperk heeft aangetoond dat die volgens relatief vaststaande procedures werden vervaardigd. Die procedures werden in de loop van duizenden jaren langzaam geperfectioneerd – een duidelijke aanwijzing voor culturele overdracht. Onze huidige manier van leven is in hoge mate afhankelijk van een dergelijke culturele overdracht. Wanneer je in een nieuwe baan begint, moet je vaak binnen korte tijd een grote verscheidenheid aan nieuwe vaardigheden leren. Dat doe je door iemand met meer ervaring te observeren. Als we niet het vermogen hadden te leren door observeren was onze moderne wereld nooit tot ontwikkeling gekomen. Zonder dat vermogen heeft alleen de uitvinder baat bij zijn eigen uitvinding, en sterft alle kennis met de ontdekker van die kennis.

Hoewel we het vermogen om van anderen te leren de normaalste zaak van de wereld vinden, worstelden wetenschappers vóór de ontdekking van spiegelneuronen met het probleem hoe de hersenen daar überhaupt kans toe zagen. Nog opvallender is dat het veld zich had gericht op de zogeheten 'ware imitatie'. Pas sinds de Tweede Wereldoorlog probeert de wetenschap werkelijk te doorgronden hoe het leerproces van dieren verloopt. William Thorpe, docent aan de universiteit van Cambridge, was een van de grondleggers van deze nieuwe discipline. Maar volgens zijn invloedrijke definitie is ware imitatie 'het kopiëren van nieuw of anderszins onwaarschijnlijk gedrag'.[23] Een geheim agent die over iemands schouder kijkt terwijl die een wachtwoord intikt en vervolgens datzelfde wachtwoord gebruikt om toegang te krijgen tot een computer voert dus geen ware imitatie uit, want hij heeft al eens eerder cijfers op een toetsenbord getikt en zijn gedrag is daarmee dus niet nieuw. Maar stel dat ik een kind laat zien hoe ik een raar gezicht kan trekken door met mijn handen een verrekijkertje voor mijn ogen te maken en dat dan op mijn hoofd te zetten. Als het kind dat gebaar kopieert, is dat wél ware imitatie: het gedrag op zich is nieuw en onwaarschijnlijk. Volgens deze strenge definitie is het moeilijk, hoewel waarschijnlijk niet onmogelijk, om bewijs te vinden voor imitatiegedrag bij dieren.

Dankzij de ontdekking van de spiegelneuronen kunnen we begrijpen hoe we een vaardigheid aanleren door iemand anders de bewuste handeling te zien uitvoeren. De vraag hoe dit proces verloopt wordt daarmee tastbaar. Spiegelneuronen activeren tijdens het kijken naar een handeling de eigen manier van de waarnemer om een soortgelijke handeling uit te voeren, en dit is met name van belang bij het reproduceren van andermans handelingen.[6] Maar nog belangrijker is de wetenschap dat het spiegelsysteem doelgericht is. Dit suggereert dat we tijdens de waarneming niet zozeer de willekeurige details leren van hóe ons voorbeeld zijn doel bereikt, maar wát hij heeft bereikt of wilde bereiken. Kinderen zijn al jong rationeel in hun reproductie van gedragingen. Als jij omdat je je handen vol hebt met je hoofd een lichtknopje indrukt, drukken zij daar met hun handen op: dat toont de tendens aan die het spiegelsysteem zou voorspellen. Terwijl strikt congruente spiegelneuronen een ietwat gedetailleerder beschrijving zouden kunnen geven van hoe de handeling is uitgevoerd, hebben we bijna tweemaal zo veel minder specifieke, doelgerichte, breed-congruente spiegelneuronen; daarmee zijn doelstellingen dus de dominante variabele binnen het spiegelsysteem.

In navolging van Thorpes definitie is een groot aantal primatologen op zoek naar evolutionaire voorlopers van culturele overdracht volledig gericht geweest op de studie van ware imitatie bij dieren. Apen vertonen bijna nooit onomstotelijk bewijs voor dit soort ware imitatie. Een tijd lang werd dit gezien als een schijnbare tegenstelling tot de aanwezigheid van spiegelneuronen bij deze dieren; dit lijkt echter in feite neer te komen op een verkeerde interpretatie van de functie van spiegelneuronen. Spiegelneuronen voorspellen dat apen in staat zouden moeten zijn te leren door observatie, maar niet dat ze ook tot in detail de manier kunnen reproduceren waarop dat doel is bereikt.

Francys Subiaul en zijn collega's aan de faculteit Antropologie van Columbia University hebben onderzoek gedaan naar een eenvoudiger manier van leren door observeren bij apen.[25] Ze zetten twee apen naast elkaar, elk met een touchscreencomputer voor zich. Op het scherm zagen de apen vier plaatjes, en als ze die in de juiste volgorde aantikten, kregen ze een slok vruchtensap. Maar eerst moesten ze de juiste volgorde zien te achterhalen. Bij de methode vallen-en-opstaan moesten beide apen zelf de juiste volgorde uitzoeken. Bij de methode sociaal leren kon een van de apen een meer ervaren aap de juiste volgorde zien aantikken. Wat bleek? Het kostte een aap circa twintig pogingen om in zijn eentje de juiste volgorde te vinden, maar als hij de taak correct had zien uitvoeren door de andere aap, had hij maar vijftien pogingen nodig. De aap had iets geleerd, simpelweg door het gedrag van de andere aap te observeren.

De bijdrage van spiegelneuronen aan dergelijke taken bestaat uit het activeren van een bepaalde reeks welbekende handelingen in de hersenen van de waarnemende aap. Om die reeks te leren zijn er naast deze spiegelneuronen systemen nodig waarmee de aap de volgorde van de handelingen kan onthouden; dat is een bijkomende taak waarin mensen aanzienlijk beter zijn dan apen. Mensen zouden minder dan vijftien pogingen nodig hebben nadat ze een ervaren collega de taak hadden zien voordoen. Beide soorten delen intuïtief de handelingen die ze waarnemen, maar mensen herinneren zich de ervaring beter en accurater dan apen.

Een neurale basis voor intuïtie

Filosofen als Descartes hebben ons verteld dat de geest van iemand anders onzichtbaar, verborgen en ondoordringbaar is. Volgens de volkswijsheid zijn er naast logische kennis nog andere manieren om te weten wat er in anderen omgaat. Tijdenlang zijn termen als '(vrouwelijke) intuïtie', die de gedachte weerspiegelen dat je kunt 'afstemmen' op de geest van anderen, bestempeld als bijgelovige nonsens, mijlenver verwijderd van de respectabele wetenschap. Maar de ontdekking van spiegelneuronen heeft gezorgd voor een andere opvatting over de relaties tussen mensen. Als we zien wat anderen doen, resoneert onze eigen premotorcortex alsof we zelf de handelingen verrichten die we gadeslaan. Het spiegelsysteem slaat een brug tussen de geesten van twee mensen en laat zien dat onze hersenen fundamenteel sociaal zijn.

In onze fMRI-experimenten werd de proefpersonen niet expliciet gevraagd zich te verplaatsen in de huid van degenen naar wier handelingen ze luisterden of keken. Na de proefnemingen vroegen we of ze zich opzettelijk hadden voorgesteld dat zij de mensen waren die ze waarnamen, en niemand bleek dat gedaan te hebben. De spiegelactiviteit die we zien, waarbij de premotorcortex resoneert met de activiteit van de uitvoerders, is dus een proces dat plaatsvindt zonder dat daaraan een bewust, eventueel moeizaam proces voorafgaat waarbij het perspectief van anderen wordt overgenomen. Het lijkt juist een proces te zijn dat spontaan in beweging wordt gezet wanneer we andermans handelingen waarnemen, en daardoor lijkt het zo intuïtief. We hebben niet eens geprobeerd de geest van anderen binnen te gaan, en toch delen we hun handelingen. In zeker opzicht 'voelen' we wat er in hun hoofd omgaat. Dat is het verschil tussen het spiegelsysteem en de weloverwogen, beredeneerde reis van een politieman op zoek naar een voortvluchtige dader.

De ontdekking van spiegelneuronen maakte me duidelijk dat onze hersenen inderdaad op bijna magische wijze met elkaar zijn verbonden. We komen niet ter wereld met een stel hersenen dat zich uitsluitend met onszelf bezighoudt, maar met een stel hersenen dat in staat is om met andere mensen mee te voelen. Onze hersenen zijn zo gebouwd dat ze reageren op de mensen in onze omgeving. In dit licht bezien is mijn houding ten opzichte van mijn eigen intuïtie wel veranderd. Vroeger zag ik mijn intuïtie als onbetrouwbaar en ondergeschikt aan mijn rationele gedachten, maar tegenwoordig zie ik deze gave meer als het gevolg van een uitermate slim en schitterend geëvolueerd proces dat de rijkdom van mijn eigen motorexpertise gebruikt om inzicht te krijgen in mijn medemens. Intuïtie is een soort trouwe medewerker voor me geworden. Ik hoef haar niet aan te sturen en onder controle te houden, en ik kan bouwen op haar conclusies.

Zoals aangetoond aan de hand van het verschil tussen mensen met een verschillende mate van empathie en tussen mensen met meer of minder expertise op het gebied van bepaalde vaardigheden, kan de motorresonantie die onze hersenen met elkaar verbindt variëren in sterkte. Een van de fascinerende onderwerpen voor toekomstig onderzoek zal zijn om te kijken hoe de sterkte van die verbinding kan worden beïnvloed. Wetenschappers over de hele wereld doen momenteel onderzoek naar de manier waarop meditatie en drugs empathieverhogend kunnen werken, en hoe de activiteit in ons spiegelsysteem verandert onder invloed van onze beslissing om al dan niet empathie te hebben met iemand anders.

In onze op kennis gebaseerde beschaving wordt abstracte kennis hoger geschat dan praktische vaardigheden. Het ultieme genie, iemand met een intellect dat de meeste mensen met trots zou vervullen, is wel Einstein, die de verborgen wetten van materie en het heelal kon samenvatten in de eenvoudige vergelijking $E=mc^2$. Intellectueel, abstract, rationeel denken wordt vaak gezien als het doel waar scholen naar moeten streven, waarbij praktische en intuïtieve vaardigheden als minder waardevol worden beschouwd.

In termen van onderwijs zou je uit het spiegelsysteem kunnen concluderen dat abstracte theorie misschien niet altijd de meest effectieve manier van kennisoverdracht is. Taal, het meest gebruikte onderwijsinstrument, heeft een ontwikkeling van hoogstens twee miljoen jaar doorgemaakt. Leren door observeren daarentegen is een vermogen dat honderden miljoenen jaren oud is. Dat betekent dat onderwijzers door de nadruk te leggen op verbaal onderwijs voorbijgaan aan een aantal oeroude en immens doeltreffende leerkanalen. Spiegelneuronen openen een uitermate geschikte deur tussen de hersenen van een leraar en die van zijn leerlingen.

Verbaal materiaal in een lesboek moet met aanzienlijke inspanning gedecodeerd worden, en als we het onderwerp eenmaal begrijpen, erkennen we dat datgene wat uiteindelijk in ons hoofd beklijft iets heel anders is dan de lange reeks letters en cijfers in het boek. Leren door observeren voelt daarentegen direct en intuïtief aan. Een knoop maken terwijl een ervaren zeeman langzaam voordoet hoe het moet voelt natuurlijk aan; diezelfde knoop maken op basis van een beschrijving in een boek is een frustrerende ervaring.

Leren door observeren voelt natuurlijk aan, maar is natuurlijk geen simpel proces. Tijdens het maken van de knoop oefenen de vingers mechanische kracht uit op het touw; die kracht heeft geen enkele overeenkomst met de lichtgolven die van het lichaam van de leraar weerkaatsen; ook de lichtgolven die door de letters in het boek worden weerkaatst lijken daar niet op. Ondanks tientallen jaren noeste arbeid door verschrikkelijk krachtige computers en de knapste breinen ter wereld is kunstmatige intelligentie nog steeds niet verder gekomen met de bouw van een robot die op basis van observatie een breed aanbod aan vaardigheden kan imiteren. Voor een robot is het stukken eenvoudiger om handelingen uit te voeren op basis van de schriftelijke instructies in een computerprogramma. Wat leren door observeren voor ons mensen natuurlijker maakt en waarom het computerprogramma natuurlijker is voor machines, is dat wij ons honderden miljoenen jaren lang hebben gespecialiseerd in het leren door observeren, terwijl taal een nieuw foefje van onze hersenen is. Robots daarentegen zijn geëvolueerd in een wereld van computerprogramma's en voor hen is leren door observeren het nieuwe foefje. Spiegelneuronen en de relatief rechtstreekse verbindingen tussen de visuele en de auditieve cortex die de handelingen van anderen verwerken zijn de belichaming van deze miljoenen jaren evolutie. Als we bij ons onderwijs geen gebruik maken van dit fijn afgestemde systeem, betekent dat dat we volledig voorbijzien aan een verbijsterend doeltreffend communicatiekanaal.

Als we moeten uitleggen hoe je iets doet, kan het simpelweg voordoen van de bewuste handeling dus een belangrijk didactisch middel zijn ter aanvulling van een talige uitleg. Simpele sommen op school lijken bijvoorbeeld geen belichaamde vaardigheid, maar toch begrijpen we de materie beter als we de sommen omzetten in een meer intuïtieve motorische bewerking. De idee van optellen en aftrekken kan (of moet?) bijvoorbeeld altijd vergezeld gaan van een aanschouwelijk voorbeeld. Neem een kom met daarin drie snoepjes, pak er nog eens twee bij die naast de kom liggen, en leg ze in de kom. 'Dat is optellen.' Pak er dan vier uit, en zeg: 'Dat is aftrekken.'

De meesten van ons hebben ooit wel eens ervaren hoe zo'n demonstratie kan leiden tot een beter begrip van abstracte ideeën. Veel goede leraren begrijpen van nature het belang van zulk aanschouwelijk onderricht. De ontdekking van spiegelneuronen helpt ons de intuïtie van sommige getalenteerde onderwijzers om te zetten in een for-

meler begrip van het belang van onze lichamen als communicatieka-
nalen.

Simulatie is een fundamenteel principe van hersenfuncties

Zoals we hebben gezien heeft het spiegelsysteem een fundamentele
eigenschap: als we handelingen zien of horen, worden er hersendelen geactiveerd alsof u die handeling zelf uitvoerde. De hersenen simuleren wat ze in de omgeving zien, maar het is wel belangrijk op te
merken dat simulatie niet gewoon dezelfde hersengebieden gebruikt
voor uitvoering en waarneming. Er zijn nog een paar processen nodig, waardoor waargenomen/gehoorde handelingen worden vertaald in een motorisch vocabulaire; spiegelneuronen maken deel uit
van die omzetting. Ook moeten de hersenen die situatie vermijden
waarbij de resultaten van de simulatie vanuit het brein naar de spieren toe sluipen. Zo'n uitvoer van signalen zou niet goed uitpakken.
Bij een bokswedstrijd zelf klappen uitdelen aan de rest van het publiek valt uiteraard onder de noemer onaangepast gedrag.

Het blijkt dat telkens wanneer we anderen zien handelen ook andere hersengebieden actief worden, waarschijnlijk in de frontaalkwab.
De rol van die gebieden is het dichten van de 'poort' die normaal gesproken de commando's van de generaals in de neuronen van de premotorcortex doorseint naar de soldaten in de primaire motorcortex.
Wanneer we zelf bezig zijn, moet die poort openstaan. Maar als we
simpelweg naar anderen kijken moet de poort dicht zijn, om te voorkomen dat we automatisch die handelingen uitvoeren die we slechts
in onszelf willen simuleren. Patiënten met een aandoening die
echopraxie heet, van de Griekse woorden *echo* ('herhalen') en *praxia*
('doen'), hebben een beschadiging in de frontaalkwab en lijken de
poort niet te kunnen sluiten wanneer ze kijken naar iemand die iets
aan het doen is. De Franse neuroloog François L'Hermitte heeft een
sprekende illustratie van deze stoornis gegeven. Hij legde twee bril-
len op tafel en verzocht zijn patiënt met echopraxie te gaan zitten. De

patiënt had zijn eigen bril op, maar bij de aanblik van de neuroloog die een van de twee reservebrillen opzette, pakte de patiënt werktuiglijk de tweede bril en zette die over zijn eigen bril heen op. Zonder de remmende inwerking van de frontaalkwab had de patiënt geen verweer meer tegen de invloed van andermans handelingen op zijn eigen motorische systeem.

Wanneer de hersenen aanblik en geluid van handelingen eenmaal kunnen omzetten in motorprogramma's en als ze kunnen leren motorische uitvoer te voorkomen tijdens simulatie, wordt die simulatie een opvallend elegante manier om de logica achter het gedrag van anderen te ontdekken. Als rekenkundig mechanisme beschouwd heeft het spiegelsysteem ons attent gemaakt op een fundamentele eigenschap van de hersenen, namelijk hersengebieden die voorheen uitsluitend gewijd waren aan een bepaalde taak (een handeling uitvoeren) gebruiken voor nieuwe, extra functies (namelijk die handeling gewaarworden).

Een ander sprekend voorbeeld van simulatie is inbeelding. Denkt u zich in hoe het voelt om op een zomerochtend over het strand te rennen, bij iedere stap met uw blote voeten door het koele, ondiepe water plenzend terwijl de wind door uw haren strijkt. De overgrote meerderheid is heel goed in het tevoorschijn toveren van levendige beelden en gevoelens door middel van de verbeeldingskracht. Het interessante is dat ook de inbeelding van handelingen de premotorgebieden activeert die te maken hebben met de uitvoering van dergelijke handelingen: alsof je echt over het strand holt. Zo gebruiken onze hersenen zowel tijdens waarneming als tijdens inbeelding dezelfde premotorcortex om in ons hoofd een handeling na te spelen zonder dat we ons lichaam daadwerkelijk bewegen. We kunnen ons bijzonder goed voorstellen dat we iets doen, en we begrijpen wat anderen doen omdat wij dezelfde machinerie gebruiken als wanneer we de handeling zelf uitvoeren.

Wanneer we ons handelingen inbeelden, bekijken of beluisteren zijn dat allemaal voorbeelden van simulatie. Het verschil ligt in de manier waarop die simulatie begint. Bij inbeelding wordt de simulatie in onszelf gestart, via onze wens om ons een bepaalde handeling in te denken; maar tijdens visuele waarneming of bij het luisteren naar een handeling wordt de simulatie gestart door een prikkel in de buitenwereld, bijvoorbeeld de aanblik of het geluid van een soortgelijke handeling.[26]

Vóór de ontdekking van spiegelneuronen zouden de meeste mensen gedacht hebben dat de inbeelding van een situatie en het daadwerkelijk aanschouwen van die situatie volslagen verschillende processen zijn. Maar de neurale overeenkomsten tussen die processen vormen een schitterend voorbeeld van de manier waarop de hersenen conceptuele hindernissen kunnen wegnemen.

5

Taal

De evolutie is een soort knutselaar die in de loop van duizenden jaren langzaam zijn werk bijschaaft [...] hier wat weghalen, daar wat uitrekken, en alle kansen aangrijpen om het ontwerp bij te stellen voor nieuwe toepassingen [...] De evolutie komt niet plompverloren met een gloednieuw idee aanzetten. Ze werkt verder aan wat er al was en transformeert een systeem om er nieuwe functies aan te geven, of combineert opeenvolgende systemen om een complexer geheel te creëren.[27, p. 1164]

Een blauwe banaan met honderd poten

Denkt u zich eens in: een blauwe banaan met honderd poten. Deze zin is een sprekend voorbeeld van een van de opvallendste en tegelijkertijd raadselachtige functies waarover de mensheid beschikt. Door middel van taal kunnen we namelijk zonder zichtbare inspanning ideeën in andermans hoofd planten. Waarschijnlijk was u van uw levensdagen niet op de gedachte aan een honderdpotige blauwe banaan gekomen. Maar één eenvoudige zin, die zelf geen enkele overeenkomst vertoont met een blauwe banaan, was genoeg om de gedachte aan dit onwaarschijnlijke fenomeen in u op te roepen.

We kunnen over een idee denken en dit idee door middel van papier en inkt in honderdduizenden geesten planten. Toegegeven: de gedachte aan een honderdpotige blauwe banaan is nuttig noch gevaarlijk. Maar zoals bekend heeft de mogelijkheid om ideeën te verzinnen en te verspreiden de macht om fundamentele veranderingen teweeg te brengen in ons leven en zelfs in onze samenleving. Simpele woorden kunnen miljoenen levens sparen of eisen; denkt u maar aan beschrijvingen van de productiemethode voor penicilline, kruit of, ironisch genoeg, de perfecte samenleving.

Bovendien bevrijdt taal ons uit het hier en nu. Neem bijvoorbeeld vervetaapjes. Vervetaapjes hebben een zeer beperkt betekenisdragend vocabulaire van een tiental gromgeluiden en kreten. Een van die kreten betekent dat er een landroofdier is gesignaleerd, bijvoorbeeld een slang. Zodra een groepslid deze slangkreet slaakt, snellen alle aapjes de dichtstbijzijnde boom in. Een andere kreet geeft aan dat er een roofdier in de lucht is, bijvoorbeeld een adelaar; zodra die kreet klinkt springen de aapjes de bomen uit en zoeken ze dekking onder de struiken. Het is van cruciaal belang de juiste kreet te slaken, anders loop je het risico in de maag van een slang te belanden. In vergelijking met menselijke taal hebben de gromgeluiden van vervetaapjes een fundamentele beperking. Ondanks jaren veldonderzoek heeft geen enkele primatoloog ooit gezien hoe een moederaap tegen haar kind iets gromde als: 'Kijk uit voor die ene heuvel, want daar heb ik een massa slangen gezien.' Alle kreten van de vervetaapjes vinden plaats in het hier en nu, en ze worden nooit gecombineerd tot zinnen. Apen en mensapen hebben geen taal, en leren uitsluitend ofwel door eigen ervaring ofwel door iemand anders rechtstreeks te observeren. Een aap kan nooit zijn eerdere ervaring delen door die aan een ander dier te vertellen. Wij wel. Eerst deden we dat via mondelinge communicatie, toen via boeken, nu via het wereldomspannende internet. Kennis is een verbaal web geworden dat letterlijk boven tijd en ruimte uitstijgt. Ik kan de meningen van Shakespeare, Darwin en Newton even makkelijk raadplegen als de recepten van wijlen mijn moeder of de ontdekkingen van een collega duizenden kilometers bij me vandaan.

Vreemd genoeg zijn er geen andere dieren die echte taal hebben ontwikkeld, maar voor mensen levert het aanleren van taal, een sublieme vaardigheid, bijna nooit problemen op; het is lang niet zo moeilijk als hoofdrekenen of het invullen van de belastingaangifte. Tegen ons tweede levensjaar kunnen we bevelen, mededelingen en vragen uiten. Op ons vierde spreken de meesten van ons in complexe en grammaticaal correcte zinnen. En ondanks verschillen in opleiding kan zo'n 80 procent van de wereldbevolking rond het vijftiende levensjaar lezen en schrijven.[28] Er is een soort bedrading in ons hoofd aanwezig waardoor we als een stel taalmagneten dit geweldige talent ontwikkelen. We lijken een aangeboren instinct te hebben voor taal,[29] en zoals we zullen zien spelen spiegelneuronen misschien een rol bij dit instinct.

Hoe sterk dit instinct is wordt op intrigerende wijze aangetoond door het voorbeeld van doof geboren kinderen in Nicaragua. Voor de jaren zeventig bleven doof geboren Nicaraguaanse kinderen meestal thuis en hadden weinig contact met elkaar. Tegen het einde van de jaren zeventig werden er echter scholen gesticht om deze kinderen te leren liplezen – in het Spaans, uiteraard. Dit werd een mislukking, want in tegenstelling tot een wijdverbreide mythe is het voor doof geboren mensen bijzonder moeilijk om te leren liplezen.

Toch bleken de scholen een succes – maar dan buiten de klaslokalen. De dove kinderen gingen daar om met andere, horende kinderen, en ontwikkelden een reeks 'zelfgemaakte' handgebaren om te communiceren. Die gebaren leken op de bewegingen waarmee de meesten van ons in een vreemd land simpele dingen beschrijven: je vingers rond een denkbeeldig glas klemmen en naar je mond brengen betekent drinken.

Toen de dove kinderen vervolgens weer onderling contact kregen, gingen ze hun beperkte gebarenvocabulaire combineren en werden deze gebaren langzaamaan een taal – Nicaraguaanse Gebarentaal. Hoewel de kinderen geen enkele toegang hadden gehad tot enige vorm van grammatica, hadden ze spontaan zelf een gebarengrammatica ontwikkeld.

Zo begonnen ze zelf begrippen te segmenteren. Als je de beweging beschrijft van een bal die 'omlaag rolt', wordt die beweging verbaal in twee betekeniseenheden opgesplitst: rollen (handeling) en omlaag (richting). Verder kun je je woorden kracht bijzetten met een iconische, niet-gesegmenteerde beweging die op de visuele representatie van de gebeurtenis zelf lijkt.

In 2004 heeft psycholinguïst Ann Senghas van Columbia University in New York onderzoek gedaan naar de manier waarop de dove kinderen in Nicaragua zo'n gebeurtenis in gebarentaal weergeven. Ze zag dat met name de jongste leden van de gemeenschap niet communiceerden in één beweging. In plaats daarvan gebruikten ze twee gebaren: één voor rollen, gevolgd door één voor een neerwaartse beweging. Daarmee hadden ze spontaan het iconische gebaar dat ze misschien bij horende mensen hadden gezien omgezet in een grammaticale structuur met als betekenis een bal die omlaag rolt. Aangezien ze geen kans hadden gezien te leren liplezen of Spaans te lezen, hadden de dove kinderen het grammaticale begrip van segmentatie niet kunnen leren van horenden. Ze hadden daadwerkelijk zelf een gloednieuwe grammatica in het leven geroepen. De overeenkomst tussen deze grammatica en die van bijna alle andere bekende talen gaat veel verder dan dit voorbeeld van segmentatie, en doet vermoeden dat onze hersenen zo in elkaar zitten dat bepaalde vormen van taal en grammatica gemakkelijk aan te leren zijn.[29-31]

Op zoek naar de missing link in de taal

Taal is een van de belangrijkste dingen die ons mensen uniek maakt. Maar wat prettig is voor ons is een doorn in het oog van veel evolutiebiologen. Biologen die de evolutie van een bepaald kenmerk willen begrijpen gaan normaal gesproken op zoek naar levende zustersoorten of fossiele resten van uitgestorven soorten waaraan te zien is hoe het kenmerk langzaam en gestaag groeide: van een diersoort die geen spoor van het kenmerk vertoont naar een soort die het deels ontwikkeld heeft en dan uiteindelijk naar de soort die het kenmerk volledig ontwikkeld heeft. Om bijvoorbeeld te achterhalen hoe wij mensen aan twee armen en twee benen zijn gekomen hebben biologen gekeken naar bestaande diersoorten. Ze vonden voorbeelden van vissen die kunnen lopen, zoals de Barbarijse slijkspringer, een klein tropisch visje dat perioden van droogte kan overleven door op zijn vinnen van de ene getijdenpoel naar de andere te wandelen. Ook zijn er fossiele resten gevonden van vissen als de vierpotige tiktaalik, die een groot aantal kenmerken van vissen combineert met die van vroege landdieren met vier poten.[32]

Deze twee vissen maken samen een overtuigend en aannemelijk scenario mogelijk. Vissen kregen te maken met perioden van droogte, en zij die het verst op hun vinnen konden lopen bleven in leven, de andere stierven. Door een selectie die miljoenen jaren duurde ontstonden uiteindelijk eerst de tiktaalik, vervolgens amfibieën. Als afstammelingen van die loopvissen hebben wij nu vier ledematen. De evolutie heeft dus niet zomaar een organisme zonder poten omgevormd tot een cheeta, maar heeft zitten knutselen, zoals François Jacob het zo fraai formuleerde,[27] aan de vinnen van de vissen om die steeds geschikter te maken voor lopen. Slijkspringers en tiktaalik zijn het bewijs voor dit scenario. En dankzij de chimpansees, die, zij het ietwat onbeholpen, rechtop op hun achterpoten kunnen lopen, kunnen we zelfs begrijpen hoe dieren met vier poten zich uiteindelijk ontwikkelden tot mensen met twee benen. Tot zover is alles duidelijk.

Maar als het om taal gaat tasten we in het duister. Er lijken geen tussenstadia van taal te zijn. Er zijn geen levende of fossiele overblijfselen van soorten die een beetje spraken en over enige grammatica beschikten. Zoals we gezien hebben rijgen vervetaapjes nooit hun kreten aaneen tot zinnen, en daarmee missen ze een van de meest saillante kenmerken van de menselijke taal. Bovendien staan vervetaapjes op de stamboom der primaten behoorlijk ver van ons af. Makaken en mensapen, die dichter bij ons staan, lijken echter niet eens het soort kreten te hanteren dat vervetaapjes gebruiken. Bij deze apen is taal noch teken te bespeuren van enig verworven verbaal vocabulaire. Jarenlang heb ik geprobeerd apen te trainen op één en dezelfde taak, bijvoorbeeld naar het midden van het scherm kijken om een slok vruchtensap te krijgen. Je zou denken dat ze elkaar op de een of andere manier, als ze weer in hun kooien zaten, wel verteld zouden hebben: 'Zal ik jou eens wat zeggen? Je moet gewoon naar het midden van het scherm kijken!' Maar dat is nooit gebeurd...

De zoektocht naar fossiele bewijzen voor een ontbrekende schakel voor taal is al even frustrerend, want in tegenstelling tot bijvoorbeeld de botten in onze benen zijn er geen fossielen voor woorden en gebaren. Toen paleontologen de botten van de Australopithecus 'Lucy' vonden in de Ethiopische Awashvallei, konden ze vaststellen dat ze ongeveer drie miljoen jaar oud was. Op basis van haar skelet konden ze afleiden dat ze meestal op twee benen liep, waardoor ze de ontbrekende schakel werd tussen de vierpotige apen en de tweebenige mens. Maar sprak Lucy ook? Gebruikte ze haar handen net als de kinderen in Nicaragua om haar dochter te vertellen dat ze zó terug zou zijn? Daar hebben we geen idee van.

Maar misschien is dat niet zo raadselachtig als we denken. Harde feiten hebben we niet, maar we beschikken wel over een aantal aanwijzingen over de ontbrekende schakels in de ontwikkeling van de taal – waaronder de spiegelneuronen.

Een scenario voor de evolutie van taal

Wat in ieder geval vaststaat is dat onze voorouders er circa vijf miljoen jaar geleden ongeveer zo uitzagen als chimpansees, dat ze op vier poten liepen en weinig woorden gebruikten – of liever gezegd: geen. Maar er waren zware tijden op komst. Het klimaat was in hoog tempo aan het veranderen, het werd kouder en droger. In Afrika werden de groene regenwouden waar onze voorouders aan gewend waren allengs kleiner, en ontstond in plaats daarvan een nieuw, vreemd savannelandschap.

Diegenen onder onze voorouders die krampachtig vasthielden aan de oude gewoonten werden op elkaar gedrongen in steeds kleinere stukjes bos, waar de voedselconcurrentie uitliep in een verbeten strijd. Dit werden de latere chimpansees. Anderen gingen de uitdaging van een veranderende omgeving aan, trokken de savanne in, gingen op twee benen lopen en leefden dicht bij de rand van het woud. Hier, in deze nieuwe omgeving, vormde innovatie de sleutel voor overleving. Er was ruim voldoende voedsel voorhanden in de vorm van konijnen en noten, maar konijnen zijn snel, en noten zijn moeilijk te kraken met alleen je tanden. Er moet op dat moment iets gebeurd zijn om ons een zet te geven in een evolutionaire richting die uiteindelijk uitmondde in onze huidige taal. Mijn hypothese luidt dat een opeenvolging van vier relatief kleine stappen ons veranderde van zwijgende chimpanseeachtige dieren in de spraakzame types die we tegenwoordig zijn.

STAP 1: Onderricht. Onze voorouders hadden, net als de tegenwoordige apen en mensapen, spiegelneuronen. Dus toen een van hen ontdekte hoe je met een steen een noot kunt kraken, probeerde een stel toevallige getuigen die vaardigheid na te bootsen. Maar voor wie op het randje van de hongerdood staat kan zo'n toevallige waarneming net te laat komen.

Op dit punt ontstond er mutatie en wachtte de moeder die drager van die mutatie was niet langer tot haar kroost haar toevallig een keer een noot zag kraken. Ze besefte dat ze de aandacht van haar jongen moest trekken door hen in de ogen te kijken en dat ze daarna de handeling moest laten zien door die ietwat overdreven voor te doen wanneer de jongen haar kant uit keken. Zo waren haar jongen veel eerder dan de andere in staat noten te kraken. Op hun beurt leerden de jongen elkaar alle trucjes die ze ontdekten. Naarmate er meer kennis vergaard werd konden ze de hulpbronnen van de nieuwe omgeving eerder en doelmatiger gebruiken dan hun soortgenoten. De overgang van leren door toevallig observeren naar weloverwogen onderricht is wat de Hongaarse ontwikkelingspsychologen Gergely Csibra en Gyorgy Gergely 'natuurlijke pedagogie' noemen. Deze lijkt afwezig te zijn in huidige niet-menselijke diersoorten.[33]

Als een leraar maar één steen en één noot had om de beweging te laten zien, zou hij die aan de leerling geven om ermee te oefenen, terwijl hijzelf de beweging maakte zonder steen en noot en daarbij met zijn stem het krakende geluid nadeed dat duidt op succes. Deze neiging tot onderwijzen is groot, en daardoor doet de gelegenheid tot onderwijzen zich steeds vaker voor en wordt de omvang van de hersenen de beperkende factor. De individuen met de grootste hersenen begonnen het beter te doen, omdat zij meer vaardigheden konden ontdekken en vergaren. Dit tijdperk eindigde twee miljoen jaar geleden in de fase waarin onze voorouders zich de kunst eigen maakten handbijltjes te vervaardigen door schilfers van het juiste soort steen af te kappen. Onze grootvader *Homo habilis* ('de handige man') had het toneel betreden.

STAP 2: Verbale motorbesturing. Geluiden en gebaren waren belangrijk bij het onderricht. Maar voor betere overlevingspercentages moest Homo habilis manieren vinden voor een meer adequate groepscoördinatie, zodat er beter gejaagd kon worden. Simpele keelgeluiden werden commando's en diegenen met een betere beheersing over hun stembanden werden beter in het geven van commando's. Diegenen die beter waren in begrip werden betere luisteraars.

En hier traden de spiegelneuronen geleidelijk op de voorgrond. De neuronen die betrokken waren bij het uiten van een commando werden geactiveerd bij het horen van dat commando, zodat onze voorouders in staat waren te begrijpen wat de spreker bedoelde. In het begin speelden woorden die het geluid van een handeling of een dier nabootsten waarschijnlijk een centrale rol. Dit zijn de zogeheten 'onomatopeeën', woorden die in onze moderne taal nog steeds bestaan, bijvoorbeeld in de werkwoorden kraken, miauwen en loeien, en in vogelnamen als kraai, koekoek en tjiftjaf.

In de loop der millennia bleven onze hersenen toenemen in volume en veranderden onze strottenhoofden van vorm. Een vergelijkbare ontwikkeling zien we bij mensenbaby's. Vlak na de geboorte kunnen baby's tegelijkertijd slikken en ademen, maar ze kunnen niet veel verschillende geluiden produceren. Later worden ze beter in complexe vocalisaties, maar de prijs die ze daarvoor betalen is de kans om zich te verslikken.

STAP 3: Symbolen. Sommige van onze voorouders bedachten dat de gebruikte geluiden niet per se hoefden te lijken op hun toepassing. Je kunt naar een leeuw verwijzen door een brulgeluid te maken, maar hoe verwijs je naar iets wat geen eigen geluid maakt, bijvoorbeeld een stok? Stel dat een voorouder naar een stok wees, wachtte tot iedereen naar die stok keek, en toen iets min of meer willekeurigs zei, bijvoorbeeld 'speer'. In eerste instantie begreep natuurlijk niemand wat hij bedoelde. Maar toen ze het woord keer op keer gehoord hadden, begon de hele groep dat woord te associëren met de stok. Met behulp van deze truc konden woorden voortaan onbeperkt verwijzen naar alles wat benoemd moest worden.

STAP 4: Hiërarchische structuren. Na een tijd waren onze voorouders door de voorraad enkelvoudige geluiden heen die ze konden produceren om naar verschillende objecten te verwijzen. Iedereen had een groot aantal malen motorprogramma's als pakken, pellen, kneuzen en eten gecombineerd tot complexe rituelen voor voedselbereiding enzovoort. Plotseling gingen ze deze strategie ook toepassen op geluiden en ontstonden er nieuwe eenheden uit een combinatie van diverse klanken, klinkers en medeklinkers: eerst lettergrepen, toen woorden.

Daarna beseften ze dat er, telkens wanneer ze iets deden, één was die de handeling uitvoerde en één persoon die of voorwerp dat de handeling onderging. Ze gingen de combinatievaardigheden van hun handelingen toepassen op hun woorden en begonnen ook die te combineren, in plaats van losse woorden te gebruiken. Ze hielden zich aan een bepaalde volgorde die aansloot bij de volgorde van de handelingen. Dit kenmerk is nog steeds te zien in de woordvolgorde van moderne talen. Hoewel het onderwerp, werkwoord en lijdend voorwerp waaruit een zin bestaat in theorie in zes verschillende volgorden kan staan, wordt in de meeste talen het onderwerp eerst geplaatst, gevolgd door het lijdend voorwerp en het werkwoord – precies zoals onze handelingen beginnen als een intentie in onszelf (onderwerp) voordat we ons lichaam in beweging zetten om iets te doen met een lijdend voorwerp. Dankzij deze verbale vaardigheden gingen onze voorouders verbluffend efficiënt werken, zowel op het vlak van samenwerking als dat van kennisoverdracht. Circa tweehonderdduizend jaar voor de geboorte van Jezus Christus werd de moderne mens, *Homo sapiens sapiens*, geboren.

Aan dit hypothetische scenario ligt in wezen één enkel idee ten grondslag. Taal is verbonden met het motorsysteem en met de spiegelneuronen in dat systeem. We gebruiken taal om vaardigheden te onderwijzen, en vaardigheden zitten in het motorsysteem; we gebruiken onze mond om te spreken, en de mond wordt aangestuurd door het motorsysteem. En tot slot: als de reeksen bewegingen van motorische rituelen de basis vormen voor de structuur van taal, dan is het motorsysteem ook in dat opzicht verwant aan grammatica.

Als dit zo is, moeten we bewijzen kunnen vinden voor een koppeling tussen het motorsysteem en taal. Er zou dan een redelijk scenario te vinden moeten zijn voor de manier waarop het motorsysteem in de hersenen de mensapen heeft voorbereid op een ontwikkeling die uitmondt in de oudejaarsconference. En dat bewijs blijkt te bestaan: ten eerste in onze genen, ten tweede in de spiegelneuronen.

De koppeling tussen het motorsysteem en taal

Een van de koppelingen tussen taal en het motorsysteem is het gen FOXP2, dat in 2001 is ontdekt door een inspirerende jonge geneticus, een vriend van me, Simon Fisher en zijn team in het Wellcome Trust-centrum voor menselijke genetica van Oxford. Zij deden onderzoek naar een Engelse familie die werd aangeduid als 'KE', waarvan de helft een heel bijzonder, aangeboren spraakgebrek heeft.[34] De familieleden die hiermee geboren zijn vertonen drie gebreken. Ten eerste hebben ze moeite met het produceren van complexe reeksen gezichts- en mondbewegingen. Als je hun vraagt hun wangen bol te blazen, op hun onderlip te bijten en tot slot hun rechteroog dicht te knijpen, doen ze dat uitermate traag en met veel fouten. U en ik doen dat moeiteloos. Ook hun articulatie is bijzonder slecht, waardoor hun spraak moeizaam, traag en soms zelfs onbegrijpelijk is. De meeste Engelstalige kleuters herhalen moeiteloos een woord met twee lettergrepen dat begint met de Engelse *th*-klank, zoals 'thimble' (vingerhoed), maar sommige leden van de familie KE lukt dit pas na herhaalde pogingen, en dan nog is succes niet gegarandeerd. Ten tweede hebben ze problemen met grammatica. Als ze de zin 'de hond werd gebeten door de man' horen en vervolgens moeten kiezen uit een plaatje van een hond die een man bijt of een man die een hond bijt, raken ze verward. Tot slot hebben ze problemen met het verband tussen symbool en betekenis. Als je bijvoorbeeld een paar maal een blauw vierkant met daarin het cijfer 1 laat zien, en een rood vierkant met het opschrift 2, kunnen ze amper bevatten dat blauw + blauw = rood.[35]

Uit onderzoek naar het DNA van de familie KE bleek dat deze mensen volkomen normaal waren, afgezien van één zeldzame mutatie op het gen FOXP2. Voor het eerst hadden wetenschappers een gen gevonden dat rechtstreeks en selectief aan taal was gekoppeld.

Nu moesten ze zien te achterhalen hóe FOXP2 van invloed is op het taalvermogen. De familieleden die aan de taalstoornis leden ondergingen een MRI-scan, en uit de beelden bleek dat het probleem voornamelijk in het motorsysteem ligt, onder meer in de premotorcortex, waarin mensen lijken te beschikken over spiegelneuronen. Ook werd ontdekt dat het gen de plasticiteit reguleert van de synaptische verbindingen die door middel van leerprocessen de spierbeheersing in het gezicht en de mond kunnen verbeteren.

FOXP2 is niet uniek voor de mens. Muizen en zangvogels hebben een vergelijkbaar gen, zij het in een iets andere vorm. De muisversie van Foxp2 (NB: genetici gebruiken kleine letters voor muisgenen en hoofdletters voor menselijke genen: een stukje menselijk ego) wijkt op drie plaatsen af van het menselijk FOXP2, wat suggereert dat er in de evolutie van zeventig miljoen jaar die mens en muis scheidt drie mutaties hebben plaatsgevonden. Bij de knaagdieren weten we dat Foxp2 van essentieel belang is voor het aanleren van bewegingen, want muizen waarbij Foxp2 is uitgeschakeld zijn trager bij het aanleren van nieuwe taken. Aangezien muizen niet spreken moet er dus tijdens die drie mutaties iets gebeurd zijn waardoor het gen belangrijk werd voor taal.

Vreemd genoeg hebben die mutaties niet plaatsgevonden met een gestage snelheid van eens in de drieëntwintig miljoen jaar. Gedurende de vierenzestig miljoen jaar tussen de muis en de laatste gemeenschappelijke voorouder van mens en chimpansee is er zelfs maar één mutatie opgetreden; dat is een traag tempo voor genetische veranderingen. En toen vonden er plotseling in de daaropvolgende zes miljoen jaar twee mutaties achter elkaar plaats. Dit duidt op een twintigmaal versnelde evolutie. De laatste mutatie voltrok zich waarschijnlijk in de afgelopen tweehonderdduizend jaar – precies op het moment dat de moderne mens ter wereld kwam.

De ontdekking van FOXP2 en het daaropvolgende onderzoek maken twee dingen duidelijk. Ten eerste: gezien de opvallend ongelijkmatige mutatiesnelheid van dit gen kan de laatste fase in de evolutie van de taal, waarbij vloeiende articulatie en grammatica ontstonden, wel eens een zeer recente ontwikkeling in de menselijke evolutie zijn. Ten tweede: één mutatie in het menselijk FOXP2 betreft voornamelijk die hersengebieden die te maken hebben met het bewegingsapparaat – een duidelijk teken dat dit apparaat een belangrijke rol speelt bij vele aspecten van de taal.

Overbrugging van de onverklaarbare taalkloof

Als ik u vertelde dat een gepassioneerde knutselaar in het jaar 1100 met behulp van hout, touw en een paar stukken ijzer een auto had gebouwd met een verbrandingsmotor, zou u me dan geloven? Natuurlijk niet. Maar als ik u nu eens vertelde dat een vriend van mijn vader, een gepassioneerd doe-het-zelver, van twee oude motorfietsen één auto met verbrandingsmotor had gemaakt, zou u me dan geloven? Misschien. Wat dat tweede verhaal aannemelijker maakt is het materiaal waarmee de hedendaagse knutselaar werkte. Twee motorfietsen zijn nog geen auto, maar het is geloofwaardig dat een amateur de klus in zijn eentje kan klaren. Tenslotte beschikt hij over alle benodigde materialen.

Iets dergelijks is aan de hand met taal en de ontdekking van spiegelneuronen. In het begin van de jaren negentig van de vorige eeuw, voor de ontdekking van spiegelneuronen, wisten we niets over FOXP2 en maar heel weinig over wat de hersenen van apen en mensapen de evolutie te bieden hadden inzake een verklaring voor het ontstaan van taal. Maar toen kwam de ontdekking van de spiegelneuronen; neuronen in de premotorcortex die zowel actief zijn wanneer we zelf een handeling uitvoeren als wanneer we anderen iets zien of horen doen. Het opvallende aan dit hersengebied is dat het ook actief wordt als ik u vraag iets te zeggen of naar spraak te luisteren. De premotorcortex, en met name het ventrale (onderste) deel, werd als eerste beroemd om zijn rol in de taal. Dat gebeurde in de negentiende eeuw, lang voordat we ook maar iets wisten over spiegelneuronen.

In die tijd had de Franse arts Paul Broca een patiënt, ene Monsieur Leborgne, die in het hele ziekenhuis 'Tan-Tan' werd genoemd, omdat hij weliswaar een goed taalbegrip had maar slechts één woord kon zeggen: 'tan'. Na Leborgnes overlijden heeft Broca sectie verricht op zijn hersenen en zag dat het lager gelegen deel van zijn linker voorkwab (met daarin de premotorcortex die de spiegelneuronen bevat), een enorme beschadiging had opgelopen door ofwel syfilis, ofwel een hersenbloeding.

Broca stelde dat dit gebied, dat nu 'het gebied van Broca' wordt genoemd, verantwoordelijk is voor ons spraakvermogen. Uit modern onderzoek met fMRI en PET blijkt dat de ventrale premotorcortex links, waar spiegelneuronen zich bevinden, twee belangrijke taalfuncties ondersteunt. Het voorste deel lijkt met name actief wanneer proefpersonen grammaticale zinnen moeten produceren of begrijpen, terwijl het achterste deel essentieel lijkt voor de articulatie en om te horen welke lettergrepen door anderen worden uitgesproken.[36]

De spiegelneuronen bij apen zitten dus in een deel van de hersenen dat later belangrijk zal worden voor taal, en ze zitten op een plek die door FOXP2 wordt beïnvloed. Ze zitten precies op de juiste plek om een rol te spelen bij de evolutie van taal, net zoals bij vissen de borstvinnen op de juiste plek zitten om dienst te doen als voorlopers van de poten van de slijkspringer.

Hoewel dit in theorie natuurlijk toeval kan zijn, bezitten de spiegelneuronen nog meer kenmerken waardoor ze geschikte kandidaten lijken voor de evolutie van taal. Ze spelen een centrale rol bij alle stappen van het evolutiescenario dat ik hierboven heb geschetst.

Basisprincipe #1: Het besef dat de boodschap overkomt

De meesten van ons praten niet vaak tegen stoelen of deuren. Begrijpelijk: die reageren niet. Echtgenoten reageren met enige regelmaat, en daarom praten of schreeuwen we tegen ze. Huisdieren praten nooit terug, maar toch spreken we tegen ze omdat ze in zekere zin reageren als we iets zeggen. Communicatie is gekoppeld aan het gevoel dat de ander de boodschap ontvangt. Ook bij bewust lesgeven is dat het geval. Na een paar pogingen geven we de kat geen spraakles meer, maar bij onze kinderen gaan we daarmee door, omdat we zien dat zij steeds beter worden. Spiegelneuronen zouden wel eens een bepaalde rol kunnen spelen bij dat gevoel dat de boodschap 'overkomt', en dat zal ook zo geweest zijn bij onze niet-menselijke voorouders.

Neurowetenschappers Sarah Marshall-Pescini en Andy Whiten van St. Andrews University geven hiervan een uitermate fraai voorbeeld in een filmpje over een interactie tussen twee chimpansees op een eilandje in het Victoriameer in Oeganda. Deze film is te zien op http://www.apa.org/journals/supplemental/com–122–2–186/SMarshall–Pescini–supplm–material.avi.[37] In de film slaat Mawa, een vijf jaar oud mannetje en ervaren notenkraker, met een steen in zijn linkerhand op een palmnoot die op een rotsblok ligt. Het rotsblok doet dienst als aambeeld, en hij beweegt de steen ritmisch op en neer om ermee op de noot te slaan. Baluku, een drie jaar oud mannetje dat nog niet heel goed is in dit kunstje, kijkt naar Mawa en begint diens gedrag vervolgens spontaan te spiegelen. Ook hij beweegt zijn hand op en neer, in hetzelfde ritme als Mawa.

Dat Baluku dit gedrag spontaan ging spiegelen komt waarschijnlijk door zijn spiegelneuronen, die het motorprogramma in werking zetten. De nu zichtbare imitatie op haar beurt activeert spiegelneuronen bij Mawa, die vervolgens opnieuw het motorprogramma activeert waarmee hij momenteel bezig is de noot te kraken. Spiegelneuronen sluiten dus een sociale kring van het motorprogramma in de leraar naar de imitatie door de leerling, en vandaar terug naar het oorspronkelijke motorprogramma van de leraar.

Dieren zijn uiteraard vaak getuige van de reacties die ze teweegbrengen in andere dieren; als de vervetaapjes het struikgewas in vluchten voor een adelaar, kan die adelaar dat gedrag waarnemen. Wat het voorbeeld van het notenkraken zo bijzonder maakt is de rechtstreekse overeenkomst tussen de handelingen van de twee dieren. De 'leraar' ziet de 'leerling' reageren op zijn gebaren door die gebaren te imiteren. De leerling wordt een levende spiegel voor de leraar.

Het lijkt er echter op dat apen zich hier niet volledig van bewust zijn, want ze leren hun jongen nooit expliciet hoe je bepaalde dingen doet. Er moet een verandering hebben plaatsgevonden in de primatenhersenen waardoor we de activiteit van spiegelneuronen kunnen gebruiken om te snappen dat de vaardigheden van ons kind een regelrechte afspiegeling zijn van wat wij het zojuist hebben laten zien. Daar komt meer bij kijken dan spiegelneuronen alleen, maar wel vormen deze een solide fundering voor de volgende gedachte: de opkomst van natuurlijk onderricht als eerste stap in de evolutie van menselijke taal is geen onverklaarbare reuzensprong, maar een aannemelijk geval van 'knutselen'.

Basisprincipe #2: Horen is doen

In stap 2 van ons evolutiescenario zagen we dat spiegelneuronen wel eens de sleutel konden zijn voor de opkomst van taal, omdat de neuronen die betrokken zijn bij het uitbrengen van een commando opnieuw geactiveerd worden bij het luisteren naar dat commando. Zo krijgen we een gevoel van wat er gezegd is. Analoog met 'leren door te doen' werkt taal dan via 'horen door te doen'.

In de jaren vijftig deden Alvin Liberman en zijn collega's van het Haskins-laboratorium aan de Yale-universiteit een frustrerende waarneming, waardoor ze de hypothese ontwikkelden dat horen door te doen inderdaad een grondslag van de taal kon zijn. Door de ontdekking van spiegelneuronen veertig jaar later wordt hun idee verbijsterend modern.

Liberman en zijn collega's wilden blind geworden oorlogsveteranen helpen door een leesmachine te maken. In die dagen was een machine die hardop tekst kon voorlezen met een menselijk aandoende stem nog pure sciencefiction. Als alternatief bouwden ze een machine die de letters van gedrukte tekst zou vervangen door verschillende piep- en zoemtonen. Tot hun frustratie leerde niemand ooit meer dan twee of drie piepjes per seconde te herkennen; dit in tegenstelling tot de vijftien tot twintig letters die de meesten van ons iedere seconde kunnen lezen of horen. Zo'n snelheid was acceptabel voor een negentiende-eeuwse telegrafist die in morsecode seinde, maar met dat tempo zou het lezen van bijvoorbeeld dit boek circa drie weken fulltime werk zijn. En dat is te traag. Waarom, vroegen Alvin en zijn collega's zich af, kunnen we vijftien tot twintig letters per seconde onderscheiden en maar twee à drie pieptonen? Om die vraag te beantwoorden namen ze de geluiden onder de loep waaruit natuurlijke spraak bestaat, en keken ze hoe die ervaren worden.

Met behulp van spectrografie, een techniek waarmee de frequentie van een geluid met een bepaalde duur kan worden weergegeven, maakten ze spectrogrammen: beelden die de voornaamste fysieke kenmerken van een geluid weergeven. Door het geluid met de spectrograaf af te spelen konden ze aan deze spectrogrammen knutselen en in sommige gevallen zelfs gloednieuwe, geheel kunstmatige spectrogrammen genereren, die ze dan aan mensen lieten horen. Tot hun ontzetting merkten Liberman en zijn collega's dat er geen vaste relatie is tussen de fysieke kenmerken van een spraakgeluid en de waarneming van dat geluid. Zo zijn de klinkers /k/ en /p/ beide 'stop-medeklinkers', waarbij de luchtstroom tijdens het voortbrengen van het geluid wordt gestopt; maar voor de /p/ worden de lippen gesloten en

voor de /k/ wordt de achterzijde van de tong tegen het verhemelte ge-
drukt. Op een spectrogram is zowel de /p/ als de /k/ te zien als een explosie van energie rond de 1440 Hz. Aangezien medeklinkers altijd
gekoppeld zijn aan klinkers, onderzocht Liberman vervolgens hoe
mensen zo'n explosie waarnemen in combinatie met verschillende
klinkers. Hij ontdekte dat de fysiek identieke energiestoot werd gehoord als een /k/ wanneer er een /a/ op volgde, maar als een /p/ als er
een /i/ of een /u/ op volgde.

Uiteraard rees vervolgens de vraag hoe een en hetzelfde geluid kan
worden waargenomen als verschillende letters. De reden zou wel
eens simpel kunnen zijn: tijdens het spreken is er maar één manier
om een explosie van 1440 Hz te creëren vóór de klinker /a/, en dat is
om de tong tegen het verhemelte te drukken, net zoals nodig is voor
een /k/. De enige manier om die voor een /i/ of /u/ uit te spreken is de
lippen te sluiten zoals voor een /p/. Op basis van deze en vergelijkbare waarnemingen kwam hij tot twee conclusies.

Zijn eerste conclusie was dat we niet in afzonderlijke letters spreken, maar dat de kenmerken van opeenvolgende klinkers en medeklinkers elkaar beïnvloeden doordat we ze samen articuleren. In het
woord 'papa' zijn er dus tijdens de /p/ al tekenen van de /a/, en van de
/p/ tijdens de /a/. Enerzijds betekent dit dat we ons niet hoeven in te
spannen om per seconde vijftien tot twintig afzonderlijke letters te
onderscheiden, maar anderzijds maakt dit de spraakherkenning bijzonder moeilijk voor computers, die de voorkeur geven aan een duidelijke signatuur, zoals 1440 Hz=/p/.

Libermans tweede conclusie was echter van veel groter belang
voor het spiegelsysteem. Hij stelde dat we de fonemen van anderen
niet herkennen door er simpelweg naar te luisteren, maar door de vocale gebaren te maken die we zouden gebruiken om zelf die geluiden
te produceren. Als we dus 1440 Hz horen, voorafgaand aan een
/a/, klappen we in gedachten de achterkant van onze tong tegen ons
verhemelte, want zo zouden wij die klank maken, en dus voelen we
een /k/. Zijn theorie werd beroemd als de motortheorie van spraakwaarneming. We lossen de tweeslachtigheid van de omzetting ge-

luid-naar-letter op door met onze eigen spieren na te doen wat we horen.

De motortheorie van spraakwaarneming klinkt uiteraard bijna net zo als wat spiegelneuronen doen als ze motorprogramma's activeren op basis van handelingen; in dit geval gaat het om een handeling van de stembanden. De ontdekking van de spiegelneuronen in het algemeen en van de auditieve spiegelneuronen in het bijzonder heeft dan ook geleid tot nieuwe populariteit van Libermans opvattingen; er zijn momenteel drie onderzoekslijnen gaande die een nauw verband zien tussen de waarneming van fonemen en de activiteit van het spiegelsysteem.

Ten eerste is met behulp van fMRI-experimenten aangetoond dat luisteren naar nonsenslettergrepen dezelfde gebieden in de premotorcortex activeert als wanneer men die lettergrepen uitspreekt of de lippen beweegt. Deze gebieden komen overeen met de gebieden waarin we bij apen de auditieve spiegelneuronen hebben gevonden.[9, 38-40]

Een tweede experiment, met TMS, doet ook het vermoeden rijzen dat er een verband is tussen spiegelneuronen en het luisteren naar taal. Toen ik nog in Parma was heb ik aan zo'n onderzoek meegedaan. Een van mijn collega's, Giovanni Buccino, zette me in wat eruitzag als een tandartsstoel met een lepel in mijn mond en een badmuts op mijn hoofd. Ik voelde me ietwat belachelijk, en vroeg hem waar die lepel voor was. 'Daar heb ik twee kleine elektroden aan vastgemaakt, zodat ik de activiteit van je tongspieren kan meten,' antwoordde hij met een joviale grijns. Daarna zette hij een vlindervormig TMS-apparaat op mijn hoofd, bijna hetzelfde als het instrument dat Lisa Aziz-Zadeh had gebruikt bij het experiment over de geluiden van handelingen in hoofdstuk 3. 'Gewoon ontspannen, en goed naar de woorden luisteren.' Toen hij het vertrek uit was, hoorde ik een stem Italiaanse woorden zeggen, zoals *baffo* en *birra*. Na ieder woord kwam de kenmerkende *tok* van het magnetische instrument. Soms voelde ik heel even mijn tong bewegen. Honderd woorden later deed Giovanni de deur open, haalde de lepel uit mijn mond en legde uit wat hij aan het doen was.

Geïnspireerd door de spiegelneuronen die we hadden opgenomen bij de aap wilde hij kijken of het horen van een woord als *birra*, waar vanwege de dubbele r veel tongbewegingen aan te pas komen, de tong van de toehoorder in beweging zou zetten, zoals Libermans theorie had voorspeld. Dat deed hij samen met Luciano Fadiga, de briljante neurofysioloog die in Parma was begonnen met het gebruik van TMS om spiegelneuronen te bestuderen. En inderdaad. Simpelweg luisteren naar een woord met een dubbele r zorgde er, met behulp van de TMS, voor dat de proefpersonen zelf hun tong bewogen – ik ook. Maar wanneer we een woord met een dubbele f hoorden, waar geen tong aan te pas komt, gebeurde dat niet. Het is dus echt waar dat mensen de spraak die ze horen omzetten in het motorprogramma dat ze zouden gebruiken om die woorden uit te spreken.

Samen met het bewijs van fMRI-onderzoek laat dit zien dat we tijdens het luisteren naar andermans spraak via ons auditieve spiegelsysteem motorprogramma's activeren. Maar de vraag is of we die activatie nodig hebben om te begrijpen wat ze zeggen. Het antwoord lijkt ja te zijn, althans soms. De linker premotorcortex stuurt de mondbewegingen aan. Al jarenlang merken neurologen dat patiënten met een hersenbeschadiging in dat gebied moeite hebben met het waarnemen van fonemen, vooral als die moeilijk te onderscheiden zijn, bijvoorbeeld door lawaai in de omgeving. Relatief kort geleden is magnetische stimulatie gebruikt om bij gezonde proefpersonen de activiteit in ditzelfde gebied tijdelijk te onderbreken. Het effect van zo'n manipulatie duurt maar een paar minuten, maar tijdens die paar minuten konden de proefpersonen niet goed fonemen onderscheiden.[42] Als ze echter het verzoek kregen eenvoudige geluiden te onderscheiden deden ze dat moeiteloos.

Het motorsysteem is echter niet altijd noodzakelijk voor de herkenning van andermans woorden. Als we het woord 'papa' onder optimale geluidsomstandigheden horen, hebben we voldoende aan de vertegenwoordiging van dat woord in ons auditieve geheugen, net zoals we de beltoon van onze mobiele telefoon herkennen zonder het melodietje eerst in afzonderlijke tonen op te splitsen. Hoewel dit gezien de variabiliteit onder verschillende sprekers een moeilijke taak is, kunnen zelfs chinchilla's, donzige knaagdiertjes die in het Andesgebergte voorkomen, bijna net als mensen getraind worden om het verschil tussen een /d/ en een /t/ te horen; al kunnen ze geen van beide klanken uitspreken en kunnen ze dus geen gebruik maken van motorsimulatie.[43] Wanneer het verschil minimaal en moeilijk te horen is*, wordt het bijzonder belangrijk om de geluiden te kunnen projecteren op de eigen motorprogramma's. Aan het moeizame begin van de taalevolutie zullen die projectiemechanismen misschien bijzonder belangrijk zijn geweest bij spraakherkenning.

Spiegelneuronen kunnen dus een bijdrage leveren aan de evolutie van taal, doordat ze een gevoel van tweezijdige communicatie bieden (Basisprincipe #1), en doordat ze motorprogramma's activeren bij het geluid van andermans (vocale) handelingen, zodat we kunnen voelen wat zij zeggen (Basisprincipe #2). Het feit dat spiegelneuronen al voorkomen bij apen betekent dat er aan het begin van de menselijke evolutie al een grondslag aanwezig was voor het koppelen van gesproken commando's van anderen aan het eigen motorprogramma voor het uiten van die bevelen. Ook hier is de aanwezigheid van spiegelneuronen op zich niet genoeg voor de ontwikkeling van taal, zoals blijkt uit het feit dat apen niet spreken. Het is duidelijk dat er meer veranderingen in de hersenen nodig zijn, waaronder mutaties van FOXP2. Maar wat Louis Pasteur ooit zei over wetenschappelijke ontdekkingen geldt ook voor de evolutie: het toeval begunstigt diegenen die goed voorbereid zijn. Ik zou willen beargumenteren dat de hersenen van de nieuwe mens goed voorbereid waren op bepaalde willekeurige mutaties die hem van taal zouden voorzien; en dat ze dat waren doordat ze het geluid van motorprogramma's koppelden aan de uitvoering van die programma's. Zonder de voorbereiding van spiegelneuronen hadden die mutaties geen effect gehad.

Een belangrijke uitdaging voor de komende jaren zal de vraag zijn

---

* Denk aan het bekende grapje 'Uren, maanden, dagen, jaren, vliegen als een schaap door 't veen', ter illustratie van de articulatie van plechtige en/of gezongen teksten!

wat voor soort mutaties nodig zijn om het auditieve spiegelsysteem van de aap om te zetten in een gespecialiseerd systeem voor taal. Een intrigerende mogelijkheid kan het ontstaan van brabbeltaal zijn. Rond de leeftijd van circa vijf maanden beginnen mensenbaby's schijnbaar willekeurige geluiden te maken met hun mond. Ze spelen met hun eigen vocale instrumentarium, net zoals een kind met een piano speelt door willekeurige toetsen in te drukken, om te zien wat er dan gebeurt. Telkens wanneer de peuter een van de denkbeeldige toetsen van zijn motorsysteem indrukt en een geluid voortbrengt, worden het geluid en het motorprogramma met elkaar geassocieerd, omdat ze gelijktijdig optreden – zoiets als de hond van Pavlov, die het geluid van een bel associeerde met eten omdat er bij iedere voedertijd een bel klonk. Als de peuter zijn vader later keer op keer 'papa' hoort zeggen, zal dit woord enkele van de willekeurige fonemen bevatten die het kind tijdens de brabbelfase had gegenereerd. En net als het geluid van de bel waardoor Pavlovs hond later zou gaan kwijlen zorgt het geluid van de fonemen nu voor activering van de motorprogramma's die het kind heeft geassocieerd met soortgelijk klinkende fonemen tijdens deze brabbelfase. Zo kan het kind nu zowel het woord hoorbaar herhalen, wat belangrijk is bij het aanleren van een taal (en waar papa apetrots op is), maar het ook inwendig oefenen, zoals vereist is binnen Libermans motortheorie van de spraak. Misschien is er niet eens een evolutie nodig om te bepalen welke motorneuronen in de hersenen zullen reageren op welke spraakgeluiden. Misschien is het genoeg om de gloednieuwe mensenbaby's te doordringen van een behoefte om te spelen met hun eigen spraakorgaan. De rest is dan het gevolg van het simpele leerproces waartoe zelfs Pavlovs hond in staat was.

Basisprincipe #3: De koppeling tussen woord en betekenis

In ons evolutiescenario leert de nieuwe Homo sapiens sapiens eerst onomatopeeën gebruiken, en daarna willekeurige woorden. Zijn hersenen zijn misschien door de brabbelfase getraind om die woorden te echoën, maar dat verklaart nog niet hoe de hersenen deze woorden koppelen aan een betekenis. Zolang niet alle leden van een gemeenschap exact dezelfde betekenis toekennen aan de gebruikte woorden, is er geen communicatie mogelijk. Ook hier werpen spiegelneuronen licht op de manier waarop de hersenen dit vermogen hebben verworven.

In het geval van onomatopeeën als 'kraken' of 'brullen' is de toekenning van betekenis heel eenvoudig voor een brein dat over spiegelneuronen beschikt. Als u al eens eerder iets gebroken hebt en het *krak*-geluid kent dat daarmee gepaard gaat, zullen uw auditieve spiegelneuronen het geluid van de handeling probleemloos koppelen aan de handeling zelf, net als Pavlovs hond het geluid van de bel associeerde met eten. Als u nu een woord hoort dat op 'kraken' lijkt, kan dat het motorprogramma voor kraken activeren dankzij de simpele fysieke gelijkenis met het geluid van de handeling toen u die in het verleden uitvoerde. Daarna voelt u dan misschien de behoefte om iets te breken – en dat is wat degene tegenover u probeert over te brengen. Voor woorden als 'brullen' hebt u tijdens uw brabbelfase geluiden voortgebracht die iets weg hadden van een brullende leeuw. Als u vervolgens een leeuw hoort brullen, zullen uw auditieve spiegelneuronen het geluid en de visuele representatie van een leeuw koppelen aan het motorprogramma voor het uitspreken van het woord 'brullen'.

Voor andere woorden ligt de associatie minder voor de hand. Als u uw eerste stapjes zet en uw ouders roepen: 'Kijk nou eens, je loopt! Je loopt!', dan klinken die woorden heel anders dan de handeling. Volgens een vergelijkbaar proces van associatie zullen uw ouders het woord vaak genoeg herhalen terwijl u aan het lopen bent, zodat het woord wordt geassocieerd met het motorprogramma. De cellen die op deze associaties reageren zijn niet langer in strikte zin de auditieve spiegelneuronen, want ze reageren niet op de uitvoering van een handeling en het geluid van diezelfde handeling, maar het associatiemechanisme is vergelijkbaar. De hersenen van een aap zijn een prima basis voor het leren associëren van handelingen met het geluid van woorden, omdat ze in staat zijn handelingen te koppelen aan de bijbehorende geluiden.

Er is inderdaad bewijs van fMRI-experimenten dat u bij het horen van het woord 'likken' dat deel van uw premotorcortex activeert dat u ook gebruikt om uw mond te bewegen; en als u het woord 'schoppen' hoort, activeert u de premotorrepresentaties van uw voetbewegingen. Hoort u het woord 'plukken', dan activeert u motorrepresentaties voor handbewegingen.[44] Al deze activaties vinden plaats in de hersengebieden waarin zich ook de spiegelneuronen bevinden die reageren op de aanblik van diezelfde handelingen.

Ten derde moeten we de betekenis leren van woorden voor dingen in de buitenwereld, zoals het woord 'speer' in ons evolutiescenario. Van groot belang hier is de zogeheten gedeelde aandacht. Als u mij net boven uw hoofd ziet kijken, draait u zich om om te zien waar ik naar kijk. Als u mij naar een speer ziet wijzen, kijkt u waarnaar ik wijs, en dan ziet u de speer. Of spiegelneuronen bij deze bundeling van aandacht een rol spelen is onduidelijk, maar Michael Platt en Stephen Shepherd van Duke University hebben opnamen gemaakt van neuronen in apenhersenen die oogbewegingen aansturen. Tot hun verbazing zagen ze dat sommige van deze neuronen niet alleen actief zijn wanneer de aap zijn ogen beweegt, maar ook als hij een andere aap zijn ogen ziet bewegen, alsof er een rechtstreekse, spiegelachtige verbinding is tussen het zien van oogbewegingen en de eigen oogbeweging. Bij dit type neuron zorgt het zien van iemand die zijn blik op een voorwerp richt er meteen voor dat u diezelfde kant op kijkt, zodat de aandacht van twee personen samenvalt op hetzelfde punt van interesse.

Zo'n op een spiegel gelijkend mechanisme voor aandacht kan het kind er ook toe aanzetten om te kijken in dezelfde richting als de ouders, en vice versa. Dit blikspiegelende gedrag hebben we gemeen met apen; dat laat zien dat het begrip 'spiegelen' kan worden uitgebreid naar aandacht, om zo de geest van de primitieve mens voor te bereiden op het begrip dat woorden die anderen spreken gekoppeld zijn aan het voorwerp van hun, en nu ook ónze, aandacht. Het kind kan het geluid van het woord 'speer' nu associëren met de sensorische kenmerken die een speer definiëren.

Een speer behoort tot de bijzondere groep voorwerpen die we kunnen manipuleren, zoals lepels, hamers en speelgoed. Al die voorwerpen hebben een praktische toepassing: een hamer dient om te hameren, een lepel om te lepelen. In de jaren tachtig, lang voor de ontdekking van de spiegelneuronen, merkten Giacomo Rizzolatti en zijn collega's in Parma dat sommige premotorneuronen die verantwoordelijk waren voor grijpbewegingen ook reageerden als de aap een voorwerp zag waarop die beweging van toepassing was – ook als de aap de beweging op dat moment niet uitvoerde.[45] Dit noemden ze de 'canonieke neuronen'.

Canonieke neuronen verschillen van spiegelneuronen. Hoewel beide soorten neuronen reageren wanneer de aap zelf objecten in handen heeft, reageren alleen canonieke neuronen ook op de aanblik van een voorwerp waarop de beweging van toepassing is; en alleen spiegelneuronen reageren ook op de aanblik van iemand anders die die handeling verricht.

Canonieke neuronen kunnen met name belangrijk zijn bij het toekennen van betekenis aan voorwerpen als hamers en speren, want die activeren motorprogramma's die relevant zijn voor een voorwerp. Die motorprogramma's (bijvoorbeeld hameren, of een speer werpen) doordringen het voorwerp dan van een pragmatische betekenis. Deze pragmatische kenniseenheden worden opgeslagen in een hersengebied dicht bij de spiegelneuronen die het geluid en het motorprogramma voor het willekeurige woord bevatten. Als iemand naar een speer kijkt en het woord speer gebruikt, horen de hersenen van de waarnemer niet alleen het woord 'speer' en ziet hij de speer, maar worden tegelijkertijd de motorprogramma's voor het uitspreken van het woord 'speer' geactiveerd (dankzij de spiegelneuronen) en voor het gebruik van een speer (dankzij de canonieke neuronen). Door het samengaan van vier elementen worden deze op pavloviaanse wijze gecombineerd en raakt het woord doordrongen van een betekenis.

Apen beschikken al over canonieke en spiegelneuronen, maar in tegenstelling tot mensen hebben zij niet de neiging om naar dingen te verwijzen. Katten hebben als kitten een neiging om te jagen en te doen alsof ze jagen. Door dit speelse gedrag worden het gewiekste jagers en maken ze optimaal gebruik van de jachtmogelijkheden van hun lichaam. En zo hebben mensen de neiging dingen bij hun naam te noemen. Een kind van twee jaar zal de ouders eindeloos vragen: 'Wat is dat?' Die aandrang om dingen te benoemen, in combinatie met de neiging tot brabbelen, zorgt ervoor dat ze binnen enkele jaren zo'n duizend woorden leren.

Apen en mensapen daarentegen malen niet om woorden. In de jaren zeventig heeft psycholoog Herbert Terrace van Columbia University geprobeerd apen taal bij te brengen. Uren per dag was hij bezig een chimpansee die hij 'Nim Chimpsky' had genoemd (een woordspeling op de naam van de beroemde taalkundige Noam Chomsky, die stelt dat alleen mensen over taal beschikken) de Amerikaanse gebarentaal te leren (*American Sign Language*, ASL). Deze taalvorm had hij gekozen omdat het strottenhoofd van chimpansees niet die veranderingen heeft ondergaan waardoor mensen zo veel fonemen kunnen uitspreken. Eerdere pogingen om apen te leren spreken liepen dan ook keer op keer uit op een faliekante mislukking.

In de loop van ettelijke jaren zag Nim kans ergens tussen de vijfentwintig en de honderdvijfentwintig tekens (afhankelijk van het exacte criterium) te koppelen aan een betekenis. Dit kon gaan om bananen, eten enzovoort. Dit resultaat was een triomf, want het leverde bewijs voor ons idee dat de primatenhersenen met hun spiegelneuronen en canonieke neuronen klaar zijn om taal te leren. Wel bleek hieruit echter ook een fundamenteel verschil in motivatie. Chimpsky heeft nooit het enthousiasme voor het leren van nieuwe woorden opgebracht dat we bij een tweejarige zien, en de uitbreiding van zijn vocabulaire kwam tot stilstand op het punt waar een mensenkind juist goed op dreef komt.

Kortom, het soort sensorische-motorische associaties dat we bij spiegelneuronen en canonieke neuronen van de aap zien kan in principe de basis vormen voor Basisregel #3: leren wat woorden betekenen. Het feit dat apen dergelijke associaties hebben in hun auditieve spiegelneuronen en hun canonieke neuronen toont aan dat hun hersenen al in staat zijn tot dergelijke associaties. Waarom primaten deze gave niet gebruiken om taal te leren is vooralsnog onbegrepen, maar motivatie kan een belangrijke rol spelen.

Basisregel #4: De grammatica van handelingen

En dan kijken we nu naar de laatste stap van ons evolutiescenario: de opkomst van de grammatica. Grammatica is het opvallendste kenmerk van mensentaal. Hoewel Nim Chimpsky kans zag woorden te koppelen aan betekenis, heeft geen enkele aap ooit grammatica kunnen leren.

Voor mensen kan een en dezelfde serie woorden op basis van de woordvolgorde totaal verschillende betekenissen hebben. 'Hond bijt man' is geen nieuws, maar 'man bijt hond' is dat wel. Zo ver is Nim nooit gekomen. Voor hem was 'Banaan Nim eten' en 'Nim eten banaan' goed nieuws van een en dezelfde orde. Het onvermogen van de aap om het belang van woordvolgorde te begrijpen staat in schril contrast met de mogelijkheden van de dove kinderen in Nicaragua, die spontaan en zonder vooropleiding op dit gebied een grammatica verzonnen. Niet alleen is er geen voorbeeld van andere primaten die spontaan grammatica gaan gebruiken, maar zelfs na intensieve training kunnen onze naaste levende verwanten, de chimpansees, geen grammaticale regels aanleren. Hoe kon grammatica dan tot ontwikkeling komen?

Laten we eens even kijken wat grammatica in feite inhoudt.* Grammatica bestaat uit de regels voor structuur en logica die een

* Een gedetailleerde beschrijving van de grammatica valt buiten de sfeer van dit boek, maar ook diegenen die grammatica op school een saai vak vonden kan ik het volgende spannende boek adviseren: *The language instinct* van Steven Pinker.

taal betekenis geven. In het Engels krijgen zinselementen in een andere volgorde een andere betekenis: man bijt hond ≠ hond bijt man. Verder krijgt taal dankzij grammatica een hiërarchische organisatie en recursiviteit. Een zin is niet zomaar een aaneenrijging van woorden, maar heeft een onzichtbare structuur. In een zin als 'De knappe jonge man kuste het mooie meisje – hartstochtelijk' voelen we aan dat 'knappe' en 'man' op de een of andere manier nauwer met elkaar verbonden zijn dan 'jonge' en 'kuste'; dit ondanks het feit dat de woorden even ver uit elkaar staan in de zin. We voelen dus aan dat de zin een bepaalde hiërarchie heeft, waarin de vier woorden 'De knappe jonge man' een eenheid vormen (het onderwerp, dat wil zeggen degene die de handeling verricht); 'kuste hartstochtelijk' vormt ook een eenheid (het werkwoord, dat wil zeggen datgene wat gedaan wordt) en 'het mooie meisje' is een derde eenheid (het lijdend voorwerp, dat wil zeggen degene die de handeling ondergaat). En hoewel 'kuste' en 'hartstochtelijk' ver uit elkaarstaan, voelen we aan dat deze twee woorden in feite bij elkaar horen.

Als ik u nu vertel dat diezelfde jonge man de dag tevoren een ander meisje had gekust, kunt u deze hele zin in bovenstaande zin plakken, waardoor de hiërarchie recursief wordt, dat wil zeggen, er kunnen elementen in worden ingebed: 'De knappe jonge man, *die gisteren een ander mooi meisje had gekust*, kuste *vandaag* dit mooie meisje – hartstochtelijk.' Zo kunnen we eindeloos zinnen en zinsdelen inbedden in andere zinnen.

Hoewel de begrippen van woordvolgorde en onzichtbare hiërarchie in de context van de taal misschien uniek zijn voor de mens, zou ik willen stellen dat ze algemener gesproken niet uniek menselijk zijn. Er is namelijk één domein waarin iedere primaat deze begrippen probleemloos onder de knie krijgt: handelingen. Denk aan eten. Het basismotorprogramma kan er als volgt uitzien: vingers uitsteken naar bes, bes pakken, bes naar mond brengen, vingers uit mond halen, bes kauwen. Deze constructie op zich is al uitermate hiërarchisch van opbouw, want ieder element is een boomstructuur van motorcommando's op zich (de hand uitsteken naar de bes wil zeggen dat er een gecoördineerd optreden van een groot aantal spieren nodig is, en de manier waarop de beweging wordt uitgevoerd is nooit volslagen identiek, afhankelijk van de vorm van de bes, de vraag of er takken omzeild moeten worden voor de bes bereikt is, enzovoort). Desalniettemin kan de hele structuur recursief worden als de bes wordt vervangen door een banaan, dat wil zeggen: een afzonderlijke handeling wordt ingebed in de oorspronkelijke handeling. Want na het pakken van de banaan en voordat deze naar de mond wordt gebracht, zal de aap met zijn andere hand de schil van de banaan pakken, één segment daarvan lostrekken, opnieuw naar de punt van de banaan grijpen, de volgende baan van de schil wegpellen tot die helemaal verdwenen is, en nu kan hij verder met het oorspronkelijke plan van naar de mond brengen enzovoort. Ongeveer zoals de zin 'Ik eet de banaan' recursief kan worden uitgebreid naar 'Ik eet de banaan die ik gepeld heb', zo kunnen de actieplannen van chimpansees recursief worden uitgebreid met andere actieplannen. Zoals taal een beperkt vocabulaire van woorden combineert tot een oneindig aantal verschillende hiërarchische zinnen, zo maken primaten een beperkt vocabulaire aan handelingen (grijpen, scheuren enzovoort) tot een oneindig aantal hiërarchische actieplannen.

Ik zou dan ook willen stellen dat het geen raadsel is waarom een en hetzelfde deel van de premotorcortex zowel de grammatica bestuurt als de motorische handelingen voorbereidt. Grammatica berust naar het schijnt op dat deel van de hersenen dat bij apen en mensapen de hiërarchische structuren coördineert: de premotorcortex. Hoewel mensapen niet in staat lijken deze machinerie in te zetten voor taal, gebruiken ze het instrumentarium doorlopend om geplande acties te organiseren. De premotorcortex die onze handelingen bestuurt voorziet het primatenbrein dus van een zoveelste vereiste voor de evolutie van taal: de grammatica van handelingen.

Conclusie

Vanuit een evolutionair standpunt bezien lijkt menselijke taal uit het niets te komen. De ontdekking van de spiegelneuronen heeft hier echter verandering in gebracht. Mensapen maken weliswaar geen spontaan gebruik van taal en leren ook door contact met mensen geen grammatica aan, maar ze beschikken over een groot deel van de middelen die dat mogelijk zouden maken.

Dankzij hun spiegelneuronen zijn apen voorbereid op het besef dat ze kunnen communiceren, dat ze vaardigheden kunnen delen met anderen, en zijn ze geschikt voor het decoderen van fonemen door deze op hun eigen spraakbewegingen te projecteren. Zintuiglijke en bewegingsassociaties van het type dat we bij spiegelneuronen zien, vormen een voorbereiding voor de koppeling van geluid en betekenis, en dankzij het vermogen tot het genereren van hiërarchische reeksen zorgt de premotorcortex ervoor dat hun hersenen zijn voorbereid op het aanleren van grammatica.

Spiegelneuronen zijn geen taal. De afstand tussen de mensaap en Shakespeare is bijzonder groot, en er is nog veel onverklaard. Maar de ontdekking van deze neuronen heeft de schijnbaar reusachtige en onverklaarbare sprong van de taalevolutie aanzienlijk kleiner gemaakt.

6

Emoties delen

Ons hele leven lang is er vrijwel geen moment waarop we niet iets voelen.[46] De meeste dingen die we doen, doen we in de verwachting van een beloning en in de hoop ongenoegens of straf te ontlopen. De meesten van ons studeren en werken acht uur per dag, of meer; enerzijds voor een maatschappelijke beloning in de vorm van professionele erkenning en prestige, en anderzijds voor de geldelijke beloning waarmee we goederen en diensten kunnen inkopen die ons leven veraangenamen.

Ons gevoel gaat echter verder dan onze persoonlijke ervaring en waarneming. Terwijl we zitten te kijken naar James Bond die wakker wordt van een vogelspin op zijn borst, blijft ons begrip niet beperkt tot zijn lijfelijke handelingen: we delen ook zijn gevoelens. Het angstzweet breekt ons uit, en we reageren triomfantelijk als hij de strijd wint. De gevoelens van de mensen om ons heen zijn aanstekelijk. Onze stemming daalt als we in een vertrek komen waar een verdrietige stemming heerst, en we fleuren op in het gezelschap van vrolijke mensen. Door dat delen van vreugde en leed voelen we ons met elkaar verbonden, deel van een groep.

Introspectief gezien lijkt deze emotionele aanstekelijkheid plaats te vinden buiten de invloedssfeer van ons rationele denken. Als we zien dat onze echtgenote verdriet heeft, is de kans groot dat haar leed ook ons rechtstreeks betreft, en die emotionele 'besmetting' is rationeel. Als we een vergaderzaal binnenkomen en daar een onbekende in tranen aantreffen, heeft dat invloed op onze eigen stemming, hoewel het verdriet van de onbekende ons hoogstwaarschijnlijk niet persoonlijk raakt. Het delen van andermans emoties is diep geworteld in onze menselijke natuur.

Modellen van emotionele communicatie

Een groot aantal modellen van sociale cognitie houdt geen rekening met de kwestie van emoties. Binnen de idee van de geest als een krachtige computer die alle soorten informatie aankan is het afleiden van andermans emoties te zien als simpelweg een zoveelste vorm van deductief, op regels gebaseerd denken. Als ik bijvoorbeeld uw mondhoeken omlaag zie hangen bent u in een slechte bui of verdrietig, en als uw bewegingen daarbij ook nog eens traag zijn bent u waarschijnlijk verdrietig. Die regels zijn rechtstreeks te vergelijken met regels over de wereld in het algemeen. Als ik de contactsleutel van de auto omdraai en er gebeurt niets, is ofwel de accu leeg of staat de versnelling in z'n vrij. Als geen van de lichten op het dashboard aangaan wanneer ik de sleutel omdraai, is het waarschijnlijk de accu. Met zulke voorbeelden is het relatief eenvoudig om uit te leggen hoe we op intellectuele wijze de emoties van onze medemens kunnen begrijpen en beschrijven, maar het blijft moeilijk te begrijpen waarom onze stemming rechtstreeks wordt beïnvloed door de gevoelens van mensen om ons heen.

Emotionele besmetting en gelaatsmimicry

Een invloedrijke familie van psychologische theorieën erkent het feit dat er minstens twee bijzondere mechanismen betrokken zijn bij de verwerking van andermans emoties. Een daarvan, *Direct Facial Mimicry* oftewel rechtstreekse gelaatsmimicry genaamd, is afgeleid uit de conclusie dat de gelaatsuitdrukking van een waarnemer vaak die van de geobserveerde personen nabootst. Als we bijvoorbeeld iemand een grimas van pijn zien maken, vertrekt ons eigen gezicht alsof wij ook pijn hebben. Daaruit kunnen we de emotionele staat van die persoon afleiden, doordat we de configuratie van onze eigen (nagebootste) gezichtsuitdrukking voelen. Wetenschappelijk is vaak aangetoond dat onze gezichtsspieren binnen enkele honderden milliseconden, dus letterlijk in een fractie van een seconde, invloed ondergaan van de aanblik van andermans gelaatsuitdrukkingen.[47] Uit experimenten is gebleken dat datzelfde principe ook geldt voor het lichaam.

Het tweede mechanisme, de zogeheten *Direct Emotional Contagion* (rechtstreekse emotionele besmetting), is afgeleid uit de waarneming dat we ons verdrietig voelen als we in de buurt van droevige mensen verkeren, en blij in gezelschap van blijde mensen. Zelfs heel jonge kinderen zetten vaak al een keel op als ze andere jonge kinderen zien huilen, alsof ze besmet zijn met de emoties van die anderen.

Via de processen van feedback en uitdrukking werken gelaatsmimicry en emotionele besmetting waarschijnlijk sterk op elkaar in. Het proces van uitdrukking is in hoge mate intuïtief. Als ik uw vreugde zie en daar zelf blij van word, ga ik glimlachen. Bij dat proces gaat mijn gezichtsuitdrukking indirect op de uwe lijken, via een route die is uitgezet door mijn eigen gevoelens.

Feedback is een veel minder intuïtief maar intrigerend proces waarbij onze gelaatsuitdrukkingen en lichaamshouding worden gekoppeld aan onze emotionele toestand. Het begrip feedback hebben we te danken aan de negentiende-eeuwse Amerikaanse filosoof en psycholoog William James. William James had grote belangstelling voor de relatie tussen lichaam en geest tijdens emoties. Hij schrijft:

Onze natuurlijke wijze van denken over deze standaardemoties is dat de mentale perceptie van een willekeurig feit de mentale affectie prikkelt, de zogenoemde 'emotie' en dat uit deze geestestoestand de lichamelijke uitdrukking ontstaat. Ik stel daarentegen dat de lichamelijke veranderingen rechtstreeks volgen op de PERCEPTIE van het prikkelende feit, en dat ons gevoel van diezelfde veranderingen op het moment dat ze plaatsvinden, de emotie zelf IS. Gezond verstand zegt: als we een smak geld kwijtraken, vinden we dat erg en gaan we huilen; als we een beer tegenkomen, worden we bang en slaan we op de vlucht; als een rivaal ons beledigt, worden we boos en geven hem een dreun. De hypothese die hier wordt verdedigd, zegt dat deze volgorde onjuist is, dat de ene mentale toestand niet onmiddellijk wordt geïnduceerd door de andere, dat de lichamelijke manifestaties tussen die twee in moeten staan en dat een rationelere uitspraak is dat we iets erg vinden omdat we huilen, dat we boos zijn omdat we iemand een dreun geven, dat we bang zijn omdat we staan te trillen; dus niet dat we huilen, slaan of bibberen omdat we respectievelijk verdriet, woede of angst voelen. Zonder die lichamelijke toestand die volgt op de waarneming, zou de tweede toestand iets zuiver verstandelijks zijn, bleek, kleurloos, zonder emotionele warmte. In dat geval zouden we de beer zien en het raadzaam achten op de vlucht te slaan, zouden we beledigd worden en het moment rijp achten voor een dreun, maar zouden we niet echt bang of boos zijn.[48]

James' oorspronkelijke gedachte lijkt in tegenstelling te zijn met onze intuïtie, maar een groot aantal experimenten toont aan dat onze lichamelijke toestand, waaronder onze gelaatsuitdrukking, onze gevoelens kan beïnvloeden. Bij een van die experimenten worden proefpersonen aangesloten op een machine die de activiteit meet van de diverse gelaatsspieren. Vervolgens krijgen ze het verzoek hun wenkbrauwen te fronsen en hun kaken op elkaar te klemmen of juist om hun mondhoeken op te trekken. De proefpersonen trekken dus een gezicht alsof ze fronsen of glimlachen, zonder dat er een expliciete verwijzing is naar emoties. Op de vraag hoe ze zich voelen blijken proefpersonen met de glimlachconditie zich gelukkiger te voelen, terwijl proefpersonen met de frons meer woede ervaren. Hieruit valt af te leiden dat de gelaatsuitdrukking van invloed was op hun stemming. Er wordt een dynamisch systeem gecreëerd dat de gevoelens, lichaamshouding en gelaatsuitdrukking van de waarnemer laat samenvallen met die van de zender zonder dat daarbij bewust denken is vereist. De waarnemer imiteert de gelaatsuitdrukking van de zender, wordt zelf zender en creëert een kring van positieve feedback tussen personen; dit verklaart hoe de stemming in een groep kan stijgen of dalen. Als ik glimlach om uw glimlach na te bootsen gaat u zelf nog breder glimlachen en wordt u nog blijer dan u al was, tot we beiden in lachen uitbarsten.

De waarnemer kan het gevolg van deze mechanismen, die voor het bewustzijn plaatsvinden, aanvullen met een aantal bewustere processen. Ze kan bijvoorbeeld naar haar eigen lichamelijke gevoelens kijken en zich bewust en weloverwogen afvragen: 'Hoe voel ik me hierbij?' Aangezien haar eigen lichaam en gezicht de uitdrukking van de waargenomen persoon nabootsen en haar eigen gevoelens zijn besmet door de gevoelens die ze bij de ander waarneemt, wordt die zelfbeschouwende vraag een bron van informatie over de gevoelens van de ander. Verdere aanvulling kan afkomstig zijn uit bewuste empathische emotionele beelden. Een gelezen e-mailbericht dat een vriend chemotherapie ondergaat zal misschien niet rechtstreeks tot emotionele besmetting leiden, maar je kunt je voorstellen hoe het voelt door terug te denken aan die keer dat je een voedselvergiftiging had met misselijkheid en braken, en daardoor zullen je gevoelens beïnvloed raken. Een psycholoog die een boek van Rogers heeft gelezen zal misschien proberen weloverwogen de lichaamshouding van een patiënt te imiteren, en deze opzettelijke imitatie zal zowel zijn lichaamshouding als zijn gevoelens beïnvloeden.[49]

Ook bewuste gedachten kunnen de gelaatsmimicry en emotionele besmetting veranderen. Aangetoond is dat de wetenschap dat je tegen iemand anders moet concurreren hierin een rol speelt. In zo'n situatie wordt zowel emotionele besmetting als gelaatsmimicry tot een lager niveau herleid. Experimenten waarbij proefpersonen werd gevraagd hun gelaatsuitdrukking te accentueren of juist te onderdrukken hebben aangetoond dat dit leidt tot uitvergrote of onderdrukte emotionele beleving.

Er wordt gedacht dat de gevoelens van personen samenvallen dankzij deze uiteenlopende mechanismen. Maar wat voor processen vinden er daadwerkelijk in de hersenen plaats wanneer we getuige zijn van andermans emoties? Het systeem van spiegelneuronen zet waargenomen handelingen om in een motorische representatie van vergelijkbare handelingen. Zijn gelaatsmimicry en emotionele besmetting misschien te verklaren door de aanwezigheid van vergelijkbare neuronen in gebieden die te maken hebben met onze gelaatsuitdrukkingen of emoties?

Marseille, 17 juli 2002: uit Jean-Pierre Royets Renault Espace stijgt een eigenaardige geur op, iets tussen bananenschillen en rotte eieren in. Mijn vriend Bruno Wicker en ik helpen hem kratten vol plastic flessen het gebouwtje naast het ziekenhuis in te sjouwen. Daar staat een fMRI-scanner. '*Qu'est-ce qui pue comme ça?*' vraagt de fMRI-laborant. 'Wat stinkt daar zo?'

Royet grijnst naar me. Bijna een jaar eerder zat ik met mijn collega Bruno op een muurtje in deze zelfde stad uit te kijken over de Middellandse Zee. We bedachten een experiment om te zoeken naar emotionele spiegelneuronen. We waren samen bezig met promotieonderzoek aan St. Andrews, maar ik was naar Parma gegaan om verder te werken met apen, en Bruno was naar Marseille getrokken om zich te wijden aan fMRI-onderzoek met menselijke proefpersonen, met speciale nadruk op emoties. Ik was zelf ook geïnteresseerd geraakt in emoties, en omdat we in Parma geen fMRI-scanner hadden vond ik dat ik eens bij Bruno in Marseille langs moest.

'Wat we moeten zien te vinden,' had ik Bruno die zonnige middag gezegd, 'is een experiment waarbij we een proefpersoon in de scanner leggen, een emotie tot stand brengen zodat we de hersengebieden kunnen meten die te maken hebben met de beleving van die emotie, en dan diezelfde proefpersoon andermans emoties tonen om te kijken of die emotie delen activeert van het circuit waarmee ze zelf hun emotie ervaren.'

'Dat ben ik helemaal met je eens,' antwoordde Bruno, die kennelijk exact hetzelfde bedacht had. 'Maar we zitten met twee problemen. Ten eerste moeten we ten minste twee emoties vinden met verschillende patronen in de hersenactiviteit, en ten tweede moeten we een manier vinden om die emoties in de scanner op te roepen.'

Daar had hij gelijk in. Als we met fMRI willen testen op de aanwezigheid van specifieke spiegeling, hebben we ten minste twee emoties nodig die duidelijk tot verschillende hersenactiviteit leiden. Toen we het auditieve spiegelsysteem testten, hadden we laten zien dat dit systeem selectief is doordat het geluid van handbewegingen gebieden activeerde die te maken hebben met handgebaren, terwijl het geluid van mondbewegingen gebieden activeerde die te maken hebben met de eigen mondbewegingen.

Het valt helaas niet mee om emoties op te roepen in een scanner-omgeving. Voor emoties als geluk, angst of verdriet konden we geen manier verzinnen om die herhaaldelijk in de scanner te veroorzaken. Na een tijdje te hebben nagedacht waren we het erover eens dat walging de beste emotie is voor zo'n experiment. 'Ik ken iemand, ene Royet, die als onderzoeker is gespecialiseerd in reuk. Volgens mij heeft hij een apparaat waarmee je op gedoseerde wijze geuren kunt toedienen in de scanner. We kunnen bijvoorbeeld onaangename geuren aanbieden die een gevoel van walging oproepen, en die dan vergelijken met lekkere geuren.'

Het antwoord op de vraag van de laborant wat daar zo stonk was dus de sleutel tot het oproepen van emoties in de scanner: plastic flesjes met dotten watten gedoopt in diverse stofjes die wij als geuren ervaren. Sommige bevatten lekkere geuren als pepermunt en aardbei, andere, en die stonden ons echt tegen, bevatten stoffen als butaanzuur en waterstofsulfide, die respectievelijk naar ranzige boter en rotte eieren stinken.

Valeria is ons eerste proefkonijn. Royet bindt een anesthesiemasker voor haar neus en de laborant schuift haar de scanner in. Eerst krijgt ze een reeks filmpjes te zien van acteurs die aan een glas met inhoud ruiken. Bij sommige toont de acteur geen reactie. Dat zijn onze neutrale filmpjes. Bij andere trekt de acteur een gezicht van afkeer: hij trekt zijn neus op en deinst achteruit. Bij het laatste type filmpje trekt de acteur één wenkbrauw op en toont een subtiel waarderend glimlachje, alsof hij wil zeggen dat dit inderdaad een heel aardig wijntje is. Vervolgens ontdekt Valeria waarom ze het maskertje voor haar gezicht heeft. Royet knijpt de inhoud van diverse flesjes in een rubberen slang die is aangesloten op het anesthesiemasker, en door middel van de weerzinwekkende stank van rotte eieren of ranzige boter of de relatief lekkere geuren van munt en aardbei ervaart Valeria dezelfde bonte opeenvolging van emoties die de acteurs in de filmpjes hadden laten zien.

Bij dit experiment hebben de smerige geuren en de filmpjes met fronsende acteurs een sterkere werking dan de positieve. Dat is onvermijdelijk, want positieve emoties als reactie op de inhoud van een glas zullen nooit zo sterk zijn als negatieve emoties onder dezelfde omstandigheden. Er bestaan wel voorbeelden van sterk positieve geurervaringen; als we bijvoorbeeld net verliefd zijn kunnen we in extase raken door het parfum van onze geliefde. Maar de intens positieve emoties die we in dergelijke situaties beleven worden niet direct veroorzaakt door de geur, maar zijn het gevolg van emotionele ervaringen die we met die geur associëren. Op zich kunnen geuren intense walging oproepen, maar slechts een bescheiden positieve waardering. Onze voornaamste focus is dus gericht op het zoeken van gebieden die reageren op de belevenis en de waarneming van walging, want die is intens bij zowel het ruiken zelf als bij het zien van andermans afkeer. Vervolgens kunnen we laten zien dat deze gebieden minder actief zijn voor positieve emoties, die als controleconditie dienstdoen.

Na een reeks aangename en onaangename geuren is het experiment ten einde. 'Sommige van die geuren waren echt walgelijk!' zegt Valeria. 'Op een gegeven moment moest ik bijna kokhalzen.' Het is duidelijk: de geuren hebben gewerkt.

Nadat we deze procedure hadden herhaald met een tiental proefpersonen bekeken we de gegevens. Tijdens de toediening van reukstoffen hadden alleen de onaangename geuren een sterke activatie veroorzaakt in een gebied dat het anterieure deel van de insula heet, en wel in beide hersenhelften. De insula is een deel van de hersenen dat signalen doorkrijgt van onze neus en tong, en dat de smaken en geuren van eten verwerkt. Bij apen bevinden zich in de insula neuronen die worden geactiveerd door bepaalde akelige smaken en geuren, en krijgt de insula tevens signalen door van de inwendige organen. Het is dus logisch dat dit gebied wordt geactiveerd door nare geuren en de lichamelijke gevoelens die daarmee samenhangen. Met name die lichamelijke gevoelens zouden veel minder sterk moeten zijn voor aangename geuren, en aangename geuren zouden de insula dan ook minder moeten activeren. En dat was precies wat we vonden.

Chirurgen hebben bestudeerd wat mensen ervaren als hun insula wordt geactiveerd. Toen neurochirurg Wilder Penfield de insula van zijn epileptische patiënten met elektrische stroompjes prikkelde, meldden ze een onaangenaam gevoel in hun keel, en sommigen gingen zelfs kokhalzen.[50] Hij had een drukgevoelige ballon in de maag van de patiënten geplaatst, en zo kon hij aantonen dat de elektrostimulatie ook bewegingen van de maag veroorzaakte. Activatie van de insula lijkt dus hand in hand te gaan met ons lijfelijke onderbuikgevoel van misselijkheid. De activaties in de insula die we bij ons experiment konden meten waren het neurale correlaat van Valeria die intense walging voelde terwijl ze de smerige geurstoffen rook.

Maar wat gebeurde er als onze proefpersonen naar de emoties van anderen keken? Toen ze naar filmpjes van gelaatsuitdrukkingen keken, werden die visuele en premotorgebieden van het spiegelsysteem geactiveerd die betrokken zouden zijn bij eigen vergelijkbare uitdrukkingen, alsof onze proefpersonen werktuiglijk, in hun hersenen, de waargenomen gezichtsuitdrukkingen nabootsten. Als er een spiegelsysteem bestaat voor emoties, had daarnaast ook het anterieure deel van de insula, dat specifiek is voor de beleving van die smerige geuren, geactiveerd moeten worden, zodat de proefpersonen zelf ook afkeer voelden. Uit onze gegevensanalyse bleek dat dit precies was wat er gebeurde.[51]

We waren dolblij. Meer dan tien jaar na de ontdekking van spiegelneuronen in het motorsysteem hadden we het eerste bewijs geleverd dat een soortgelijk systeem ook buiten het domein van actieve handelingen bestaat. We hadden blootgelegd welke processen in de hersenen zorgen voor datgene wat psychologen gelaatsmimicry noemen, namelijk plaatsvervangende activiteit in de premotorcortex alsof de persoon zelf net zo'n gelaatsuitdrukking creëert, en wat psychologen emotionele besmetting noemen: plaatsvervangende activiteit in de insula alsof de persoon dezelfde emoties ondergaat.

De term spiegelneuron was verzonnen in de context van handelingen omdat de hersenen via spiegelneuronen inwendig de handelingen van anderen simuleren en een spiegelbeeld van die handelingen creëren. Nu we een soortgelijk systeem hadden ontdekt voor emoties, hadden we een nieuwe term nodig om dit systeem te omschrijven; spiegelneuronen waren te zeer gebonden aan het motorsysteem. Precies zoals de premotorcortex twee processen deelde, namelijk het uitvoeren van een handeling en het zien/horen van anderen die soortgelijke handelingen uitvoeren, leek de insula twee emotionele processen te delen, namelijk het sterke, lichamelijke gevoel van walging en het registreren van walging bij anderen. Zowel de premotorcortex als de insula maakt deel uit van neurale circuits die ons in staat stellen plaatsvervangend de handelingen en emoties van anderen te delen. We kozen voor de term 'gedeelde circuits' om deze hele tak van neurale processen te beschrijven, waaronder spiegelneuronen voor handelingen en soortgelijke systemen, waaronder de insula voor walging.[52, 53]

Emotie herkennen in anderen

Met ons experiment hadden we laten zien dat de insula wordt geactiveerd wanneer proefpersonen kijken naar de walging op het gezicht van andere mensen. Dat geeft aan dat dit gebied is betrokken bij de perceptie van gelaatsuitdrukkingen van anderen door de waargenomen emoties om te zetten in een representatie van onze eigen emoties. Is deze simulatie de reden waarom we de emoties van andere mensen begrijpen?

Die vraag kunnen we niet met fMRI alleen beantwoorden, want fMRI kan geen onderscheid maken tussen oorzaak en gevolg. De remlichten van uw auto lichten bijvoorbeeld telkens wanneer u op de rem trapt op, waarna de auto snelheid mindert. In ons experiment gebeurde zo'n beetje hetzelfde met de insula. Die werd actief als de proefpersonen een gezichtsuitdrukking van walging zagen, en daarna herkenden ze dat die persoon walging ervoer. Mogen we uit die waarneming concluderen dat uw auto vaart mindert dankzij de remlichten? Mogen we concluderen dat u door de activiteit in de insula na de aanblik van een walgend gezicht gaat begrijpen dat die persoon ergens van walgt? In het voorbeeld van de auto is er een relatief simpele experimentele methode voor het testen van het oorzakelijk verband tussen de remlichten en de mindering van snelheid: neem een hamer, sla de remlichten kapot en kijk of de auto dan nog steeds vaart kan minderen. Als dat zo is, zijn de remlichten niet noodzakelijk voor het vertragen van de snelheid. Rijdt de auto met onverminderde snelheid door, dan komt het inderdaad door de remlichten dat de auto langzamer ging rijden.

Bij mensen kun je een vergelijkbare gedachtelijn volgen door patiënten te onderzoeken die door acuut trauma, ziekte of hersenbloedingen in het te onderzoeken gebied hersenbeschadigingen hebben opgelopen. Door zulke patiënten te onderzoeken kunnen wetenschappers kijken of schade aan een bepaald hersengebied invloed heeft op bepaalde hersenfuncties.

In 2000 meldden Andy Calder en zijn collega's in Cambridge dat ze een vijfentwintigjarige man met de initialen NK hadden onderzocht. NK had een hersenbloeding gehad waarbij zijn linker insula was beschadigd.[54] Andy had NK in eerste instantie foto's laten zien van onbekenden, vanuit verschillend perspectief genomen. Hij had NK gevraagd aan te geven welke foto's dezelfde persoon betroffen. Op deze test behaalde NK normale resultaten. NK herkende ook foto's van beroemdheden. Zijn vermogen om gezichten te herkennen was gespaard gebleven.

Vervolgens testte Andy hem op emotionele gelaatsuitdrukkingen. Hij liet NK foto's zien van blijde, verbaasde, boze, verdrietige en walgende gezichten. Bij iedere foto kon NK kiezen uit zes woorden die een basisemotie aangeven, en moest hij het woord kiezen dat het best paste. Als NK blijde gezichten zag, koos hij zonder aarzeling het

woord 'blij'. Zag hij een verbaasd gezicht, dan koos hij 'verbaasd'.
Ook reageerde hij normaal op bange, boze en verdrietige gezichten.
Maar toen Andy NK een foto liet zien van een gezicht waarop walging af te lezen was, wekte dat verbazing en besloot hij na enig nadenken in de helft van de gevallen dat de persoon walging ondervond, en
in de andere helft van de gevallen dat hij boos was. Andy vroeg zestig
gezonde personen diezelfde taak uit te voeren, en zij herkenden de
walging in ruim 80 procent van de gevallen. NK had een selectieve
stoornis en kon niet op basis van gelaatsuitdrukking begrijpen dat iemand walging ervaart.

De insula lijkt dus nodig te zijn voor het herkennen van walging bij
anderen, terwijl remlichten niet nodig zijn voor het vertragen van de
snelheid. Let wel: de stoornis bleef beperkt tot walging; dit feit sluit
aan bij de bevindingen uit het fMRI-onderzoek, want de aanblik van
blijde gezichten had de insula minder geactiveerd dan de walgende
gezichten. Waarschijnlijk zijn er andere hersengebieden nodig voor
het herkennen van deze andere emoties.

Emotionele geluiden herkennen

Het testen van andere modaliteiten, zoals geluiden en vocale intona-
ties, leverde dezelfde resultaten op. Hieruit mogen we voorzichtig
concluderen dat het gebied van de insula dat we gevonden hadden
niet alleen de gelaatsuitdrukking van walging omzet in een eigen ervaring van walging bij de waarnemer, maar ook dat het geluid wordt
omgezet in een vergelijkbare ervaring, ongeveer zoals de motorische
spiegelneuronen reageren op zowel het geluid als de aanblik van handelingen.

Het is van belang dat hetzelfde hersengebied nodig is voor het zien
en horen van walging bij anderen. Gedeelde circuits lijken in het algemeen gevoelig te zijn voor tekenen van andermans handelingen
en emoties, of deze tekenen nu gezien of gehoord worden. We hebben allemaal wel eens ervaren dat een snik en een bepaalde klank in

de stem tijdens een telefoongesprek de stemming van de gesprekspartner even duidelijk maken als wanneer die persoon tegenover
ons zit. Het feit dat gedeelde circuits multimodaal zijn helpt ons dergelijke verschijnselen te begrijpen. Voor de hersenen worden verschillende sensorische signalen omgezet naar één enkel signaal van
sociale cognitie: onze eigen ervaring van soortgelijke handelingen
en gevoelens. Verschillen tussen telefoongesprekken en persoonlijke
ontmoetingen worden dan eerder kwantitatief dan kwalitatief, want
bij een fysieke ontmoeting worden signalen van ons zicht, ons ge-
hoor en onze tastzin opgeteld tot een meer intens gedeelde ervaring,
maar geluid kan een soortgelijke, zij het soms zwakkere manier van
delen oproepen via exact diezelfde mechanismen.

Je moet emotie voelen om met anderen te kunnen meevoelen

Centraal voor ons idee van een gedeeld circuit voor walging is niet alleen het feit dat de insula een rol speelt bij de herkenning van walging
bij anderen, maar ook het besef dat de insula tevens nodig is om zelf
walging te ervaren. In overeenstemming met deze theorie verwachten we dat de beschadiging in NK's insula zijn eigen vermogen om
walging te ervaren moest verstoren.

Als laatste proefneming gaf Andy NK een aantal schaalindelingen
om te meten hoe sterk hij emoties beleefde. Bij vragen over zijn beleving van angst of woede bleek uit zijn antwoorden dat hij die emoties
normaal ervoer. Daarna kreeg hij de vraag hoe sterk zijn walging zou
zijn in een aantal situaties. Een van de vragen op het formulier was
bijvoorbeeld hoe walgelijk het zou zijn om naar een openbaar toilet
te gaan en daar te zien dat degene voor je diarree had gehad en dat de
hele bril en de wanden ondergespat waren, zodat er een vreselijke
stank heerste. Hier gaf NK aan dat hij dat absoluut niet walgelijk zou
vinden. Zijn gevoel voor walging was duidelijk verminderd.

Geïntrigeerd door deze ontdekking vroeg Andy zich af of NK überhaupt wist wat walging was. Hij vroeg hem een aantal scenario's te be-

schrijven van zaken waarvan andere mensen zouden walgen. Moeiteloos kwam NK aanzetten met een aantal plausibele scenario's die aantoonden dat hij weliswaar op rationeel niveau wist wat walging was, maar dat zijn eigen neiging om dit te ervaren en te herkennen verstoord was. Een intellectueel begrip is niet voldoende om onze sociale wereld te begrijpen: onze intuïtie is van cruciaal belang.

Ralph Adolphs en zijn collega's in Iowa, zo'n zesduizend kilometer verderop, beschreven opvallend genoeg een vrijwel identieke patiënt.[55] Deze, bekend onder de naam 'Mr. B', had een hersenontsteking gehad, Herpes Simplex. De schade, die veel uitgebreider was dan bij NK, omvatte naast de insula ook andere, grote hersengebieden. Als gevolg daarvan leed hij aan zwaar geheugenverlies en kon hij geen nieuwe informatie opslaan. Telkens wanneer ze elkaar troffen moest Ralph Mr. B vertellen wie hij was.

Ralph had Mr. B uitgebreid getest om te zien hoe hij walging ervoer en waarnam. De resultaten waren hetzelfde als Andy had gevonden bij NK. Mr. B's vermogen om walging te herkennen of bewust te ervaren was sterk verminderd. Ralph was nog verder gegaan bij zijn onderzoek naar de aard van Mr. B's smaakbeleving van walging.[56] Hij had Mr. B twee verschillende drankjes gegeven: een met zout water en een met een suikeroplossing, en had Mr. B gevraagd die allebei te proeven. Mr. B proefde de suikeroplossing, keek blij en zei dat het heerlijk was. Daarna proefde hij de zoutoplossing, glimlachte en zei dat het heerlijk was. Mr. B's onvermogen om een onaangename smaak bewust te beoordelen komt overeen met de gedachte dat de insula van cruciaal belang is voor de verwerking van onaangename smaken en geuren.

Daarna voegde Ralph kleurstof toe aan de drankjes. Het zout water maakte hij rood, het suikerwater groen. Mr. B moest beide drankjes proeven en dan beslissen welk glas hij leeg wilde drinken. Hoewel Mr. B na beide proeven een tevreden gezicht trok, besloot hij steevast verder te gaan met de groene oplossing, het suikerwater. Ralph vroeg hem of hij de rode oplossing (zout) nog eens wilde proberen, en Mr. B weigerde dat pertinent. Ralph vroeg hem beide drankjes te beschrijven, en Mr. B zei dat ze beide naar frisdrank smaakten; hij gaf er geen enkel blijk van dat hij zich bewust was van een verschil tussen de twee.

Experimenten zoals het onderzoek met NK en Mr. B helpen ons begrijpen hoe de insula bijdraagt aan ons eigen gevoel van walging. Zonder insula wisten Mr. B's hersenen nog wat goed en slecht voor hem was, zodat hij het suikerwater koos in plaats van het zoute water. Wat Mr. B's hersenen niet meer deden was hem een 'bewust gevoelde staat' van walging bezorgen terwijl hij de zoutoplossing proefde. Met bewust gevoelde staat bedoelen we een staat waarin men zich ervan bewust is dat men iets voelt. In de hersenen kan er verschil zijn tussen de verwerking van iets verkeerds en een bewust gevoel van misselijkheid en walging. De insula is belangrijk voor dit laatste, maar niet voor het eerste, zoals blijkt uit Mr. B's behouden vermogen om ook zonder insula, maar zonder bewust te weten waarom, de lekkerder smakende suikeroplossing te kiezen.

Wat je ziet koppelen aan wat je voelt

Als een detective wil weten of een verdachte schuldig is of niet, gaat hij soms op zoek in de lijsten met door de verdachte gevoerde telefoongesprekken. Door te zien met wie de verdachte contact heeft kan hij inzicht krijgen in de rol die verdachte bij de misdaad heeft gespeeld. Neurowetenschappers doen vaak hetzelfde. Als we weten wat voor contacten een hersengebied heeft, kunnen we bekijken of dat gebied het juiste soort informatie ontvangt om een bepaalde functie uit te voeren, en zien we of dit gebied informatie kan doorsturen naar de juiste hersengebieden om de noodzakelijke actie te ondernemen.

Twee Amerikaanse anatomen, Marsel Mesulam en Elliott Mufson van de Amerikaanse Harvard-universiteit, bestudeerden de verbindingen van de insula door kleurstoffen te injecteren die de paden van de inkomende en uitgaande verbindingen aangaven.[57] Het voorste deel van de insula, dat volgens ons fMRI-experiment actief bleek te

zijn in de waarneming en de eigen ervaring van walging, ontvangt inkomende signalen van hersengebieden die informatie uit alle zintuigen verwerken en die daarbij ook nog eens inkomende signalen verwerken uit zenuwen die de innerlijke staat aftasten van onze organen,
zoals hart, darmen en maag. Deze informatie wordt vervolgens als
motorcommando teruggestuurd naar diezelfde buikorganen en naar
de hypothalamus, zodat we onze lichamelijke toestand veranderen
door bijvoorbeeld te gaan kokhalzen als we iets wat bedorven was
hebben gegeten, of door de afgifte van stresshormonen te regelen als
voorbereiding op gevaar.

Het hierboven beschreven patroon van verbindingen heeft twee
belangrijke gevolgen voor de functie van de insula. Ten eerste kan de
insula, omdat ze de innerlijke staat van ons lichaam aanvoelt, onze
'onderbuikgevoelens' lezen. Dergelijke onderbuikgevoelens zijn van
cruciaal belang voor lichamelijke toestanden die te maken hebben
met voedsel, zoals misselijkheid. Zonder dit vermogen om hun innerlijke staat aan te voelen konden NK en Mr. B schijnbaar geen walging meer voelen. Hun hersenen verwerken nog steeds het gegeven
of een smaak goed of slecht is voor het lichaam, maar ze zijn het gevoel van 'kotsmisselijk zijn' kwijt, dat zo belangrijk is voor onze diagnose van walging.

Ten tweede kan de insula dankzij de samenkomst van visuele en
auditieve signalen betreffende andermans walging deze koppelen
aan de walging van ons eigen lichaam. Deze samenkomst kon wel
eens de sleutel zijn voor de activatie van de insula zowel tijdens de ervaring als de waarneming van walging tijdens ons fMRI-experiment.
Zonder die samenkomst konden Mr. B en NK het gevoel van andermans walging niet koppelen aan hun eigen gevoel van misselijkheid.
Zonder dat gevoel is walging in feite geen walging meer.

De geest beschouwen we vaak als iets wat losstaat van ons lichaam. In het computertijdperk dromen sciencefictionschrijvers van een eeuwig leven van de geest, opgeslagen in een computer. Als kind was ik gefascineerd door dat idee. Altijd wanneer ik verkouden was of kiespijn had bedacht ik hoe fijn het leven zou zijn als we geen last meer hadden van de pijntjes en kwaaltjes van ons onvolmaakte lichaam.

Maar wij zijn zoveel meer dan onze logische geest. De patiënten Mr. B en NK tonen aan hoe onvolledig een leven zonder de gevoelens van ons eigen lichaam is. Door het contact tussen lichaam en geest kwijt te raken verliezen we ook het vermogen om bepaalde emoties te voelen, zoals William James al stelde. Denkt u zich eens in hoe armoedig het leven zou zijn zonder de warmte van een omhelzing, hoe kort het leven zou zijn als schade aan ons lichaam niet zo'n pijn deed, en wat liefde zou betekenen zonder het gevoel van fysieke pijn dat we ervaren als we ver weg zijn van diegenen die ons lief zijn.

Ons logische denken wordt soms overschaduwd door onze emoties, maar toch: zonder het fysieke gevoel van opwinding dat we ervaren als onze gedachten succes opleveren geloof ik niet dat we ooit de moeite zouden nemen om over dingen na te denken. Onze geest is geaard in ons lichaam. Door de ontdekking van gedeelde circuits wordt het lichaam centraal voor niet alleen onze eigen emotionele levens, maar ook voor de uitwisseling van onze geesten. Willen we de daden van andere mensen begrijpen, dan moeten we die projecteren op onze eigen motorprogramma's. Willen we hun emoties begrijpen, dan moeten we die projecteren op onze eigen onderbuikgevoelens. Filmpersonages als Captain Spock van de planeet Vulcanus of de androïde Data in *Star Trek* drukken uit hoeveel vlakker onze levens zouden zijn zonder de pieken en dalen van onze lichamelijke emoties. De fascinatie van deze personages voor emoties is een weerspiegeling van onze eigen fascinatie voor deze allesoverheersende geestestoestand. Hun onvermogen om te begrijpen wat er werkelijk omgaat in de door emoties aangestuurde mensen om hen heen laat zien hoe belangrijk onze emoties zijn als sleutel voor die van anderen. Ons kent ons...

Het lichaam is van cruciaal belang voor deze projectie, en de insula lijkt deel uit te maken van een proces waarbij de bewuste geest het resultaat van deze lichamelijke projectie gewaarwordt. We mogen niet meer denken in dualistische termen die de bewuste, logische en rationele geest pal tegenover de onderbuikreacties zet. Lichaam, hersenen en bewuste geest zijn partners en staan continu met elkaar in verbinding. Een groot deel van de belangrijke processen voor met name de sociale cognitie vindt plaats in de hersenen, maar buiten de bewuste geest.

In eerdere hoofdstukken hebben we al vastgesteld dat mensen met meer empathie bij het kijken naar anderen hun eigen handelingen sterker activeren dan mensen met minder empathie. Daaruit zou dan moeten volgen dat de eigen emoties ook sterker worden geactiveerd bij het zien van andermans emoties. In 2007 besloot ik op zoek te gaan naar een antwoord op die vraag. Dat deed ik samen met Mbemba Jabbi, een goedgeluimde promotiestudent van me die als vluchteling uit de burgeroorlog in Sierra Leone naar Nederland was gekomen. Mbemba was geboeid door emoties en scande achttien proefpersonen voor een experiment dat in grote lijnen vergelijkbaar was met het experiment dat ik samen met Bruno Wicker had gedaan, met filmpjes van gezichten vol walging en neutrale gezichten. In plaats van de mild waarderende gelaatsuitdrukkingen in de filmpjes die Bruno en ik hadden gebruikt, vroeg Mbemba zijn acteurs om een extatische blik na het nemen van een slokje, alsof ze razende dorst hadden gehad en nu iets heerlijks te drinken kregen. Daarna liet hij die filmpjes aan de proefpersonen zien terwijl hij met fMRI hun hersenactiviteit mat. Later liet hij de proefpersonen lekkere en minder lekkere smaken proeven in de scanner. Een heel belangrijk aspect van zijn onderzoek was geïnspireerd door het pionierswerk van de Duitse neurowetenschapper Tania Singer:[58] hij liet zijn proefpersonen Davis' empathievragenlijst invullen (zie Appendix) zodat hij kon meten of mensen met meer empathie bij het zien van andermans emotie inderdaad een sterkere activatie hebben in die gebieden die te maken hebben met hun eigen smaakervaring.

Tot Mbemba's grote vreugde bleek er een rechtstreeks verband te zijn tussen de vragenlijst en de fMRI-resultaten: hoe hoger een proefpersoon scoorde op de vragenlijst, des te sterker activeerde hij/zij de eigen onderbuikgevoelens in de insula bij het zien van andermans emotie.[59] Dit was een sterke aanwijzing in de richting dat wat we in de insula hadden gemeten inderdaad het neurale proces was dat ten grondslag ligt aan ons gevoel van emotie delen met anderen, zoals gemeten met de vragenlijst.

Deze interpersoonlijke verschillen in de kracht waarmee mensen de gevoelens van hun medemensen delen is wellicht het antwoord op de vraag waarom mensen zo verschillend reageren op films. Sommigen van ons huilen bij een droevige film, anderen zijn onaangedaan. Sommige mensen zijn dol op horrorfilms, terwijl anderen letterlijk misselijk worden bij de aanblik van iemand die met een bijl onthoofd wordt. Mensen met meer empathie hebben een bijzonder sterke activatie in de insula en kunnen overweldigd worden door de plaatsvervangende emoties die een film teweegbrengt. Anderen activeren hun insula maar matig, zodat er sterkere stimuli nodig zijn om de eigen gevoelens op te roepen.

Net als bij handelingen blijft de vraag overeind wát de oorzaak is van deze verschillen. Mensen met meer empathie kijken misschien met meer aandacht naar emoties, of kijken met dezelfde aandacht naar de beelden maar hebben sterkere verbindingen tussen enerzijds de visuele en de auditieve gebieden die de weergave van emoties verwerken, en anderzijds hun eigen gevoelens in de insula.

Bij ons eerste fMRI-onderzoek hadden we ons gericht op de negatieve emotie van walging, omdat we meenden dat we deze emotie gemakkelijker konden oproepen dan positieve gevoelens. Gelukkig kunnen we in ons leven ook de grote en kleine vreugden van onze medemens delen. Met geluiden van groot plezier en een verrukt gezicht proberen we kleine kinderen soms aan het eten te krijgen, en daaruit blijkt al wel hoezeer we ons er intuïtief van bewust zijn dat we kunnen afstemmen op andermans genoegens. Bij Mbemba's onderzoek hadden we opzettelijk gelaatsuitdrukkingen van intens plezier gebruikt om te kijken of ook die de representatie van lichamelijke gevoelens zouden oproepen. En dat bleek inderdaad zo te zijn. De insula werd geactiveerd door de aanblik van vreugde, en wel op dezelfde plek als tijdens de aanblik van walging. Dit zou kunnen betekenen dat zowel prettige als onprettige lichamelijke representaties kunnen worden geactiveerd door gezichtsuitdrukkingen. Ook deze representaties van extatisch plezier werden bij mensen met meer empathie sterker geactiveerd.

Als we dankzij de insula zowel aangename als onaangename ervaringen kunnen delen, waarom hebben mensen met beschadigingen in dit gebied dan alleen problemen met walging en niet met positieve emoties? Een blik van walging geeft een sterke aanwijzing voor het soort onderbuikgevoelens dat de insula lijkt te verwerken. Een glimlach kán onderbuikgevoelens aangeven, maar dat is niet altijd het geval. Een beleefde glimlach naar onze collega's als we 's ochtends op het werk arriveren houdt geen gevoel van intens plezier in. Ons gevoel van walging ondervindt dus het grootste probleem omdat dit sterk afhankelijk is van onderbuikgevoelens. Hoewel onderbuikgevoelens een bron van geluk kunnen zijn, is geluk in het algemeen niet afhankelijk van onderbuikgevoelens, terwijl walging dat wel is. Een vergelijking: de insula is belangrijker voor walging dan voor geluk, net zoals uw gevoel voor kou belangrijk is om een ijsje te herkennen als een ijsje, maar niet om sinaasappelsap te herkennen als sinaasappelsap. Een ijsje en een koud glas sinaasappelsap kunnen uw gevoel voor kou echter in gelijke mate activeren. Zo kan ons begrip van geluk ook berusten op andere, niet-onderbuikgebonden elementen, net zoals de kou deel kan uitmaken van uw beleving van een lekker glas sinaasappelsap, maar zou u dat sap ook als zodanig kunnen herkennen als u geen kou meer kon voelen? Toch kunnen onderbuikgevoelens een bron van geluksgevoelens zijn, zeker als ze met eten te maken hebben, en dat leek Mbemba te hebben gevonden.

Dankzij deze experimenten hebben we nu beter inzicht in de manier waarop we andere mensen begrijpen. Wanneer we andermans handelingen en emoties waarnemen, zorgen onze hersenen ervoor dat we die handelingen en emoties delen door in ons eigen hoofd hersengebieden te activeren die normaal gesproken een rol spelen als wij diezelfde handelingen uitvoeren of als wij diezelfde emoties ervaren. Dit fenomeen was voor het eerst gezien bij handelingen, maar nu werd duidelijk dat het een algemener principe was. Emoties lijken dezelfde weg te bewandelen: ik voel wat u voelt.

De kracht van woorden

We hebben allemaal wel eens ervaren hoe ontroerend een goed boek kan zijn. In vergelijking met het zien wat andere mensen doen en voelen, wat al miljoenen jaren gebeurt in het dierenrijk, is schrijven een nieuwe uitvinding, amper tienduizend jaar oud. Hoe de hersenen omgaan met deze nieuwe uitvinding, waarom we zo ontroerd kunnen raken door een boek, is een vraag die Mbemba en ik wilden beantwoorden. Met name wilden we weten of geschreven verhalen op de een of andere manier gebruikmaakten van hetzelfde hersengebied als de aanblik van andermans emoties. We hebben de hersenactiviteit gemeten bij dezelfde mensen die walging en plezier hadden gezien en gevoeld bij ons vorige experiment, maar ditmaal gaven we ze korte scenario's te lezen.

Eén daarvan ging als volgt: 'Als je omkijkt om te zien wie er op je schouder leunt, kijk je recht in het ongewassen gezicht van een dakloze. Je wilt je losmaken van zijn onwelriekende aanwezigheid, en daarbij vang je een glimp op van zijn rotte tanden, omgeven door ontstoken tandvlees. Plotseling draaien zijn ogen weg. Hij leunt voorover en braakt zijn complete maaginhoud over je heen! Je zit onder het rottende braaksel van het bedorven vlees dat hij uit de vuilnisbakken aan de overkant van de straat had gehaald. Je voelt je maag samentrekken. En dan voel je een hard, stevig stukje van zijn braaksel in je mondhoek...' We voerden een rechtstreekse meting uit van de activiteit in dat deel van de insula dat we al eerder actief hadden zien worden bij het zien van andermans blik van walging en de eigen ervaring van een akelige smaak. Tot onze verbazing werd hetzelfde gebied sterk geactiveerd als mensen dit soort onsmakelijke scenario's lazen, veel sterker dan wanneer ze een verhaal met een emotioneel neutrale lading lazen.[26] Daarna keken we met een techniek die psychofysiologische interactie heet welke hersengebieden verantwoordelijk konden zijn geweest voor de activiteit in de insula tijdens het lezen van de scenario's of het kijken naar de blikken van walging van andere mensen.

Hoewel de insula in beide gevallen even actief was, bleek de activiteit in de twee gevallen te zijn veroorzaakt door verschillende gebieden in de hersenen. Bij de aanblik van andermans gelaatsuitdrukking werd de activiteit in de insula geprikkeld door de premotorcortex, die de waargenomen gelaatsuitdrukkingen spiegelt. Tijdens het lezen werd de insula geactiveerd vanuit die delen waarin taalverwerking plaatsvindt, zoals het gebied van Broca en de *temporal pole*. De insula leek dus een gemeenschappelijke arena te zijn voor onze eigen emoties, voor emoties die we bij anderen zien en voor emoties waarover we lezen. Hier komen onze eigen, zelf beleefde emoties samen met die van anderen en met die waarover we lezen en die we ons voorstellen. Op de een of andere manier sturen onze hersenen de diverse vormen van informatie op flexibele wijze door naar diezelfde, gedeelde insula, of die informatie nu afkomstig is van een rechtstreekse blik, zoals we in de loop van de evolutie hebben ervaren, of van de veel nieuwere schriftelijke informatie. Het mechanisme voor het activeren van een gebied dat verantwoordelijk is voor uw eigen emoties wanneer u getuige bent van andermans emotie bleek nog algemener te zijn dan we oorspronkelijk hadden aangenomen.

Ons kent ons

Er wordt vaak aangenomen dat empathie een ondeelbare karaktertrek is, dat iemand ofwel meer ofwel minder empathie bezit. Wanneer we andermans karakter beschrijven hebben we het daarbij zelden over empathie. Maar ons experiment lijkt aan te geven dat we dat misschien wel zouden moeten doen.

In de experimenten over het geluid van handelingen en gelaatsuitdrukkingen hadden we gemerkt dat proefpersonen die hoger scoorden op de empathieschaal ofwel hun premotor- ofwel hun insulacortex sterker activeerden, afhankelijk van het experiment. Een kritischer blik op de schaal van Davis maakt duidelijk dat verschillende aspecten van deze empathieschaal overeenkomen met premotor- en insula-activiteit.[14] Wanneer ze naar het geluid van handelingen luisterden, was de activiteit in de premotorcortex sterker bij personen die hoog scoorden op het onderdeel 'Perspective Taking' van de vragenlijst. Dit onderdeel bevat uitspraken als: 'Ik probeer soms mijn vrienden beter te begrijpen door me voor te stellen hoe dingen er vanuit hun perspectief uitzien.' Daarentegen kwam de activiteit in de insula bij het waarnemen van emoties meer overeen met de emotionele onderdelen van de empathieschaal, met name de onderdelen 'Personal Distress' en 'Fantasy'. Proefpersonen die het eens waren met de uitspraak 'Ik voel me soms hulpeloos als ik midden in een sterk emotionele situatie terechtkom' activeren hun eigen onderbuikgevoelens in de insula dus meer dan anderen. Opvallend is dat er een lage correlatie was tussen de Perspectief-schaal enerzijds en de schalen voor *Personal Distress* en *Fantasy* anderzijds. Dit wil zeggen dat proefpersonen die vaak andermans perspectief bekijken niet noodzakelijkerwijs ook overstuur raken wanneer iemand anders in nood verkeert.

Het feit dat twee hersengebieden, beide betrokken bij verschillende aspecten van het begrip van anderen, overeenkomen met verschillende onderdelen van de empathieschaal, betekent dat we empathie of begrip van de medemens niet als één enkel fenomeen mogen beschouwen. Premotorgebieden spiegelen de acties van anderen en kunnen ons misschien in staat stellen andermans doelen en beweegredenen vanuit hun standpunt te bekijken. De insula daarentegen spiegelt de onderbuikgevoelens van anderen en kan ons wellicht helpen hun emoties te delen. In het dagelijks leven lopen deze twee componenten vaak door elkaar heen en dragen ze beide bij aan een breed, intuïtief gevoel voor het innerlijke leven van de mensen om ons heen, dus ook voor hun doelstellingen en emoties, maar dit vermogen kan worden opgesplitst in ietwat onderscheiden onderdelen. Sommige mensen lijken bijzonder goed te zijn in het spiegelen van handelingen, anderen in het spiegelen van andermans emoties, en sommigen zijn in geen van beide echt goed. Empathie moet dus gezien worden als een mozaïek van losse onderdelen die samen het uiteindelijke beeld opbouwen van wat er in anderen omgaat.

Het blijkt dat we onze empathie nog verder kunnen onderverdelen, omdat de verschillen tussen onze persoonlijke ervaringen de verschillen in empathie zullen bepalen. Wie vaak last heeft van pijn in de bijholten, zoals ik, is uitermate empathisch voor andermans bijholteproblemen – maar veel minder voor rugpijn.

Het verschil tussen een gemaakte en een oprechte glimlach

Tot nu toe hebben we gezien dat de insula betrokken is bij het delen van onderbuikemoties van andere mensen, zoals walging of de waardering voor een lekkere smaak. Als onze hersenen deze onderbuikstemmingen afleiden uit andermans emotionele gelaatsuitdrukkingen en gedrag, moet de insula op de een of andere manier signalen ontvangen uit gebieden die dit waarneembare motorgedrag verwerken. In het licht van de ontdekking van spiegelneuronen zou je mogen verwachten dat gebieden die de gelaatsuitdrukkingen besturen bij dit proces betrokken zijn.

Wanneer we de gemaakte glimlach van een politicus zien, weten we meteen dat die onecht is. De mondhoeken wijzen omhoog, maar het gebied rond de ogen is ontspannen. Een glimlach simuleren is bijzonder moeilijk, dat is bekend. Acteurs, die hun brood verdienen met gemaakte gelaatsuitdrukkingen, wagen zich meestal niet aan een gemaakte glimlach. Ze doen hun best zelf vrolijk te worden, en dan volgt de glimlach vanzelf.

Waarom is het zo moeilijk om opzettelijk een bepaald gezicht te trekken? Het antwoord op die vraag ligt in het feit dat de willekeurige bewegingen van het gezicht worden aangestuurd door andere hersengebieden dan de gebieden die voor emotionele gelaatsuitdrukkingen zorgen.[60] De premotorcortex en de primaire motorcortex, die we in eerdere hoofdstukken zijn tegengekomen, maken deel uit van het somatische (lichamelijke) motorsysteem. Als u een glimlach veinst zonder de emotie op te roepen, gebruikt u deze twee hersengebieden. Dit noem ik het 'koude' systeem voor gelaatsuitdrukkingen, want hierbij is de hitte van de emotie niet nodig. Het koude systeem bestuurt ook de gezichtsmotorprogramma's voor kauwen, neus snuiten, articulatie en ander doelgericht gedrag van ons gezicht.

Parallel met dit systeem zorgen gebieden precies midden tussen de twee hersenhelften in, rond de *sulcus cingularis*, voor onwillekeurig emotioneel gedrag. Wanneer u uw neus optrekt omdat u iets smerigs ruikt, wanneer u grimast van pijn en wanneer u in de lach schiet om iets grappigs, worden die bewegingen aangestuurd door de motorstructuren op deze middenlijn. Dit noem ik het 'warme' motorsysteem, omdat het de warmte van emoties omzet in waarneembaar gedrag van gezicht en lichaam.

Het warme en het koude gezichtsmotorsysteem sturen beide hun signalen rechtstreeks naar de kern in de basis van de hersenen die de gezichtsspieren aanstuurt – deze komen samen in dezelfde spieren, maar hebben totaal gescheiden representaties van motorprogramma's. Het feit dat het warme en het koude motorprogramma in afzonderlijke locaties van de hersenen zijn opgeslagen betekent dat we niet bewust het motorprogramma voor een emotionele glimlach kunnen activeren. Als we een glimlach willen veinzen, moeten we een nieuw motorprogramma creëren dat weloverwogen de volgorde van spierbewegingen reproduceert die het warme motorprogramma gebruikt, en het resultaat zal er altijd uitzien als een slechte imitatie.

Dat de twee systemen voor de aansturing van gezichtsspieren, het warme en het koude, volslagen onafhankelijk zijn van elkaar wordt duidelijk na bepaalde hersenbeschadigingen. Beschadigingen aan het koude systeem zorgen ervoor dat mensen hun gezicht niet bewust kunnen bewegen. Als je zo iemand een goede grap vertelt, zal hij lachen en glimlachen, hoewel hij niet in staat is een glimlach te veinzen of zijn gezicht opzettelijk te bewegen. Het tegenovergestelde geldt voor het warme systeem. Deze patiënten kunnen hun gelaatsspieren weliswaar bewust bewegen, maar hun gezicht blijft onveranderd bij emotie.

Als we twee motorsystemen hebben die onze gezichtsspieren aansturen, wat gebeurt er dan als we naar de gelaatsuitdrukkingen van andere mensen kijken? Die vraag bestudeerde ik samen met mijn vriend Christiaan van der Gaag.[61]

Met behulp van fMRI maten we de hersenactiviteit van proefpersonen die naar korte filmpjes keken van een acteur die lachte, een blik van walging vertoonde en angstig keek. Daarna vroegen we de proefpersonen om zelf bepaalde gezichten te trekken terwijl ze in de scanner lagen, en vroegen we hun om zich in de gevraagde emotie in te leven, zodat ze zowel het warme als het koude motorbesturingssysteem zouden activeren. Als proefpersonen een spiegelsysteem hebben voor gezichtsuitdrukkingen, moeten delen van het warme en/of het koude motorsysteem geactiveerd worden door de aanblik van de uitdrukkingen op andermans gezicht. Zoals verwacht zagen we dat de waarneming van al die gelaatsuitdrukkingen een circuit activeerde dat ook actief was wanneer we de proefpersonen vroegen een soortgelijk gezicht te trekken. Dit gedeelde circuit voor waarneming en het zelf uitvoeren van gelaatsuitdrukkingen betrof drie gebieden: de temporaalkwab, die een visuele beschrijving geeft van de waargenomen gelaatsuitdrukkingen; de premotorcortex, die deel uitmaakt van het koude motorbesturingssysteem; en gebieden langs de sulcus cingularis, die deel uitmaken van de warme motorcortex.

Het koude deel van dit gedeelde circuit leek op wat in Valeria's onderzoek actief bleek te zijn tijdens het geluid en de uitvoering van mondbewegingen.[9] Beide omvatten delen van de temporaalkwab en de premotorcortex. Tegelijkertijd werd bij het bekijken van gezichtsuitdrukkingen ook het warme motorbesturingssysteem in het middelste deel van de hersenen geactiveerd. Deze activatie was sterker voor emotionele gelaatsuitdrukkingen dan wanneer de proefpersoon keek naar gezichtsbewegingen zonder emotionele lading.

Belangrijk hierbij is dat de primaire motorcortex, die de sterkste en meest rechtstreekse verbindingen naar de gezichtsspieren zendt, alleen dan actief was wanneer de proefpersonen zelf gezichten trokken, maar niet wanneer ze andermans gelaatsuitdrukkingen bekeken.

Als we naar gelaatsuitdrukkingen kijken, moeten we zowel een neurale representatie activeren van soortgelijke gevoelens in onze insula, als een soortgelijke gezichtsuitdrukking in onze eigen koude en warme motorcortex. Deze bevindingen hebben de revolutie die begonnen was met de ontdekking van spiegelneuronen weer een stapje verder geholpen. Het blijkt dat onze hersenen, als we het gedrag van anderen observeren, een rijk mozaïek van neurale activiteit lijken te delen met de waargenomen persoon, waaronder representaties van zijn lichamelijke gebaren, zijn gevoelens en zijn gelaatsuitdrukkingen.

Gelaatsuitdrukkingen delen is essentieel voor begrip van andermans emoties

Ralph Adolphs en zijn collega's in Iowa hebben een groot aantal mensen met plaatselijke hersenbeschadigingen bestudeerd.[62] Deze personen, die een hersenbloeding hadden gehad of een ander soort hersenbeschadiging opgelopen, hadden toegezegd te zullen deelnemen aan psychologische experimenten. Ze kregen een aantal verschillende foto's te zien van gezichten met emotionele uitdrukkingen, met daarbij de vraag de foto's te sorteren naar de mate van woede, angst, blijdschap enzovoort. De onderzoekers zagen dat slechts een bepaald percentage van de patiënten moeite had met het herkennen van andermans emoties aan de hand van gelaatsuitdrukkingen. Ze vergeleken de locatie van de hersenbeschadiging bij de proefpersonen die hier moeite mee hadden met de locatie bij deelnemers die moeiteloos emoties herkenden. Diegenen met problemen bleken een beschadiging te hebben in de premotorcortex van de rechterhersenhelft, precies waar Christiaan van der Gaag activiteit had gevonden wanneer proefpersonen gelaatsuitdrukkingen bekeken en zelf uitvoerden. Schade aan het koude gezichtsmotorsysteem lijkt te leiden tot problemen met het herkennen van gelaatsuitdrukkingen. Het lijkt dus belangrijk dat we inwendig kunnen nabootsen wat een waargenomen gezicht doet wanneer we naar de gelaatsuitdrukking van een ander kijken; dit helpt ons de innerlijke toestand van de persoon te begrijpen.

Gelaatsmimicry leidt tot emotionele besmetting

Emoties en het motorsysteem zijn op vele manieren met elkaar verbonden. Welk letterpaar ziet u liever, FV of FJ? Uw antwoord blijkt af te hangen van de tijd die u achter een toetsenbord doorbrengt. Als u vaak en veel typt, geeft u waarschijnlijk de voorkeur aan FJ boven FV om de eenvoudige reden dat FJ makkelijker te typen is: er wordt van beide handen een vinger gebruikt.[63] Hoewel de meeste mensen die deze voorkeur aan de dag leggen zich niet bewust zijn van de ware reden voor hun voorkeur, bepaalt hun motorsysteem hun emotionele voorkeur dus. Mensen die niet zo vaak typen, geven geen blijk van deze voorkeur.

Samen met Mbemba Jabbi onderzochten we of er een koppeling is tussen de activatie in het koude motorbesturingssysteem en de activering van gevoelens voor gezichtsuitdrukkingen in de insula. Toen de proefpersonen filmpjes bekeken van gezichtsuitdrukkingen was de activiteit in de insula en de premotorcortex niet altijd gelijk. Bij sommige proeven werd de insula sterker geactiveerd door de walgende gezichten, bij andere minder. Datzelfde gebeurde met premotorgezichtsprogramma's. Als het delen van gezichtsbewegingen in het koude motorsysteem onafhankelijk werkte van het delen van emoties in de insula, was er misschien verschil tussen proeven waarbij de insula actiever was en proeven waarbij het koude motorsysteem sterker reageerde. Maar als de twee met elkaar verbonden waren, moesten proeven met een sterke insula ook sterke koude motoractivatie opleveren.

Mbemba ontdekte dat wanneer mensen neutrale gezichtsbewegingen zien, bijvoorbeeld iemand die door een rietje drinkt, er geen koppeling was tussen de insula en het koude motorsysteem. Als mensen daarentegen naar gelaatsuitdrukkingen van walging of vreugde keken, waren de twee systemen wél met elkaar verbonden. Telkens wanneer de premotorcortex sterk geactiveerde gezichtsprogramma's had, had de insula sterk geactiveerde onderbuikgevoelens. Interessant daarbij was dat activaties in de premotorcortex een betere voorspelling gaven van de insula-activaties dan andersom. Dit zou kunnen betekenen dat onze hersenen eerst in de premotorcortex simuleren wat het gezicht van de ander doet; zodra we de gelaatsuitdrukking daar delen, wordt de insula actief zodat we de gevoelens van de betreffende persoon kunnen delen.[64]

Emoties delen met een pokerface

De hersenen lijken de bewegingen van het gezicht te simuleren via het koude motorsysteem – ongeacht of die beweging emotioneel is. Als de gelaatsuitdrukking een lichamelijke emotie als walging of genot aangeeft, wordt er informatie uitgewisseld tussen de premotorcortex en de insula, waardoor een representatie van soortgelijke onderbuikgevoelens wordt geactiveerd. We voelen nu niet alleen wat het gezicht doet, maar ook wat de persoon vanbinnen voelt, en we delen zijn genot of walging. Gezien het feit dat de insula ook rechtstreekse signalen ontvangt van de visuele gebieden, komen de twee routes misschien samen tot emotionele besmetting. De ene route activeert rechtstreeks de representaties van gevoelens gebaseerd op de aanblik van de emotionele gelaatsuitdrukking, de ander doet dat indirect, door eerst de visuele beschrijving te vertalen in een motorrepresentatie in het warme en het koude gezichtsmotorsysteem, en dan de representatie van de bijbehorende gevoelens te activeren door middel van verbindingen tussen deze motorsystemen en de insula.

Psychologen hadden al eerder een behoorlijk accurate theorie van emotionele communicatie gegenereerd door de idee van emotionele besmetting te combineren met gelaatsmimicry. Door rechtstreeks in de hersenen te kijken kunnen we bevestigen dat er interactie is tussen de activering van soortgelijke gevoelens en de reproductie van soortgelijke uitdrukkingen. Toch wordt de eerdere theorie op twee ingrijpende punten gewijzigd.

Ten eerste blijkt uit neurowetenschappelijk onderzoek dat de sterkst geactiveerde motorgebieden niet de primaire motorcortex betreffen, maar hogere motorgebieden, waaronder de 'koude' premotorcortex en de 'warme' motorcortex cingularis. Terwijl activiteit in de primaire motorcortex rechtstreeks leidt tot waarneembare, zichtbare veranderingen in het lichaam, kan de activiteit in deze hogere gebieden onzichtbaar blijven, omdat er geen activiteit in de primaire motorcortex is. Net zoals mensen hun premotorcortex kunnen activeren zonder hun eigen handen te bewegen als ze iemand een bal zien vangen, kunnen ze ook zonder noodzakelijkerwijs zelf hun gezicht te bewegen deze hogere motorgebieden activeren. De toeschouwer krijgt dan een beetje het gevoel dat hijzelf net zo'n gezicht trekt, zonder dat dat werkelijk zo is. Dit proces is conceptueel gezien gekoppeld aan wat psychologen gelaatsmimicry noemen, want het is een motorfunctie. Het verschil met gelaatsmimicry is echter dat dit proces niet per se leidt tot bewegingen in het gezicht van de toeschouwer. Afhankelijk van een aantal factoren kán deze motorsimulatie van hogere orde naar de primaire motorcortex en naar de gezichtsspieren worden gestuurd, en kán ze leiden tot de aperte gelaatsmimicry die psychologen soms hebben gemeten als spieractiviteit in het gezicht van de toeschouwer, maar dit hóeft niet te gebeuren: het is een optioneel proces. Als degene tegenover mij mijn vijand of concurrent is, of als ik mijn emotionele betrokkenheid niet wil laten blijken, kan ik mijn gezicht in de plooi houden zonder enig teken te tonen van mijn motorsimulatie.[65]

Er is dus verschil tussen het activeren van een representatie van soortgelijke gelaatsuitdrukkingen in motorgebieden van hogere orde enerzijds, en zichtbare gelaatsmimicry anderzijds. Dat verschil verklaart waarom bij onderzoek niet standaard een sterk verband wordt gevonden tussen zichtbare mimicry en het begrip van emoties.[66] De onzichtbare simulatie in gebieden van een hogere orde biedt inzicht in de emoties van anderen. Zichtbare gelaatsmimicry daarentegen is niets meer of minder dan een instrument in de omgang met de medemens.

Mimicry kan bijvoorbeeld helpen een band te creëren tussen zender en toeschouwer; het is een teken dat de toeschouwer bereid is af te stemmen op de emoties van de zender. In de psychologische en psychiatrische praktijk kan dit belangrijk zijn bij het versterken van de relatie tussen patiënt en therapeut.[49] Het onderdrukken van zichtbare mimicry kan daarentegen gebruikt worden om aan te geven dat men juist niet wil afstemmen op de emoties van bepaalde mensen. Wie bijvoorbeeld een glimlach niet beantwoordt geeft doeltreffend het bericht door: 'Laat me met rust.' Wie niet verdrietig kijkt als een kind begint te huilen geeft daarmee de boodschap: 'Doe even normaal.'

Zowel de waarneming van lichamelijke handelingen als die van gelaatsuitdrukkingen leidt tot activiteit in de premotorcortex. Beide kunnen leiden tot openlijke imitatie, maar dat hoeft niet het geval te zijn. Ondanks deze overeenkomsten komt openlijke mimicry meer voor bij gelaatsuitdrukkingen dan bij doelgerichte handbewegingen waarbij de spieractiviteit vaak pas meetbaar is na toepassing van TMS-stimulatie. Waar komt dit verschil vandaan? Het antwoord kon wel eens heel simpel zijn. Stel dat u en ik in een restaurant zitten, beiden in ons eentje aan afzonderlijke tafeltjes. Een kelner kiept per ongeluk een bord soep om boven een snobistische en lastige klant. Ik glimlach, en als u in respons daarop zelf ook glimlacht, voelen we ons 'verbonden'. Aangetoond is dat dergelijke gelaatsmimicry mij aanmoedigt om meer contact te hebben met u, en dat ik in het algemeen positiever over u ga oordelen. De handbewegingen van de kelner imiteren en het eigen bord soep over iemand heen kiepen zou een veel negatiever effect sorteren. In het algemeen heeft de imitatie van doelgerichte bewegingen die we waarnemen vaak een negatieve uitwerking, omdat deze interfereert met het eigen gedrag van de waarnemer. Gelaatsuitdrukkingen veroorzaken deze interferentie meestal niet.

De grens tussen individuen vervaagt

In onze westerse samenlevingen staat het individu centraal, samen met het recht op het nastreven van geluk. Waarden als huwelijk, gezin en vaderlandsliefde worden steeds meer vervangen door het individu dat zijn of haar eigen doelen nastreeft. Ouders op leeftijd gaan naar bejaardentehuizen teneinde geen inbreuk te maken op de vrijheid van hun kinderen om zo te leven als ze dat zelf willen. De economische theorie gaat ervan uit dat de mens een *homo economicus* is, dat wil zeggen een rationeel wezen dat doet wat voor hemzelf het beste is.

De neurowetenschap kan ons niet vertellen wat de relatie tussen menselijke individuen moet zijn, en ook niet of individualisme goed of slecht is. Ze kan ons alleen vertellen hoe onze aard eruitziet, en hoe een evolutie van miljoenen jaren onze hersenen heeft gevormd tot een bepaalde manier van omgaan met anderen. Daarbij hebben we dankzij de ontdekking van gedeelde circuits een nieuwe kijk gekregen op de band tussen de individuele geest en de mensen om ons heen.

Voordat we op de hoogte waren van gedeelde circuits hadden we een voornamelijk individualistische kijk op de hersenen. De 'buitenwereld', waaronder de mensen om ons heen, werd vertegenwoordigd in de zintuiglijke gebieden van de hersenen. Het 'zelf' en de vrije wil bevonden zich in strikt gescheiden hersendelen. Deze 'persoonlijke' hersengebieden waren verantwoordelijk voor de functies van het individu, zoals de keuze uit een aantal overtuigingen of mogelijke handelwijzen en de keuze waaraan aandacht moest worden besteed en welke herinneringen moesten worden opgeslagen of opgehaald. De wereld om ons heen kon uiteraard invloed uitoefenen op deze persoonlijke hersengebieden, maar die invloed bleef iets indirects en was strikt gescheiden van de persoonlijke, individuele gedragingen en de keuzes die we duizenden keren per dag maken. Het individu had duidelijke grenzen, zowel in de samenleving als in de hersenen.

In het licht van het nieuwe onderzoek maken de mensen om ons heen niet langer deel uit van de 'buitenwereld', die beperkt is tot de zintuiglijke hersengebieden. Dankzij gedeelde circuits dringen de mensen om ons heen, met hun handelingen en hun emoties, door in een groot aantal delen van onze hersenen die tot voor kort het veilige toevluchtsoord van onze identiteit waren: ons motorsysteem en onze gevoelens. De grens tussen individuen wordt doordringbaar, en de maatschappelijke wereld begint zich te mengen met de privéwereld. Emoties en handelingen zijn besmettelijk. Onzichtbare draden van gedeelde circuits binden onze geesten aaneen en creëren het weefsel van een organisch systeem dat verder reikt dan het individu.

Al honderden jaren lang beseffen we dat andermans handelingen en gevoelens van invloed kunnen zijn op de onze. Wat we niet zagen was hoe rechtstreeks die verbintenis is. De neurowetenschap laat ons zien dat we niet alleen door onze gedachten verbonden zijn, of doordat we 'ons indenken dat we dezelfde kwellingen ondergaan', dat 'we als het ware in [iemand anders'] lichaam binnengaan',[67] maar door aan te tonen dat onze hersenen onze eigen handelingen en emoties koppelen aan die van anderen. Dat doen ze spontaan, daar is geen bewuste inspanning voor nodig. De structuur van onze hersenen maakt ons tot uitermate sociale en empathische dieren.

7

Gevoelens

Acht uur 's avonds – het eten is nog lang niet klaar, maar de eerste gasten arriveren al. Na een snelle begroetingsronde gaan Valeria en ik weer verder met koken. 'Dank je! Dat was toch niet nodig geweest,' zegt Valeria beleefd. 'Chris, zet jij die even in een vaas?' voegt ze daaraan toe, terwijl ze me de bos tulpen geeft en een vijftig centimeter lang vlijmscherp Japans koksmes grijpt om de uien te snijden. Ik vraag haar waar de vaas is gebleven, en afwezig begint ze de uien te hakken terwijl haar blik langs het rek in de woonkamer glijdt. Ik kijk naar haar, en tot mijn afschuw zie ik het lemmet niet in de ui maar in haar snijden. Ik weet niet meer wie als eerste 'Au!' riep, zij of ik. Meteen verschijnt er een guts rood vanuit de snee. Zij drukt haar vinger dicht, ik druk op de mijne. Snel grijp ik de rol keukenpapier om de bloeding te stelpen.

De meesten van ons hebben wel eens zo'n situatie meegemaakt, waarbij we zelf onwel worden van de lichamelijke pijn van iemand anders. Onze ervaring van het zien van pijn gaat verder dan begrip alleen; we voelen de pijn letterlijk, heftig en gelocaliseerd, alsof we onszelf in de vinger hebben gesneden. Tot nu toe hebben we gezien hoe we de handelingen en de onderbuikgevoelens van anderen delen, maar naar gevoel hebben we nog niet gekeken. Als we zien dat iemand met een veer over zijn voetzool wordt gestreken, kunnen we zelf een kriebelig gevoel krijgen en als we iemand een cactus zien vastpakken krijgen we zelf een gevoel van pijn. Wat die aanraking, de tactiele gevoelens, onderscheidt van emotie is dat we ze in een specifiek deel van ons lichaam voelen. Toen ik zag dat Valeria zich in haar vinger sneed, deed mijn eigen vinger pijn. Somatosensorische gewaarwordingen, van het Griekse *soma* (het lichaam), het Latijnse *sensus* (ons vermogen tot waarneming), is een waarneming die normaal gesproken volgt op het voelen van ons eigen lichaam. We voelen een aanraking als iemand ons op de schouder tikt, en we voelen pijn als we ons snijden. We voelen koud en warm als we een ijsblokje of een radiator aanraken, en we voelen jeuk van een muggenbeet, we voelen dingen binnen in ons lichaam als we onze maag voelen samenkrimpen en we voelen onze lichaamshouding als we wakker worden en weten waar onze romp en ledematen zich bevinden – daar hoeven we niet voor te kijken. Maar in het eerste voorbeeld zien we alleen het lichaam van iemand anders dat wordt onderworpen aan een bepaalde stimulus. Toch voelen we wat die ander voelt, zonder dat die persoon daarvoor ook maar enig signaal hoeft te geven. Ik krijg pijn bij de aanblik van de snee in Valeria's vinger, niet door haar gelaatsuitdrukking.

Intussen vermoedt u natuurlijk al dat we andermans gevoelens delen door die delen van onze hersenen te activeren die verantwoordelijk zijn voor onze eigen gevoelens. In dit hoofdstuk zullen we zien of dat inderdaad zo is, en trekken we deze vraag verder door, buiten het domein van het sociale, naar vragen als: waarom is het krassen van metaal op beton pijnlijk voor ons als we weten dat het metaal onze gloednieuwe auto is en het beton de muur van de garage? Tot slot nemen we een intrigerende vraag onder de loep: waarom sturen we traditioneel onze mannen naar oorlogsgebieden, en niet de vrouwen?

Aanraking zien is letterlijk roerend

Het is uiteraard niet praktisch haalbaar om te testen of er een spiegelsysteem bestaat voor de aanblik van mensen die zich in hun vingers snijden. Het zou zwaar vallen om vrijwilligers te vinden. In plaats daarvan besloot ik samen met mijn collega Vittorio Gallese in Parma en mijn vriend Bruno in Marseille te kijken of we dezelfde hersengebieden activeren wanneer we zelf worden aangeraakt en wanneer we iemand zien die wordt aangeraakt. Tijdens het registreren van de hersenactiviteit in een MRI-scanner lieten we proefpersonen filmpjes zien waarop mijn benen met een kwast werden geaaid, en soortgelijke filmpjes waarop de kwast een kwart meter van mijn benen af bewoog. Daarna streken we met een washandje over de benen van diezelfde proefpersonen. We hadden voor het washandje gekozen omdat de kwastharen onaangenaam aanvoelen. Uit de gegevens bleek dat proefpersonen wanneer ze in de scanner werden aangeraakt vier hersengebieden activeerden die zoals bekend verantwoordelijk zijn voor het gevoel van aanraking: één boven aan beide hersenhelften en één aan weerszijden, in de groeve van Sylvius (*fissura lateralis*), de horizontale plooi in onze hersenen die de pariëtaalkwab scheidt van de temporaalkwab. De bovenste activaties komen overeen met wat de primaire somatosensorische cortex heet, oftewel SI (S voor somatosensorisch, I voor de Romeinse 1). Een aanraking van het linkerbeen activeert de rechter SI, een aanraking van het rechterbeen de linker SI. Het feit dat de activaties plaatsvinden aan de tegengestelde zijde van de hersenen komt doordat de zenuwbanen die van het lichaam naar de hersenen lopen elkaar kruisen. Een soortgelijke kruising vindt ook plaats in het motorsysteem wanneer de zenuwbanen elkaar op weg van de hersenen naar de spieren kruisen. Zo komt het dat mensen met een hersenbloeding aan de linkerzijde van de hersenen de besturing van de rechterhelft van hun lichaam kwijt zijn.

Het tweede gebied dat geactiveerd wordt, binnen in de groeve van Sylvius in beide hersenhelften, komt overeen met de secundaire somatosensorische cortex, ofwel SII. In tegenstelling tot SI reageerden beide SII-clusters op aanraking van beide zijden van het lichaam. Uit anatomisch onderzoek bij apen blijkt dat SII zijn informatie voornamelijk betrekt uit SI, en zo lijkt SII dus informatie uit de SI van beide hersenhelften te integreren. SII ligt een stap hoger dan SI in de verwerkingshiërarchie van de stimulatie door aanraking.

Wat was dus het verschil tussen de reacties op het zien van de filmpjes van een kwast die mijn benen raakte en filmpjes van een kwast die diezelfde bewegingen maakte op een kwart meter afstand? Beide clips bevatten eenzelfde hoeveelheid beweging en we vonden dan ook bijzonder weinig verschil tussen de reacties in de visuele gebieden van de hersenen die de aanblik van die beweging weergeven. Er zijn echter ook hersengebieden die rechtstreeks analyseren of er al dan niet een aanraking plaatsvindt, en onze verwachting was dat die gebieden sterker zouden reageren op de filmfragmenten mét aanraking. Verder hoopten we natuurlijk dat de hersengebieden die verantwoordelijk zijn voor onze eigen beleving van aanraking tijdens dit proces actief zouden worden. Wat we ontdekten was dat het gebied dat het betrouwbaarste verschil aangaf tussen de twee filmpjes precies de sii was, die was geactiveerd als de proefpersonen zelf werden aangeraakt. Net als het team in Parma destijds bij de eerste waarneming van de spiegelneuronen durfden ook wij onze resultaten amper te geloven. Al meer dan dertig jaar was er onderzoek gedaan naar dit hersengebied, de sii, waarbij tot in de fijnste details was beschreven in welk opzicht dit gebied betrokken was bij de ervaring van aanraking van het eigen lichaam. Maar uit niet één onderzoek was naar voren gekomen dat een deel van dit gebied ook geactiveerd wordt bij de aanblik van iemand anders die wordt aangeraakt. De overtuiging dat dit een somatosensorisch gebied was had onderzoekers blind gemaakt voor de visuele eigenschappen van het gebied.

Kennelijk nemen we andermans handelingen dus waar in dezelfde gebieden waarmee we onze eigen handelingen programmeren; en voelen we andermans emoties aan in die gebieden van onze eigen hersenen die onze eigen emotie reguleren. Daaruit kunnen we concluderen dat spiegelen kennelijk geen speciale eigenschap van bepaalde hersengebieden is, maar dat het een algemeen geldend principe is voor hersenfuncties. En dat is het mooie van deze ontdekking. We hebben weliswaar gespecialiseerde hersengebieden waarmee we naar de wereld kijken, namelijk onze visuele cortex. Maar als we moeten aanvoelen wat er omgaat in andere mensen doen we dat niet met één enkel, specifiek, gespecialiseerd hersengebied: nee, daarvoor schakelen we naar het zich laat aanzien die hersengebieden in die wijzelf zouden gebruiken om diezelfde staat te ervaren, of het nu om een handeling, een emotie of een lichamelijk gevoel gaat. Welk hersengebied precies wordt geactiveerd varieert: motorgebieden voor handelingen, emotieregulerende gebieden voor emoties, en somatosensorische gebieden voor lichamelijke gevoelens. Maar het principe is overal gelijk.

Waarom een krasje in de lak ons pijn doet

Sommige mensen vertrekken hun gezicht als ze een kras in de lak van hun auto ontdekken; alsof ze empathie voelen met de auto. Als we niet goed omgaan met de versnellingshendel en we horen een knersend geluid, trekken we een grimas alsof we de pijn van de machine voelen. Normaal gesproken leven we echter meer mee met mensen dan met zielloze voorwerpen. Het doet pijn om iemand met een mes een vinger af te zien snijden, maar wanneer met datzelfde mes een brood wordt gesneden voelt dat heel anders aan. Hoe zou het spiegelsysteem voor aanraking in dergelijke gevallen reageren? Zou onze somatosensorische cortex voelen wat die voorwerpen ondergaan?

Die vraag wilde Valeria beantwoord zien. We namen nieuwe filmpjes op van mijn benen die met een kwast werden aangeraakt en vergelijkbare filmpjes met de kwast een kwart meter van mijn benen vandaan. Daarna legden we multomappen en rollen keukenpapier op de onderzoeksbank waar mijn benen hadden gelegen. We filmden exact diezelfde aanrakingen, maar ditmaal veegde de kwast ofwel over de voorwerpen ofwel door de lucht op een kwart meter afstand van de mappen en rollen. We lieten de filmpjes aan nieuwe proefpersonen zien en maten intussen hun hersenactiviteit. De aanblik van de aanraking van voorwerpen bleek de SII evenzeer te activeren als het filmpje van mijn benen! Ons gedeelde circuit voor aanraking lijkt het zien van een aanraking dus om te zetten in een gevoel van aanraking, onafhankelijk van wát er wordt aangeraakt.

Zoals we in hoofdstuk IV hebben gezien is het spiegelsysteem voor handelingen even actief bij het waarnemen van mensen als bij het waarnemen van robots. Voor zowel handelingen als aanraking maken de gedeelde circuits dus geen onderscheid tussen mensen, robots en voorwerpen. Het spiegelsysteem vertaalt simpelweg wat er gezien wordt in hoe het zou voelen om soortgelijke handelingen te verrichten of op soortgelijke wijze te worden aangeraakt.

Als we iemand een handeling zien uitvoeren, lijkt de spiegelactiviteit in onze premotor- en pariëtaalcortex niet alleen op de activiteit wanneer we zelf soortgelijke handelingen uitvoeren, maar ook op de activiteit in de premotorcortex van degene naar wie we kijken. In dat geval worden de premotor- en pariëtaalactiviteit van degene die wordt waargenomen daadwerkelijk gespiegeld door de waarnemer. Hetzelfde geldt wanneer we andermans tactiele gevoelens waarnemen: de somatosensorische activiteit van de waarnemer spiegelt daadwerkelijk die van degene naar wie die waarnemer kijkt.

In het geval van een mens die naar een aap kijkt of een aap die naar een mens kijkt worden de zaken wat complexer. Zowel mensen als apen hebben een premotor- en een somatosensorische cortex, en de hersengebieden die worden geactiveerd wanneer een aap een mens iets ziet pakken komen ruwweg overeen met de gebieden van de waargenomen persoon. De organisatie van die hersengebieden is echter niet exact gelijk, en daardoor is er sprake van kleine afwijkingen. Zoals we hebben gezien komen er ook verschillen naar voren wanneer proefpersonen die zonder armen of handen zijn geboren de handgebaren van anderen waarnemen. Zij activeren voetrepresentaties die op bepaalde manieren afwijken van de handrepresentaties die de waargenomen persoon gebruikt. Wanneer mensen kijken naar de handelingen van robots kunnen die afwijkingen groter worden. De premotoractiviteit in de menselijke waarnemer lijkt niet op de elektronische activiteit in de centrale verwerkingseenheid van de robots, en zo lijkt de activiteit in SII ook niet op de toestand van de multomappen die in onze filmpjes werden aangeraakt.

Om historische redenen blijven we de term spiegelen of simulatie gebruiken om te beschrijven wat gedeelde circuits doen, maar wat het spiegelsysteem in feite doet is niet zozeer het spiegelen van de neurale staat van degene naar wie we kijken, als wel datgene wat we zien vertalen en herinterpreteren in de taal van wat wij in diezelfde situatie zouden hebben gedaan of gevoeld. Bij het verwerken van signalen van mensen werkt deze vertaling inderdaad als een neuronale spiegel van wisselende betrouwbaarheid afhankelijk van de overeenkomsten tussen de waarnemer en de waargenomen persoon. Gaat het om fundamenteel andere eenheden als robots of rollen keukenpapier, dan werkt de vertaling eerder als een projector die de eigen ervaring van de waarnemer projecteert op de voorwerpen die hij ziet. Onze gedeelde circuits helpen ons beslist niet beseffen dat andere organismen misschien anders in elkaar zitten dan wij. Ze nemen voetstoots aan dat we allemaal hetzelfde ervaren of, vanuit een complementair perspectief bekeken, misschien denken we door de activiteit van gedeelde circuits dat alles in onze omgeving de dingen net zo ervaart als wij. Dankzij de gedeelde circuits kennen we de hele wereld om ons heen menselijke trekken toe, of misschien zelfs trekken van onszelf.

We zijn er nog niet goed uit waarom het anders aanvoelt om een mes in een brood te zien snijden dan wanneer iemand in een mensenvinger snijdt. De spiegelsystemen voor gevoel creëren een neurale status in de somatosensorische cortex die lijkt op de status wanneer we zelf op een soortgelijke manier worden aangeraakt. Onze beleving van aanraking wordt echter niet uitsluitend bepaald door activiteit in de somatosensorische hersendelen. Als we een warme, zijdezachte vacht langs ons been voelen strijken, wordt onze SII geactiveerd. Als we kijken wat het was en zien dat het onze eigen kat was, voelt die aanraking prettig aan. Zien we echter dat het een verdwaalde rat was die net uit de goot is gekropen, dan voelt die somatosensorische activiteit heel anders aan. Een soortgelijke activiteit in somatosensorische gebieden kan dus leiden tot zeer uiteenlopende gevoelens, afhankelijk van de context van de activiteit in andere hersengebieden. Dat we relatief weinig empathie hebben voor voorwerpen in vergelijking met mensen lijkt dus niet te komen doordat we in de somatosensorische gebieden niet spiegelen, maar doordat we deze spiegeling herevalueren. Bij deze herevaluatie spelen waarschijnlijk delen van de prefrontaalkwab een centrale rol.

Gedeelde circuits zijn waarschijnlijk een essentieel onderdeel van het proces waarmee we aanvoelen wat er gebeurt met andere mensen en met voorwerpen, dus ongeacht of het levende of niet-levende zaken betreft. Het resultaat van die simulatie wordt echter geïntegreerd met onze kennis van de wereld en wordt op basis van die kennis geïnterpreteerd. Heel jonge kinderen raken vaak buitenproportioneel overstuur wanneer ze zien dat er iets kapotgaat. Dit kan een weerspiegeling zijn van het feit dat hun gedeelde circuits al reageren op de aanblik van een onbeschadigd geheel dat nu beschadigd raakt: op die leeftijd beseffen ze nog niet dat beschadiging van een voorwerp niet inhoudt dat zijzelf gewond kunnen raken. Met andere woorden, hun cognitieve interpretatie kan de gedeelde gewaarwording niet herinterpreteren als iets ongevaarlijks.

In eerste instantie kan het vreemd lijken dat de hersenen zo diepgeworteld antropocentrisch lijken. Het toekennen van menselijke trekjes aan andere organismen kan een ernstige vergissing zijn. Maar waarschijnlijk is het dat niet. De evolutie van de hersenen heeft geleid tot optimale overlevingskansen. Als een jager achter een konijn aan zit, activeert hij zijn gedeelde circuits en jaagt op dat konijn alsof hij eenzelfde soort hersenen heeft als zijn prooi, hoewel konijnenhersenen uiteraard op vele punten verschillen van het menselijk brein. De gedeelde circuits van de jager stellen hem echter in staat correct te voorspellen dat het konijn ervandoor zal gaan, zodat hij het dier op strategische wijze in een uitgezette val kan laten lopen. Of het overleeft hangt af van ons vermogen dat konijn te pakken te krijgen. Filosofisch inzicht in het feit dat het geestelijk leven van een konijn wellicht heel anders verloopt kan interessant zijn, maar brengt geen eten op tafel.

Het gaat dus om pragmatische vereisten, en als u het konijn sneller te pakken krijgt met de aanname dat het hetzelfde soort emoties kent als u, dan moet u die gedachte vasthouden, of de aanname nu correct is of niet. En als u botsingen voorkomt dankzij de aanname dat uw auto iets ervaart bij aanraking, is het raadzaam zo te blijven denken. We kennen maar één soort handelingen en gewaarwordingen door en door: die van onszelf. Als we die gebruiken voor het spiegelen van de rest van de wereld is dat geen arrogantie, maar het nederige egocentrische lot van iemand die geen andere handelingen en gewaarwordingen kent dan die van hemzelf. Onze meer intellectuele geest kan het resultaat van dat egocentrische spiegelen vervolgens op meer weloverwogen wijze interpreteren.

Dat wij onze gewaarwordingen delen met voorwerpen, zou gekoppeld kunnen zijn aan het belang dat voorwerpen hebben in ons leven en in dat van vele dieren. Als primaten van de ene boom overspringen naar de andere, moeten ze begrijpen wanneer een tak veilig zal doorbuigen en wanneer hij zal breken. Ze zouden natuurlijk op basis van hun herinnering hebben kunnen vaststellen welke takken al eerder hun gewicht hebben gedragen en welke zijn gebroken, maar die kennis berust dan op gebroken ribben of primatenlevens. Een andere mogelijkheid zou zijn om een intuïtief gevoel van torsie en breekpunt te ontwikkelen door de ervaring van het eigen lichaam uit te breiden naar zielloze voorwerpen als boomtakken. Telkens wanneer we onze eigen vingers buigen bouwen we in onszelf een begrip op van pijnloze versus pijnlijke spanning, en soms zelfs van breuk. Die gevoelens worden geprojecteerd op intuïtieve concepten, bijvoorbeeld hoe ver een tak zal doorbuigen voordat hij breekt. In moderner tijden kan diezelfde empathie ertoe leiden dat we te veel van onze waardevolle apparatuur beschadigen, waaronder onze kostbare auto's. De moderne cultuur is bijna niet voorstelbaar zonder een intuïtief gevoel dat je 'spullen' heel moet laten. Misschien zijn gedeelde circuits die zorgen voor empathie met voorwerpen wel evolutionaire bouwstenen geweest die dit vermogen langzaamaan hebben uitgeselecteerd.

We kunnen zelfs overwegen een stap verder te gaan door de relatie te onderzoeken tussen ons gevoel van eigendom en empathie. Ondervinden we meer empathie en activeren we onze somatosensorische cortex meer als we iemand een kras zien maken op onze eigen auto dan wanneer het de auto van iemand anders betreft? Het feit dat noch de robot in ons experiment met handelingen noch de voorwerpen in ons onderzoek naar gewaarwordingen aan de proefpersonen toebehoorden, doet vermoeden dat er ook wanneer we niet het gevoel hebben dat iets van ons is een zekere mate van delen plaatsvindt. Als we het gevoel hebben dat iets ons toebehoort, zal die werking misschien nog versterkt worden, en andersom: misschien zijn we eerder gehecht aan een object als we er sterkere gewaarwordingen mee delen. Maar dat idee moeten we nog uittesten.

Jouw pijn wordt mijn pijn

Terwijl wij het spiegelsysteem voor aanraking bestudeerden, stortte de Duitse psycholoog Tania Singer in Londen zich op het fenomeen waardoor ik grimaste van de pijn toen ik zag hoe Valeria zich in haar vinger sneed.

Later vertelde Tania me, aan het zwembad van een *agriturismo* die we met elkaar hadden gehuurd na een conferentie in Toscane, dat ze simpelweg een advertentie had geplaatst met de tekst '(Echt)paren gezocht voor functional magnetic imaging-onderzoek naar empathie'. De jonge stellen die zich hadden aangemeld werden uitgenodigd voor een eerste bezoek, waarin ze het onderzoek uitlegde. De vrouw zou in een fMRI-scanner liggen, en de partner moest naast haar plaatsnemen. Zowel de man als de vrouw kreeg elektroden op de handen waardoor van tijd tot tijd een elektrisch stroompje zou worden toegediend dat lichte pijn veroorzaakt. Tania maakte de elektroden aan hun handen vast om een indruk te geven van hoe dit voelde. De schok was pijnlijk maar niet ondraaglijk; een soort kneepje. Tijdens het experiment, terwijl de vrouw in de scanner lag, zou ze naar een scherm kijken waarop een pijltje te zien was. Als de pijl naar haar hand wees, kreeg zij een schok: pijnlijk als de pijl donker van kleur was, en niet pijnlijk bij een lichte kleur. Als de pijl naar de hand van haar partner wees, kreeg hij de pijnlijke of niet-pijnlijke stimulus toegediend, maar dat was het enige teken dat hij pijn had. Wanneer de scan eenmaal begonnen was, mochten de deelnemers niet meer verbaal of non-verbaal met elkaar communiceren. Alleen aan de kleur van de pijlen kon de proefpersoon zien of haar partner pijn had.

Tania en haar collega's ontdekten dat de wetenschap dat de partner pijn had activaties veroorzaakte in het voorste deel van de insula en van de *cortex cingularis*. Die activaties leken op de patronen die gezien werden als de proefpersonen zelf pijn ondervonden.[58] Ook hier blijkt weer dat wat anderen overkomt rechtstreeks wordt geprojecteerd op gebieden die te maken hebben met onze eigen ervaringen. Interessant hierbij is dat de locatie van de activatie in de insula van de vrouw opvallend dicht in de buurt lag van de plek waar we activatie hadden gevonden tijdens de beleving en waarneming van walging. Dit zou kunnen betekenen dat de insula een breed scala aan lichamelijke gevoelens vertegenwoordigt, van afkeer van smerig voedsel of juist genot van iets lekkers, tot aan lichamelijke pijn.[51, 58, 59]

Tania was ook de eerste die haar proefpersonen de Davis-schaal liet invullen om de interpersoonlijke verschillen in empathie te meten (zie Appendix). Ze zag dat proefpersonen met de hoogste score op het onderdeel Empathische bezorgdheid ook hun eigen pijngebieden het sterkst activeerden. Dit onderdeel bevat uitspraken als 'Ik zou mezelf omschrijven als behoorlijk teerhartig' of 'Ik heb vaak gevoelens van medeleven en bezorgdheid voor mensen die het minder goed hebben dan ik'.

Is weten even goed als zien?

Vanuit verschillende achtergronden en om verschillende redenen heeft een aantal onderzoekers geprobeerd de neurale basis van empathie te ontgrendelen. Stuk voor stuk en onafhankelijk van elkaar zijn we tot grotendeels gelijkluidende conclusies gekomen: structuren voor de uitvoering van handelingen en voor de beleving van aanraking, walging en pijn worden actief wanneer we zien of weten dat andere personen soortgelijke handelingen uitvoeren of soortgelijke gebeurtenissen ondergaan.

Het belangrijkste verschil tussen de studies was de manier waarop proefpersonen de emoties van andere mensen waarnamen. Bij ons onderzoek naar aanraking en emoties kon de proefpersoon duidelijk zien wat de ander overkwam. Ze zagen benen die met kwasten werden aangeraakt of gezichten die vertrokken van afschuw na het proeven van een glas. In Tania's onderzoek zagen de proefpersonen alleen gekleurde pijltjes naar handen wijzen als teken dat de partner pijn ervoer. De meeste laboratoriumonderzoeken simuleren wat er gebeurt als je rechtstreeks getuige bent van wat er met andere mensen gebeurt, maar bij Tania's onderzoek en bij dat van Mbemba in het vorige hoofdstuk,[64] waar hij mensen onsmakelijke verhalen liet lezen, werd een situatie gesimuleerd waarbij je weet wat iemand anders mee- of doormaakt zonder dat je de gebeurtenis zelf kunt zien, bij wijze van spreken alsof je in een e-mail leest dat je partner zich in de vinger heeft gesneden. Het feit dat in alle gevallen de neurale representatie van je eigen ervaring actief wordt, bevestigt dat er meerdere manieren zijn om gedeelde circuits te activeren. Direct waarnemen wat iemand anders overkomt mag dan de oudste en meest natuurlijke manier zijn om gegevens in dit sociale systeem in te voeren, het kan al genoeg zijn om simpelweg te weten wat iemand anders overkomt – ook dan worden al soortgelijke systemen geactiveerd. Die wetenschap kan worden afgeleid uit wetenschappelijke symbolen of worden verklaard door verbale instructies. Onze empathie, de manier waarop we ervaringen delen, is uitermate flexibel.

Waarom aanraking voelen anders aanvoelt dan
aanraking zien

Dat we ons fysiek onwel voelen als we zien dat onze partner zich in de vinger snijdt geeft duidelijk aan hoe sterk empathie kan zijn. Toch bestaat er nooit verwarring over wie er nu werkelijk is aangeraakt of zich heeft bezeerd. Zoals we eerder hebben gezien wordt slechts een beperkt deel van SII gedeeld tussen de waarneming van aanraking en de beleving van een soortgelijke aanraking. Het grootste deel van de SII lijkt gereserveerd te zijn voor onze eigen gewaarwordingen. Bovendien werd SI bij ons experiment tijdens de aanraking sterk geactiveerd, en slechts zwak tijdens de waarneming van aanraking. Deze verschillen verklaren misschien waarom het zien en de eigen beleving van aanraking zo anders aanvoelen. Het zicht activeert maar een klein aantal neuronen die bij onze belevingen betrokken zijn.

Sarah-Jayne Blakemore was geïntrigeerd door het bestaan van een gedeeld circuit voor aanraking, en naar verluidt besprak ze de mogelijke gevolgen van een spiegelsysteem voor aanraking op een kleine bijeenkomst in Londen. 'Wanneer we zien dat iemand wordt aangeraakt, begrijpen we intuïtief dat die persoon aanraking ervaart. Het blijkt dat ons somatosensorische systeem dan wordt geactiveerd "alsof" we zelf worden aangeraakt,' legde ze uit. Een collega-onderzoeker keek haar verbaasd aan. 'Hoezo, "alsof" of "begrijpen"? Die aanraking voel ik wel degelijk op mijn eigen huid!' Sarah-Jayne had geen idee hoe ze die opmerking moest opvatten, maar na de bespreking raakte ze ervan overtuigd dat de plaatsvervangende beleving van aanraking van deze vrouw iets unieks was.

Om haar anonimiteit te waarborgen heeft Sarah-Jayne het over 'C', maar laten we haar Deanna noemen. Wanneer Deanna ziet dat anderen worden aangeraakt, ervaart zijzelf die aanraking op een rechtstreekse en tactiele manier, met name in het gezicht. Bij ons allemaal wordt bij het zien van aanraking een aanrakingssimulatie geactiveerd die zwakker is dan de echte beleving. Het leek er echter op dat deze simulatie voor Deanna zo sterk was dat ze verwarrend echt overkwam. Sarah-Jayne onderzocht deze mogelijkheid met behulp van fMRI. Tijdens het meten van Deanna's hersenactiviteit raakte ze haar lichaam aan en liet ze haar filmpjes zien van andere mensen die werden aangeraakt. Daarna voerde ze hetzelfde experiment uit met twaalf vrijwilligers die net als de meesten van ons meldden geen echte tactiele waarneming te hebben als ze keken naar aanrakingen. Vervolgens vergeleek ze de pieken en dalen van de activaties in Deanna's somatosensorische gebieden met die van de vrijwilligers. Deanna vertoonde zowel in SI als in SII veel sterkere activaties tijdens het zien van aanraking, zodat de aanblik van iemand anders die werd aangeraakt bijna even tactiel was als wanneer ze zelf werd aangeraakt. De normale dissociatie tussen werkelijkheid en de simulatie van die werkelijkheid was verdwenen. Omdat de activiteit in zowel haar SII als haar SI sterker was dan die van de controlegroep, valt moeilijk te zeggen welk van deze twee gebieden verantwoordelijk was voor het verschil in waarneming. Misschien is het zelfs zo dat er uitgebreidere en sterkere activiteit in beide gebieden nodig is om waargenomen aanraking zo echt te laten aanvoelen.

De belangrijkste conclusie van Sarah-Jaynes voorbeeld is dat de normale verschillen tussen zien wat anderen overkomt en onze eigen beleving kunnen vervagen als de simulatie uitzonderlijk sterk is. Voor de meesten van ons heeft de evolutie een rem gezet op deze spiegelsystemen. De variaties tussen de proefpersonen in het onderzoek vielen binnen een bereik dat aangaf dat ze duidelijke verschillen ervoeren tussen zien en zelf voelen. Interessant is dat mensen die net als Deanna niet zeker weten wie er wordt aangeraakt als ze anderen aangeraakt zien worden, volgens de Davistest empathischer blijken te zijn dan mensen die dat onderscheid goed kunnen maken.[68] Dat versterkt het vermoeden dat het activeren van de eigen representatie van aanraking als je ziet dat anderen worden aangeraakt inderdaad wel eens de toegangspoort tot de empathie kan zijn. Precies aan het andere uiteinde van dit continuüm vinden we koelbloedige moordenaars.

Mannen voelen alleen empathie met eerlijke mensen,
vrouwen niet

Tot nu toe hebben we laten zien dat gedeelde circuits spontaan actief worden als we zien wat andere mensen ervaren; of we die anderen nu kennen, zoals in Tania's onderzoek, of niet, zoals in het onze. Tania vroeg zich echter af wat er zou gebeuren als je een bijzonder stuitend persoon tegenkwam, en die persoon even later pijn zag lijden? Stel dat die persoon je oneerlijk had bejegend?

Nog steeds aan de rand van datzelfde zwembad in Toscane vertelde ze dat ze proefpersonen in hun eentje naar de scanner had laten komen voor een tweede experiment met pijn. Daar kwamen ze twee acteurs tegen die zich voordeden als proefpersonen, net als zijzelf. Voorafgaand aan de scansessie speelden de proefpersoon en de twee acteurs een spelletje, het zogenaamde Gevangenisdilemma.* Dit spel is ontleend aan de experimentele economie, waar het gebruikt is om samenwerking te bestuderen. De regels zijn complex, maar het idee is simpel. Een speler kan geld toevertrouwen aan een tweede speler, en die tweede speler kan ofwel eerlijk zijn en een deel van het geld teruggeven aan de eerste speler, ofwel hij kan oneerlijk doen en het hele bedrag zelf houden. Wat voor Tania's experiment van belang was is dat spelers behoorlijk emotioneel raken in dit spel. Als de tweede speler u herhaaldelijk een smak geld teruggeeft, zult u op hem gesteld raken. Houdt hij herhaaldelijk het hele bedrag dat u hem hebt toevertrouwd in eigen zak, dan vat u antipathie jegens hem op.

De man/vrouwverdeling van het totaal aantal proefpersonen was 50:50. Voor de helft van de vrouwelijke proefpersonen waren beide acteurs mannen, voor de andere helft waren het twee vrouwen. Hetzelfde gold voor de mannen. Deelnemers dachten dat ze voor twee volslagen afzonderlijke experimenten kwamen. Bij het eerste experiment speelde de proefpersoon een reeks 'Gevangenisdilemmaspelletjes' met de twee acteurs. Een van de twee acteurs, de 'goede', gaf vol-

---

* Dit spel heet naar de oorspronkelijke versie ervan, het gevangenisspel. Twee collega's zijn zojuist veroordeeld wegens een misdrijf. Ze zitten in isoleercellen en beiden krijgen een deal aangeboden: als A getuigt tegen B maar B niet tegen A, wordt A in vrijheid gesteld en krijgt B tien jaar. Als ze geen van beiden praten, krijgen beiden zes maanden wegens gebrek aan bewijs (samenwerking), en als beiden getuigen, krijgen beiden vijf jaar. De uitdaging zit 'm erin dat de veroordeelden moeten beslissen zonder te weten of de collega zal praten.

gens een vooraf bepaald script steevast grote bedragen terug aan de proefpersoon. De andere acteur, de 'slechte', speelde oneerlijk en gaf weinig of geen geld terug aan de proefpersoon. Na het spel waren proefpersonen inderdaad redelijk emotioneel en beoordeelden ze de Goede acteur als vriendelijk en aantrekkelijk en de Slechte als onvriendelijk en zelfs onaantrekkelijk.

Vervolgens vertelde Tania de proefpersonen dat het tijd was voor een heel ander experiment, ditmaal in de fMRI-scanner.[69] Ze bracht kleine elektroden aan op de hand van de proefpersoon, op de hand van de Goede en die van de Slechte acteur, vrijwel net zo als ze met de partners in haar eerste experiment had gedaan. De proefpersoon ging de scanner weer in en pijltjes op het scherm vertelden wie van de drie op een bepaald moment een pijnlijk of pijnloos schokje zou krijgen.

De proefnemingen waarbij de deelnemers zelf een stroomstootje kregen gebruikte ze om de zogenoemde 'pijnmatrix' te lokaliseren: de gebieden die betrokken zijn bij de ervaring van pijn. De proefpersonen hadden zowel de Goede als de Slechte acteur pijnlijke schokken zien krijgen, en binnen de pijnmatrix kon Tania het verschil in de waarneming van pijn bij de Goede en de Slechte acteur meten. Bij de zestien vrouwen reageerden het voorste deel van de cortex cingularis en de insula sterk tijdens zowel de ervaring van pijn als de proeven waarbij de acteurs een stroomstoot kregen. Ook was er bijna geen verschil tussen de proeven waarbij de Goede en de Slechte acteur pijnlijke schokken kregen. Bij de mannen echter lag de situatie heel anders. De mannen activeerden hun pijngebieden als ze wisten dat de Goede acteur een schok kreeg. De pieken van dit empathische delen waren even hoog als bij de vrouwelijke proefpersonen. Als de mannen daarentegen wisten dat de Slechte acteur een schok kreeg, werd hun pijnmatrix niet geactiveerd. In tegenstelling tot de vrouwen leken de mannen zich niet druk te maken om het lot van oneerlijke mensen. Sterker nog: bij de mannen was zelfs een hersengebied actief dat een rol speelt bij de verwerking van beloning. Het leek wel of ze plezier beleefden aan het feit dat de Slechterik gestraft werd!

Wat dit onderzoek met name zo belangrijk maakt is dat het onze aandacht richt op twee belangrijke aspecten van empathie. Ten eerste laat het zien dat activaties in gedeelde circuits spontaan kunnen ontstaan, maar dat ze kunnen worden genuanceerd door de gevoelens van mensen ten opzichte van elkaar. Ten tweede toont het aan dat de gedeelde circuits bij mannen en vrouwen worden beïnvloed door geheel verschillende factoren.

Voor een oorlogsverklaring moet de empathie omlaag

Zulke verschillen in het vermogen of de tendens om empathie te nuanceren kunnen met name bij conflicten als oorlogen van groot belang zijn. De meeste landen sturen voornamelijk mannen naar oorlogsgebieden, geen vrouwen. De duale strategie van de gemiddelde man, namelijk meeleven met vrienden maar niet met vijanden, komt bijzonder goed van pas in tijden van oorlog. Het vermogen de pijn van een vijand niet te delen maakt de soldatenplicht om die te doden draaglijker, en een gevoel van empathie voor ploeggenoten versterkt de legerstructuur. Verliezen aan de zijde van de tegenstander zijn acceptabel, terwijl die aan de eigen zijde van de soldaat pijnlijk zijn en het verlangen naar wraak nog verder aanwakkeren.

Bij vrouwen ligt de situatie heel anders. Pijn, ook als dat pijn bij de tegenstander is, roept geen gevoel van beloning maar van gedeelde pijn op. Dit betekent natuurlijk niet dat vrouwelijke soldaten niet in staat zouden zijn hun tegenstanders te doden, maar dat ze daar waarschijnlijk zelf zwaarder onder zouden lijden dan mannen. Ook is het wegens hun vermogen om pijn te delen met tegenstanders moeilijker voor vrouwen om het zwart-witbeeld 'wij tegen hen' te accepteren dat van cruciaal belang is in een oorlog. Al deze conclusies liggen ver af van Tania's laboratoriumexperiment, maar meer rechtstreeks onderzoek onder soldaten kan belangrijke inzichten leveren inzake de man-vrouwverschillen in de psychologische verdedigingsmechanismen die hen in stelling moeten brengen voordat ze hun zware plicht kunnen vervullen.

Velen van ons zijn opgegroeid in een cultuur waarin het niet politiek correct is om verschillen te zien tussen man en vrouw. Het centrale dogma daarbij is: 'We zijn allemaal mensen, en er mag geen verschil zijn'. In de jaren tachtig bestudeerde de Amerikaanse feminist en filosoof Carol Gilligan van New York University de kans dat de geslachten eventueel wél fundamenteel verschillen als het gaat om de grondslag van hun ethisch besef. Ze onderzocht de manier waarop vrouwen en mannen ethische beslissingen nemen. Een klassiek voorbeeld is het dilemma van Heinz en de apotheker. Mr. Heinz' vrouw is doodziek en het enige middel dat haar leven kan sparen is peperduur. De apotheker is niet bereid zijn prijs te verlagen zodat Mr. Heinz het middel kan kopen om het leven van zijn vrouw te redden. Wat moet Mr. Heinz? En belangrijker nog: waarom? Leg je mannen waar dan ook ter wereld dit soort dilemma's voor, dan rechtvaardigen ze hun beslissing (het geneesmiddel al dan niet stelen) in abstracte termen door de waarde van het sparen van levens te vergelijken met de waarde van het respect voor andermans eigendom. Vrouwen redeneerden vaker in termen van hoe de beslissing van invloed zou zijn op de persoonlijke en emotionele banden tussen mensen. Het leek wel of mannen en vrouwen naar subtiel verschillende innerlijke stemmen hadden geluisterd.[70] Voor vrouwen werden de beslissingen gemotiveerd door hun zorg om anderen, terwijl bij mannen het abstracter gevoel van rechtvaardigheid de drijfveer was. Dit standpunt was en is omstreden, omdat veel feministen vreesden dat Gilligans opvatting het cliché van de lieve, zorgzame moeder met daartegenover de wijze, rechtvaardige vader nieuw leven inblies. Door Tania's bevinding dat eerlijkheid van invloed is op gedeelde circuits bij mannen maar niet bij vrouwen worden Gilligans theorieën plotseling opvallend modern; dit experiment kon wel eens de neurale grondslag zijn voor het verschil in 'innerlijke stemmen'. Tania's experimenten en die van een stijgend aantal onderzoekers wijzen er steeds meer op dat er inderdaad verschillen zijn tussen het mannelijke en het vrouwelijke brein. De vraag is alleen waarom dat zo is.

Hoe het sociale leven van onze voorouders eruitzag is moeilijk na te gaan, maar hedendaagse samenlevingen van jagers-verzamelaars worden vaak gezien als de beste benadering van het dagelijks leven tijdens eerdere fasen in onze evolutie. In dergelijke culturen bestaan duidelijke rolverschillen tussen man en vrouw, en krijgen mannen te maken met situaties waarin empathie geen goede eigenschap is. Tijdens de jacht en bij militaire activiteiten gericht op andere stammen kan empathie een storende factor zijn, maar tijdens een gezamenlijke jacht en bij de sociale activiteiten binnen de eigen stam is empathie belangrijk. Voor mannen is een duale strategie, waarin empathie kán bestaan maar niet noodzakelijkerwijs aanwezig is, de beste. Intussen houden vrouwen in dergelijke culturen zich meestal niet bezig met de gewelddadige activiteiten van oorlog en jacht, maar zorgen zij voor de kinderen, de zieken en de ouderen, en voorzien ze het gezin van voedsel door noten, vruchten en groenten te verzamelen. Zij hoeven hun empathie dus niet zo sterk af te remmen. Na een evolutie van miljoenen jaren in dit soort situaties zijn dergelijke verschillen tussen man en vrouw wellicht diep ingebed in de genetische structuur van onze hersenen. Wel is het belangrijk op te merken dat deze verschillen tussen de geslachten niet simpelweg een kwestie zijn van mate van empathie; er zijn weliswaar kleine verschillen in de gemiddelde empathie,[14] maar de meeste mannen zijn even empathisch als de meeste vrouwen. Het verschil ligt in de situatiegebonden factoren die empathie moduleren. We zijn net begonnen met onderzoek naar empathie in de vrouwelijke hersenen en er valt nog veel te ontdekken, maar het lijdt geen twijfel dat er inderdaad variaties in empathie bestaan.

Dergelijke verschillen houden niet in dat mannen en vrouwen verschillende soorten banen zouden moeten hebben. Bij het nemen van beslissingen vormen intellectuele vermogens een aanvulling op de empathische mechanismen die we tot nu toe hebben genoemd. Een man zal bijvoorbeeld de pijn van een oneerlijke tegenstander minder voelen dan een vrouw, maar desalniettemin kan hij besluiten de oneerlijke tegenstander geen pijn te doen; alleen doet hij dat dan vanuit de intellectuele overtuiging dat het verkeerd is om anderen leed te berokkenen. Zo kan een vrouw misschien pijn delen met een oneerlijke tegenstander maar deze toch straffen omdat hij een ongehoorzaam kind is dat gestraft moet worden, of een misdadiger die moet worden veroordeeld.

Hoewel neurale verschillen ons niet kunnen vertellen wie wat zou moeten doen, kunnen ze ons wel inzicht geven in het innerlijk leven van man en vrouw. En dat inzicht kan gebruikt worden voor een betere vakopleiding. Het negeren van psychologische verschillen tussen de seksen bij vakopleidingen is even absurd als het negeren van anatomische verschillen in de mode-industrie. Zowel mannen als vrouwen kunnen er geweldig uitzien in spijkerbroek; maar als die broek gemaakt is in een fabriek waar rekening wordt gehouden met bepaalde anatomische verschillen zit hij een heel stuk lekkerder.

Ik voel jou bewegen

In 2008, toen we opnieuw zaten te kijken naar gegevens die we in 2006 hadden verkregen, maakte Valeria me attent op een intrigerend feit. Onze proefpersonen, onder wie Joyce, hadden in de scanner voorwerpen betast, en gekeken naar anderen die voorwerpen betastten. Tot nu toe hadden we gekeken naar die gebieden in de premotor- en pariëtaalcortex die te maken hebben met het programmeren van de eigen handelingen van de persoon, en die ook actief zijn tijdens het kijken naar anderen. Waar ik nooit op gelet had was dat de activiteit in de pariëtaalcortex tijdens het bekijken van andermans handelingen in voorwaartse richting doorliep tot in het achterdeel van de primaire somatosensorische cortex.[71] Dit gebied heeft niets te maken met het programmeren van de eigen handelingen van de persoon, maar met het voelen van bewegingen en de aanraking van voorwerpen. We gingen systematisch op zoek in alle andere fMRIstudies die tot nu toe gepubliceerd waren met proefpersonen die ten eerste zelf handelingen verrichtten en ten tweede anderen handelingen zagen verrichten. We zagen dat bij alle verslagen voor beide condities activiteit werd gemeld in dit deel van de somatosensorische cortex – maar vreemd genoeg had niemand commentaar geleverd op dit aspect van de resultaten. Het feit dat een en hetzelfde somatosensorische gebied actief was bij het zien en het uitvoeren van handbewegingen deed ons vermoeden dat de hersenen van de proefpersoon niet alleen motorgebieden activeert alsof de proefpersoon zelf soortgelijke bewegingen programmeert, maar ook somatosensorische gebieden, alsof ze de bewegingen en aanrakingen van het voorwerp in haar lichaam voelt. Motorische en somatosensorische simulatie zijn geen afzonderlijke processen, maar lijken hand in hand te gaan wanneer we naar handelingen kijken. Het is echter waarschijnlijk dat de twee vormen van simulatie ons verschillende maar aanvullende inzichten geven in wat anderen doen. Motorische simulatie zou perfect geschikt zijn om ons het gevoel te geven van andermans bedoelingen zodat we kunnen raden wat ze dadelijk gaan doen, want ons hele motorsysteem is gericht op bedoelingen en op het programmeren van de toekomst. Somatosensorische simulatie daarentegen kan ons inzicht geven in hoe het zou voelen om de waargenomen handeling zelf uit te voeren: is dat voorwerp te zwaar om op te tillen? Is het een overbelasting voor ons lichaam of voelt het juist goed?[72]

Samenvatting

Toen spiegelneuronen werden ontdekt, reageerden de meeste mensen sceptisch. Neuronen die zowel vuren wanneer mensen zelf iets doen en wanneer ze een ander datzelfde zien doen, passen niet in het beeld van een brein waarbinnen waarneming van de wereld plaatsvond via een reeks hersengebieden die volledig gescheiden waren van de gebieden die de eigen handelingen van het organisme programmeerden. In de loop van de jaren hebben de bewijzen voor het bestaan van spiegelneuronen zich opgestapeld en is ons beeld van de hersenen dienovereenkomstig gewijzigd: we zien het nu als een meer geïntegreerd systeem dat de handelingen van anderen verwerkt met diezelfde gebieden die worden geactiveerd als we onze eigen bewegingen programmeren.

Aanvankelijk bleef deze nieuwe opvatting over de hersenen beperkt tot het motorsysteem, maar in de loop van de afgelopen paar jaar is dat uitgebreid. Eerst bleken de emoties van anderen te worden verwerkt door middel van gedeelde circuits en gesimuleerd door het activeren van soortgelijke gezichtsmotorprogramma's en onderbuikemoties. Ten tweede lijken ook de tactiele gewaarwordingen van anderen te worden verwerkt via gedeelde circuits, zowel bij simpele aanraking als wanneer we hen zien bewegen. In het licht van het bewijs dat één enkel principe zo veel verschillende gebieden van sociale cognitie kan verklaren, lijdt het geen twijfel dat we een waarachtig fundamenteel principe van de hersenarchitectuur hebben ontdekt.[52, 53]

8

Leren delen

Gedeelde circuits lijken overal aanwezig te zijn: we activeren onze eigen handelingen, gewaarwordingen en emoties wanneer we de handelingen, gewaarwordingen en emoties van anderen zien. Dit roept de simpele maar cruciale vraag op: hoe ontstaan spiegelneuronen? En die vraag leidt weer tot de kwestie hoe één enkel neuron kan reageren op drie dingen die fysiek heel weinig gemeen hebben: de samentrekkingen van onze spieren als we een handeling uitvoeren, de fotonen die onze ogen treffen als we zien dat een soortgelijke handeling wordt uitgevoerd, en de drukgolven van het geluid als we deze handeling horen.

De geloofwaardigheid van een neurowetenschappelijke verklaring voor sociale cognitie op basis van gedeelde circuits staat of valt met ons vermogen een aannemelijke verklaring te geven voor de manier waarop zulke gedeelde circuits ontstaan zouden kunnen zijn. In dit hoofdstuk duiken we de microkosmos van synaptische verbindingen in en bieden we zo'n verklaring op basis van iets wat 'Hebbiaans leren' heet. Dit hoofdstuk bevat meer details over de werking van de hersenen dan de meeste voorgaande hoofdstukken, maar ik vraag u om uw geduld. Aan het eind van dit verhaal zult u het gevoel hebben dat gedeelde circuits niets magisch hebben maar dat ze in feite een bijna onvermijdelijk gevolg van onze biologie zijn.

Hebb: hoe de hersenen leren associëren

Donald Hebb (1904-1985) was een Canadese psycholoog en neurowetenschapper die een tijd lang heeft samengewerkt met neurochirurg Wilder Penfield in Montreal. We hebben al eerder gezien dat Wilder Penfield patiënten met epilepsie behandelde door die delen van de hersenen weg te halen waardoor epileptische toevallen leken te worden veroorzaakt. Penfield had Donald Hebb in dienst genomen om na de operatie de psyche van de patiënten te onderzoeken. Hij vroeg zich af of bepaalde functies werden verstoord bij verwijdering van bepaalde hersendelen.

Hebb merkte dat jonge kinderen opvallend goed herstelden; ook als Penfield grote hoeveelheden hersenweefsel wegnam ontwikkelden ze relatief normale mentale vermogens. Haalde je vergelijkbare hoeveelheden weg uit het volwassen brein, dan had dat rampzalige gevolgen. Die ontdekking hield hem zeer bezig. Er was kennelijk een spectaculair verschil tussen patiënten in verschillende leeftijdscategorieën: als je dit soort operaties uitvoerde bij jongere patiënten waren de gevolgen in meer of mindere mate herstelbaar, bij ouderen waren de consequenties veel ernstiger. Hij begon onderzoek te doen en kreeg het vermoeden dat onze intellectuele vermogens niet onherroepelijk zijn gekoppeld aan een bepaald hersengebied. Wat er waarschijnlijk gebeurt is dat ervaringen in onze kindertijd bepaalde hersengebieden 'vormen' voor bepaalde functies. Als dat weefsel wordt weggehaald voordat het leerproces zich heeft voltrokken, kan het proces ergens anders plaatsvinden. Wordt het hersenweefsel verwijderd nadat de betreffende functies zijn aangeleerd, dan lopen de intellectuele vermogens gevaar. In zeker opzicht lijken de hersenen op een sportteam. Een groep kinderen zonder bepaalde vaardigheden meldt zich aan. De coach traint ze, en bereidt iedere speler voor op een bepaalde rol: die van aanvaller, verdediger enzovoort. Als een speler in een vroeg stadium van de training het team verlaat, zal het team zich verder ontwikkelen zonder uitgesproken zwakke plekken in aanval of verdediging. Als diezelfde speler echter in een veel later stadium wordt weggehaald, loopt de positie waarvoor hij is opgeleid gevaar. In de loop van de jaren kwam Hebb tot het besef dat de belangrijkste vraag als volgt luidt: hoe wordt de functie van een hersengebied bepaald door ervaring? Op zoek naar het antwoord op die vraag moest hij er precies achter komen wat er tijdens een leerproces in de hersenen gebeurt.

Rond die tijd was net, in een vloedgolf van wetenschappelijke ontdekkingen, een aantal belangrijke kenmerken van de hersenen ontdekt. De Spaanse neurofysioloog Santiago Ramon y Cajal had in 1906 de Nobelprijs gekregen voor zijn ontdekking dat de hersenen niet bestaan uit één enkel netwerk (*reticulum*) dat wordt gevormd door alle neuronen aan elkaar te knopen, maar uit afzonderlijke, individuele neuronen die informatie uitwisselen via synapsen. In 1932 had Edgar Adrian een Nobelprijs gekregen voor zijn ontdekking dat neuronen een alles-of-niets elektrische activiteit hebben, een zogeheten actiepotentiaal, en dat de frequentie van die ontladingen de intensiteit van een stimulus weergeeft. Dit had hij ontdekt door middel van opnamen van afzonderlijke cellen. Ook ontwikkelde hij de hypothese dat synapsen kunnen variëren in efficiency: als neuron 1 via een bepaald aantal synapsen is gekoppeld aan neuron 2, kan de activiteit in neuron 1 een sterke invloed hebben op neuron 2 als de synapsen sterk zijn. Zijn de synapsen zwak, dan zal die invloed kleiner zijn. Daarnaast heerste de overtuiging dat het aantal synapsen in de hersenen veel groter is dan het aantal neuronen en dat in principe waarschijnlijk tussen ieder neuronenpaar verbindingen bestaan.

Adrians kijk op de fysiologie van de hersenen vormde de grondslag voor Hebbs theorie. Parallel hiermee hadden de behavioristen, onder wie de Russische psycholoog en fysioloog Ivan Pavlov en de Amerikaanse psycholoog Burrhus Skinner, een doorbraak bewerkstelligd in de psychologie door ons lerend vermogen op te delen in twee onderdelen die ze beide grondig hadden bestudeerd. Deze twee onderscheiden elementen waren ten eerste de klassieke conditionering, dat wil zeggen ons vermogen om twee stimuli met elkaar te verbinden, en ten tweede de operante conditionering, dat wil zeggen via negatieve en positieve versterking leren bepaalde stimuli te verbinden aan bepaalde handelingen. Een beroemd voorbeeld van klassieke conditionering is Pavlovs hond, die leerde de bel die hij voor iedere maaltijd hoorde te koppelen aan het eten op zich. Een voorbeeld van operante conditionering is wanneer u leert uw paraplu open te klappen (gedrag) wanneer het regent (stimulus), omdat u door die paraplu te openen voorkomt dat u doorweekt raakt (negatieve bekrachtiger, dat wil zeggen, het verwijderen van een onaangename stimulus). In de context van dergelijke vooruitgang in de fysiologie en de psychologie was de tijd rijp: iemand moest de kloof dichten tussen de nieuwe kennis van de hersenarchitectuur enerzijds, en de wetmatigheden van het leerproces zoals de behavioristen die hadden beschreven anderzijds.

Na veel nadenken kwam Hebb tot een verbijsterend simpele maar ijzersterke theorie die hij in 1949 publiceerde in zijn boek *The organization of behavior*.[73] Hierin stelde hij dat de hersenfunctie plaatsvindt op twee verschillende niveaus, waartussen een causaal verband bestaat: ten eerste een tijdelijk patroon van activiteit, en ten tweede een blijvend geheugenspoor. Een analogie met de looppatronen van schapen kan dit verschil aanschouwelijk maken. Stel: een berglandschap met vier grazige weiden, genaamd A, B, C en D. Een kudde schapen loopt van A naar B naar C en terug naar A. Ze gaan niet door naar D – om redenen die niet belangrijk zijn voor ons. Door hun trektocht, linksboven in Figuur 5, zijn de planten langs hun pad iets platgetrapt, waardoor het begin van een pad ontstaat (rechtsboven in Figuur 5). Het interessante hieraan is dat dit pad is ontstaan door de route die de schapen kozen, terwijl het nieuw gevormde pad, dat makkelijker begaanbaar is dan het overgroeide veld aan weerszijden, meteen ook een uitnodiging inhoudt voor de schapen om voortaan juist dáár te lopen. De eerstvolgende keer dat de kudde op pad gaat zullen de dieren waarschijnlijk ditzelfde pad kiezen, omdat het daar makkelijker loopt. Het pad wordt daarop nog duidelijker zichtbaar, waardoor de kans nog groter wordt dat ze in de toekomst die route zullen kiezen. We kunnen de looppatronen dus op twee niveaus beschrijven: een tijdelijke beschrijving van hoe ze deze week lopen (links), en een duurzamer, structureler beschrijving van de sporen die in dat deel van het berglandschap zichtbaar zijn (rechts), waartussen een wederzijds causaal verband bestaat.

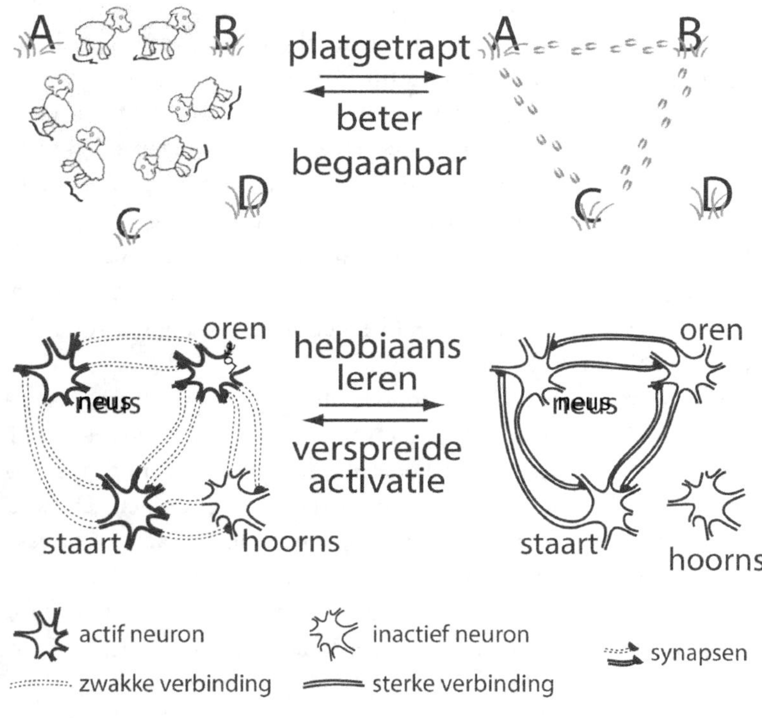

FIGUUR 5: Als schapen over een pad lopen van A->B->C->A, zonder D aan te doen (linksboven), maken ze een duurzaam spoor van platgetrapte planten (rechtsboven), waardoor ze voortaan makkelijker diezelfde route zullen bewandelen. Iets vergelijkbaars gebeurt als we een hond zien: onze neuronen voor oor, neus en staart worden actief (weergegeven als een bliksemschichtje in de neuronen), terwijl onze neuronen voor hoorns niet vuren (rechtsonder). Daardoor wordt het in de toekomst makkelijker een identiek patroon van hersenactiviteit op te roepen.

Hebb stelde dat in de hersenen misschien iets vergelijkbaars plaatsvindt. Wanneer we voor het eerst een hond zien, wordt een aantal visuele neuronen tegelijk actief, die diverse trekken van de hond voorstellen: oren, neus, staart enzovoort. Andere neuronen, die trekken vertegenwoordigen die niet aanwezig zijn in een hond, zoals wielen, blijven passief (linksonder in Figuur 5), en zo vormen we een tijdelijke regel voor de onderdelen van een hond. Hebb gaat ervan uit dat al deze neuronen bij onze geboorte op relatief willekeurige wijze met elkaar verbonden zijn, maar dat 'neuronen die samen vuren, samen verbonden zijn – *If neurons fire together they wire together*'.* Bij het zien van de hond vuren de neuronen die reageren op de oren, neus en staart tegelijkertijd, terwijl de neuronen voor wielen niet vuren (Figuur 5 linksonder); daardoor worden de voorheen zwakke verbindingen tussen deze neuronen versterkt. De neuronen voor wielen gaan geen deel uitmaken van dit versterkte verbindingspatroon (Figuur 5, rechtsonder).

Wanneer we heel vaak een hond hebben gezien, worden de synaptische verbindingen tussen de neuronen voor verschillende aspecten van de hond zo sterk dat de hersenen nu een duurzaam geheugenspoor voor de hond bevatten. Zien we plotseling een neus en twee puntoren achter een muur opduiken, dan nemen we aan dat de rest van de hond achter die muur verstopt zit, want de activiteit in de neuronen voor neus en oren verspreidt zich via de versterkte verbindingen naar de staartneuronen, waardoor ons mentale beeld van de hond wordt aangevuld.

De Hebbiaanse regel 'Neurons that fire together wire together' is een ware triomf voor de neurowetenschap, want hiermee worden complexe psychologische verschijnselen als klassieke conditionering en patroonherkenning verklaard vanuit een mechanistisch, lokaal perspectief. De neuronen die de neus en de staart vertegenwoordigen worden met elkaar verbonden zonder dat daar verdere kennis omtrent honden voor nodig is. Het simpele feit dat deze twee neuronen herhaaldelijk samen vuren verklaart het ontstaan van een asso-

* Dit zijn niet letterlijk Hebbs woorden. Hebb formuleerde het als volgt: 'Wanneer een axon van cel A voldoende dichtbij is om cel B te prikkelen en herhaalde malen of consequent deelneemt aan het vuren van B, zal in een of beide cellen een groeiproces of metabolische verandering plaatsvinden waardoor de doeltreffendheid van A als een van de cellen die zorgen voor het vuren van B wordt verhoogd.'

ciatie tussen neus en staart. Hebbs regel vormde de eerste overtuigende fysiologisch geïnspireerde theorie ter verklaring van de klassieke conditioneringsverschijnselen die de behavioristische psychologen hadden ontsluierd.

Nu, ruim zestig jaar na het verschijnen van Hebbs boek, beschikken we over meer dan overtuigend bewijs dat Hebb het bij het rechte eind had. Er zijn, verspreid over het hele zenuwstelsel, neuronen gevonden die hun synaptische verbinding vergroten als het presynaptische neuron, dat wil zeggen het neuron dat het signaal via deze synaps verstuurt, vuurt vlak vóór of gelijk met het postsynaptische neuron dat door andere neuronen is geactiveerd.[74] Moleculair bioloog Gunther Stent van de University of California in Berkeley heeft Hebbs oorspronkelijke regel over het leren uitgebreid met de stelling dat neuronen niet alleen samen bedraad zijn als er een positieve correlatie tussen hun momenten van vuren is (dus als ze vaak samen vuren), maar dat er minder verbindingen zijn bij negatieve correlatie (dat wil zeggen, als neuron A vuurt is het onwaarschijnlijk dat neuron B zal vuren en omgekeerd).[75] In ons voorbeeld van de hond zullen neuronen voor wielen vaker vuren als er geen neus of staart aanwezig is dan als dat wel zo is; daardoor ontstaat een negatieve correlatie die er op haar beurt voor zorgt dat er minder synapsen zullen zijn tussen wielneuronen enerzijds en staart- en neusneuronen anderzijds.

Hebb heeft ons laten zien hoe schitterend de complexe organisatie van gedrag te verklaren kan zijn door middel van simpele wetten die de interactie regelen tussen de neuronen waaruit onze hersenen bestaan.

Hoe spiegelneuronen ontstaan door associaties in de hersenen

In eerdere hoofdstukken hebben we het gehad over de eigenschappen van het spiegelsysteem voor handelingen; voor de makaak komt het erop neer dat spiegelneuronen te vinden zijn op minstens drie onderling verbonden plekken in de hersenen: de visuele temporaalkwab, het achterste deel van de pariëtaalkwab en de premotorcortex (zie diagram).[76] Neuronen in de visuele cortex reageren op de aanblik van andermans lichaamsbewegingen; neuronen in het achterste deel van de pariëtaalkwab reageren zowel wanneer de aap een bepaalde handeling uitvoert als wanneer de aap iemand anders een soortgelijke handeling ziet uitvoeren; en neuronen in de premotorcortex zijn verantwoordelijk voor het uitvoeren van doelgerichte handelingen, terwijl circa 10 tot 20 procent van deze neuronen ook reageert wanneer de apen soortgelijke handelingen zien of horen.[39, 40] De visuele cortex is niet rechtstreeks verbonden met de premotorcortex, maar is tweezijdig verbonden met de pariëtaalkwab, die op haar beurt tweezijdige verbindingen heeft met de premotorcortex.

Willen we het spiegelsysteem ontraadselen, dan moeten we doorgronden hoe de verbindingen tussen neuronen die selectief zijn voor dezelfde handelingen in deze drie hersengebieden versterkt worden, en hoe de kruiselingse verbanden tussen neuronen met verschillende selectiviteit worden verwijderd.

Eigen handelingen koppelen aan die van anderen

Bezien in het licht van Hebbiaans leren is dit misschien niet zo'n groot raadsel als het lijkt.[76, 77] Wanneer een organisme zijn eigen handelingen waarneemt, doet zich in de hersenen een aparte situatie voor. Activiteit in de premotorneuronen die de handeling veroorzaken wordt gesynchroniseerd met de activiteit van neuronen in de zintuiglijke gebieden die reageren op het geluid of het zien van de handeling, want het organisme ziet het eigen lichaam bewegen en hoort het geluid van de eigen handelingen. In ons diagram van het spiegelsysteem betekent dit dat neuronen in de visuele cortex gelijktijdig gaan vuren met neuronen in de pariëtaalkwab en met de premotorneuronen die diezelfde handeling vertegenwoordigen.

In Figuur 6 is te zien hoe Hebbiaans leren vervolgens kan leiden tot de selectieve bedrading die nodig is om het spiegelsysteem te laten

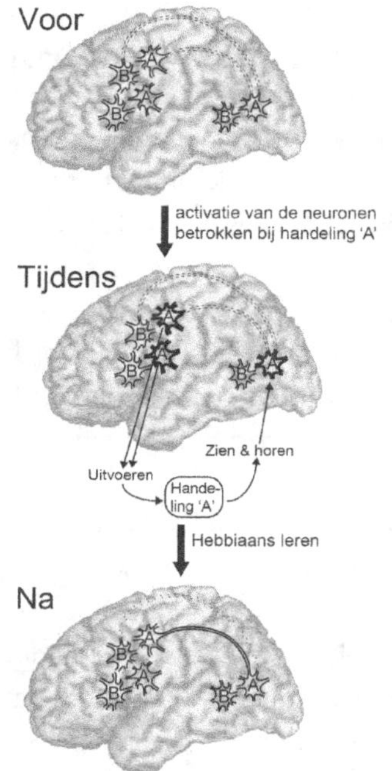

FIGUUR 6: Als handeling 'A' nog nooit is uitgevoerd, zijn de verbindingen tussen sensorische neuronen A in de temporaalkwab en motorneuronen A en B in de premotorcortex even zwak. Wanneer we handeling A uitvoeren, zien we wat we aan het doen zijn en worden sensorische neuronen A dus actief (dikkere lijnen), terwijl op datzelfde moment neuronen A in de premotorcortex actief worden. Nadien is de verbinding tussen de neuronen A en A sterker dan die tussen de neuronen A en B, want *What fires together, wires together.*

werken. Laten we ons vier neuronen indenken in de premotorcortex van een baby. Twee hiervan hebben het opschrift A, omdat zij actief zijn tijdens handeling A, en twee zijn gelabeld B, omdat deze actief worden bij handeling B. Het geluid en het zicht van handeling A zullen nu die neuronen in de temporaalkwab prikkelen die toevallig meer op A reageren dan op B, en die dus met A zijn aangegeven in het schema. Bij een pasgeboren baby mogen we aannemen dat er tussen de visuele, pariëtale en premotorcortices zwakke maar willekeurige verbindingen lopen. De activiteit van temporaalneuron A wordt dus verzonden naar een groepje neuronen van type A en ook van type B in de premotorcortex.* Maar deze synaptische invoer treft in premotorneuronen van type A een heel andere situatie aan dan in die van

---

* Om dit basisprincipe te illustreren neem ik bij deze uitleg niet expliciet de pariëtaalcortex mee, maar op weg naar F5 reist de informatie altijd door de pariëtaalkwab.

type B. Neuronen A zijn momenteel actief, en de synaps wordt dus versterkt en effectiever op basis van de Hebbiaanse leerregel *What fires together wires together*. Neuronen B daarentegen zijn momenteel niet actief, want terwijl de baby handeling A verricht kan hij niet ook handeling B verrichten. Deze synaps wordt dus zwakker. Na herhaalde zelfobservatie tijdens handeling A zijn de synapsen van de visuele A's naar de premotorneuronen van type A zo sterk geworden dat het zien of horen van de handeling al voldoende is om een van de twee A-neuronen in de premotorcortex te activeren. Dat neuron wordt dan een spiegelneuron, terwijl het A-neuron dat geen invoer heeft ontvangen uit de temporaalkwab een zuiver motorneuron blijft, zonder spiegelkenmerken.

Hebbiaans leren kan dus verklaren hoe we de aanblik van onze eigen handelingen koppelen aan het uitvoeren van die handelingen, maar hoe helpt dat ons bij het begrijpen van andermans handelingen? Die zien we immers normaal gesproken vanuit een heel ander perspectief. Het antwoord is 'viewpoint invariance', wat betekent dat een groot aantal neuronen in de hogere visuele cortex, die zijn invoer naar pariëtale en premotorgebieden zendt, net zo reageert wanneer voorwerpen of mensen vanuit een ander perspectief worden gezien.[78] Deze neuronen reageren dus op onze eigen handelingen net zoals op die van anderen, waardoor de koppeling die is aangeleerd tijdens zelfwaarneming wordt gegeneraliseerd naar de handelingen van andere mensen. Voor geluid is die generalisatie nog simpeler, want als u een blad papier doorscheurt, klinkt dat net zo als wanneer ik dat doe.

Het ontstaan van spiegelneuronen voor handbewegingen kan dus gezien worden als het simpele resultaat van Hebbiaanse associaties tijdens zelfwaarneming. Die Hebbiaanse associaties kunnen echter alleen ontstaan als kleine kinderen heel zorgvuldig naar hun eigen handelingen kijken. Doen ze dat ook echt? Jazeker. Zuigelingen zijn de eerste paar maanden van hun leven volledig gefascineerd door hun eigen handelingen en brengen het grootste deel van hun wakkere uren door met het eindeloos bewegen van hun handjes terwijl ze die bewegingen nauwlettend gadeslaan.[79] Als u zich ooit afgevraagd hebt waarom ze dat doen, luidt het antwoord waarschijnlijk dat dit een perfecte situatie voor Hebbiaans leren creëert.

De kracht van dit perspectief is, in overeenstemming met Hebbs oorspronkelijke doel, aan te tonen dat spiegelneuronen niet noodzakelijkerwijs iets raadselachtigs zijn. Het enige wat ervoor nodig is zijn zwakke verbindingen tussen zintuiglijke en premotorgebieden in de hersenen, en de waarneming van het kind dat de eigen handelingen gadeslaat. In principe kan de evolutie ons op twee manieren voorzien hebben van een spiegelsysteem. De genetische code die we van onze ouders erven kan zo ontwikkeld zijn dat ze alle informatie bevat die nodig is voor de verbinding tussen neuronen in de temporaalkwab met corresponderende neuronen in de premotorgebieden – in dat geval zouden we geboren worden met een perfect functionerend spiegelsysteem. Gezien het enorme aantal handelingen en gebaren dat mensen kunnen zien en uitvoeren zou er dan een reusachtig aantal gedetailleerde instructies aanwezig moeten zijn in ons genetisch materiaal.

Anderszins kan dit genetische materiaal zo ontwikkeld zijn dat het codeert voor een min of meer willekeurige verbinding tussen zintuiglijke gebieden en premotorgebieden, via synapsen die kunnen leren door middel van Hebbiaanse leerregels, en dat een kind wordt voorzien van een 'instinct' om gebaren te maken en daarnaar te kijken. Als we zien hoe gefascineerd een kind is door de eigen gebaren, lijkt dat ervoor te pleiten dat de evolutie via deze laatste route heeft plaatsgevonden. Als gevolg hiervan ontwikkelt het kind niet alleen een spiegelsysteem, maar wordt de aanblik van de eigen handelingen ook gekoppeld naar de premotorcortex, en wel op een manier die essentieel kan zijn voor de besturing van de eigen gebaren: door te bestuderen of die eruitzien zoals ze eruit zouden moeten zien.* Volgens deze opvatting zou deze laatstgenoemde motorbesturingsfunctie

* Het idee dat spiegelneuronen geen systeem zijn om anderen te begrijpen maar de gevolgen van Hebbiaans leren binnen een systeem dat voornamelijk bestaat om onze eigen handelingen te besturen, is vergelijkbaar met het ASL-model van Cecilia Heyes (*Trends Cogn Sci* 5, 253-261).

dan de voornaamste reden zijn waarom de evolutie heeft gekozen voor hersenen met spiegelneuronen. En als we die dan toch hebben, kunnen we ze net zo goed gebruiken om anderen te begrijpen.

Het verschil tussen zelf en anderen

Dankzij gedeelde circuits kunnen we andermans handelingen koppelen aan die van onszelf. Maar als ik u een glas wijn geef en u dat van me aanpakt, moet ik begrijpen wat mijn gebaar is, en wat het uwe. Hoe onderscheiden onze hersenen een visuele beweging die ik veroorzaak van een visuele beweging die u veroorzaakt?

Zoals al eerder gezegd zijn de verbindingen tussen de visuele cortex en de premotorcortex wederzijds. De informatiestroom van visuele naar premotorneuronen kan de visuele gegevens aan de spiegelneuronen aanleveren, maar de terugkerende informatiestroom kon wel eens van cruciaal belang zijn voor het onderscheid tussen de gevolgen van mijn handelingen en de gevolgen waarvan de oorzaak buiten mijn lichaam ligt.

Neuronen in de premotorcortex die reageren tijdens het uitvoeren van handeling A lijken remmende verbindingen uit te sturen naar enkele neuronen in de visuele cortex die op diezelfde handeling reageren. Gezien het feit dat Hebbiaans leren in beide richtingen met dezelfde snelheid plaatsvindt (dus premotor > visueel en visueel > premotor), kan deze parallelle ontwikkeling zorgen voor een perfecte regulering van de aandacht. In het begin, als het spiegelsysteem intensieve zelfwaarneming nodig heeft om de juiste verbindingen te selecteren, is die remming in tegengestelde richting nog niet aanwezig en is het eigen gedrag van het kind het meest interessant: daar gaat alle aandacht naar uit. Naarmate het spiegelsysteem door training steeds fijner afgestemd raakt, wordt deze remming steeds effectiever, waardoor zelfwaarneming afneemt en niet meer de volledige aandacht opeist. Is het spiegelsysteem eenmaal geheel afgestemd, dan is de remming optimaal en kan het kind de aandacht losmaken van de eigen handelingen. De regulering is dan handelingsspecifiek, dus als het kind nieuwe gebaren leert, worden deze interessanter, zodat de aandacht wordt gevangen door die handelingen die de meeste Hebbiaanse leerprocessen vereisen. Met andere woorden: als we eenmaal weten hoe iets moet, hoeven we niet meer naar onszelf te kijken wanneer we die handeling uitvoeren en letten we niet meer op onze eigen ledematen. Denk bijvoorbeeld aan uw eerste dansles: heeft uw leraar u gezegd dat u onder het dansen niet naar uw eigen voeten moest kijken? Als u de passen eenmaal kent, hebt u die behoefte niet meer: u kunt de waarneming van uw eigen handelingen moeiteloos onderdrukken.

Bij volwassenen heeft de onderdrukking van de eigen handelingen nog twee gevolgen. Ten eerste vormt deze het antwoord op hoe we onze eigen handelingen onderscheiden van die van anderen. De handelingen van anderen zijn niet-onderdrukte gevolgen van gebeurtenissen buiten ons lichaam, terwijl onze eigen handelingen die gevolgen zijn die door de terugwaartse koppelingen vanuit de premotorcortex zijn onderdrukt. Ten tweede worden we op deze manier alert gemaakt op fouten in ons motorsysteem. Stel, er staat een plastic beker op tafel voor ons, en we denken dat die beker vol water zit. We nemen ons dus voor die beker met enige kracht op te tillen en we verwachten een geleidelijke, trage beweging. Onze verbindingen annuleren de aanblik van de eigen beweging door de representatie van trage opwaartse bewegingen te remmen. Als deze beker nu leeg blijkt te zijn, zien we hem onverwacht snel omhoogkomen: een andere beweging dan de beweging die we net onderdrukt hebben. Dit houdt in dat de binnenkomende signalen opvallen, en dat ze werken als de wapperende rode vlag van een foutboodschap die ons maant langzamer aan te doen.*

* In de techniek wordt het begrip van voorspelling van sensorische gevolgen van handelingen om visuele signalen te controleren vaak 'forward modelling' genoemd (e.g. *Neural Netw* 9, 1265-1279).

Als het spiegelsysteem inderdaad via Hebbiaans leren tot ontwikkeling komt, mogen we verwachten dat heel jonge kinderen geen spiegelsysteem voor een bepaalde handeling hebben zolang ze die handeling niet zelf kunnen uitvoeren. Een grijpbeweging komt bijvoorbeeld pas rond de leeftijd van zes maanden tot ontwikkeling, en een drie maanden oude baby zou dus nog geen spiegelsysteem voor grijpbewegingen hebben en niet echt begrijpen wat anderen doen als ze iets pakken. Maar hoe kom je erachter of een baby van zes maanden een handeling begrijpt? Op die leeftijd kan een kind nog niets zeggen.

Aan de University of Washington in Seattle hebben ontwikkelingspsychologen Jessica Sommerville, Amanda Woodward en Amy Needham die vraag bestudeerd aan de hand van een simpele maar slimme psychologische methode.[83] Ze hebben vergeleken hoe goed kinderen met en zonder grijpervaring een grijpbeweging kunnen bevatten; maar dat deden ze zonder het kind ook maar iets te hoeven vragen. Laten we het gemiddelde kind uit beide groepen respectievelijk Alison en Anne noemen. Alison is drieënhalve maand oud, wat te jong is om zelf speelgoed te pakken. Haar hersenen kunnen de daartoe benodigde bewegingen nog niet helemaal coördineren. Alison zit bij haar moeder op schoot naar een poppenkast te kijken. Een onderzoeker in de kast heeft een want met klittenband aan, en op de grond liggen twee stukken speelgoed: links een teddybeer en rechts een bal. Achter het podium zit een waarnemer verborgen, die door een spiekgaatje kijkt om te zien waarop Alisons blik is gericht. Eerst steekt de onderzoeker zijn want uit naar de bal, die er dankzij het klittenband aan blijft plakken. De onderzoeker blijft nu als verstard staan – ofwel zolang Alison naar hem kijkt, ofwel twee minuten lang, al naargelang Alison vóór de twee minuten om zijn haar blik afwendt of niet. De eerste keer kijkt Alison dertig van de honderdtwintig seconden naar de gebeurtenis. De onderzoeker herhaalt dezelfde beweging keer op keer. Na zo'n tien herhalingen lijkt het schouwspel Alison niet meer te boeien en kijkt ze nog maar tien seconden lang naar wat er gebeurt. Deze verkorting van de kijktijd heet in wetenschappelijke termen gewenning, in het dagelijks leven verveling. Daarna wisselt de onderzoeker de twee stukken speelgoed om. Nog steeds reikt hij af en toe naar rechts, maar rechts ligt nu de teddybeer, een nieuw doel (eerst lag daar immers de bal), en soms naar links, een nieuw traject voor het bekende voorwerp, de bal. Voor Alison lijken beide nieuwe handelingen even interessant te zijn. Opnieuw blijft ze een volle dertig seconden lang kijken; ze beseft dat dit nieuwe stimuli zijn, die beide evenveel aandacht verdienen als de allereerste beweging die ze op het podium zag. Het feit dat ze even lang naar het nieuwe speelgoed als naar het nieuwe traject kijkt toont aan dat 'een doel' op zich nog niets speciaals voor haar heeft – dit in tegenstelling tot het volwassen spiegelsysteem. Maar uiteraard heeft ze zelf nog nooit een stuk speelgoed vastgepakt, dus we verwachten niet dat ze spiegelneuronen heeft voor een begrip van het doel waarnaar de onderzoeker zijn hand uitstak.

Een dag later komt Anne naar het laboratorium. Zij is even oud als Alison en heeft ook nog nooit zelf iets vastgepakt, maar voordat ze de onderzoeker het speelgoed ziet pakken krijgt ze de gelegenheid er zelf mee te spelen. Ze zit bij haar moeder op schoot met voor zich op tafel een bal en een teddybeer – kleinere versies van de bal en de beer die ze straks in de poppenkast te zien zal krijgen. Anne raakt het speelgoed aan, maar kan het nog niet echt vastpakken. Na drie minuten met het speelgoed trekt de onderzoeker Anne aan haar rechterhand een want met klittenband aan. Als Anne met de want aan haar hand de beer aanraakt, blijft die eraan plakken en kan ze hem bewegen alsof ze hem had vastgepakt. Na een paar seconden haalt de onderzoeker de beer van de want af en legt hem weer op tafel. Anne reikt naar de bal, en nu blijft ook deze aan de want plakken. Dit spelletje duurt vier minuten. Nu Anne heeft ervaren hoe het voelt om een voorwerp vast te pakken zou ze, als ons Hebbiaanse idee klopt, de aanblik van iemand die een voorwerp vastpakt moeten kunnen koppelen aan de handeling zelf.

Anne wordt naar het podium gebracht en de onderzoeker volgt dezelfde procedure als met Alison. Hij reikt voor het eerst naar de bal. In tegenstelling tot Alison, die hier dertig seconden naar bleef kijken, staart Anne zestig seconden lang naar deze handeling. Het lijkt erop dat de beleving van de pakbeweging deze handeling veel interessanter heeft gemaakt. Maar na tien keer kijkt Anne net als Alison nog maar tien seconden: een teken dat ze verveeld begint te raken. De bal en de beer wisselen van plaats, dus wanneer de onderzoeker nu naar de bal reikt, ligt die aan de andere kant. Net als Alison blijft Anne nu dertig seconden kijken, als teken dat het nieuwe traject de handeling iets interessanter maakt. Maar nu steekt de onderzoeker zijn hand uit naar de teddybeer – het nieuwe doel. Wow! Anne blijft nu weer zestig seconden lang naar de stimulus kijken. Kennelijk vindt ze het nieuwe doel veel interessanter dan het nieuwe traject. Een paar minuten lang dingen vastpakken met een klittenbandwant maakt in haar hersenen een enorm verschil uit, want nu begrijpt ze dat doelen iets bijzonders zijn. De ervaring van de aanblik van haar hand die een voorwerp aanraakt in combinatie met de ervaring over datzelfde voorwerp te beschikken heeft op de een of andere manier haar waarneming van andermans handelingen veranderd – precies zoals onze Hebbiaanse theorie voorspelt.*

Zonder de klittenbandwant ervaren kinderen pas hoe het voelt om een voorwerp op te pakken als ze zo'n zes tot acht maanden oud zijn.[84] Interessant is dat kinderen die geen training met de want ondergaan ook pas rond die leeftijd belangstelling krijgen voor het nieuwe doel. Dit kan betekenen dat voor ons allen hetzelfde geldt: pas als we onszelf iets zien vastpakken begrijpen we dat de pakbeweging een doel heeft, en dit begrip wordt onmiddellijk overgezet naar ons begrip van andermans handelingen.**

---

* Het experiment is uitgevoerd met vijftien baby's die eerst naar de handelingen keken en vijftien die eerst de klittenbandwanten aan kregen. Alison en Anne zijn fictieve persoonlijkheden die ik voor deze beschrijving heb verzonnen, maar ze komen overeen met het gemiddelde kind in elk van de twee groepen van vijftien zuigelingen.

** Zie p. 181

Hebbiaans leren kan worden toegepast op meer dan alleen handbewegingen. De kans is groot dat dit proces ook verantwoordelijk is voor het ontstaan van gedeelde circuits in de spraakontwikkeling en in ons begrip van gevoelens en emoties. Er zijn spiegelsystemen voor het geluid van handelingen, en in het bijzonder voor het geluid van mondbewegingen.[8, 9, 38-41, 52] Deze kunnen van bijzonder belang zijn voor de verwerving van gesproken taal, want hier worden waargenomen spraakgeluiden vertaald in het motorprogramma voor het voortbrengen van soortgelijke geluiden. Baby's vertonen een bepaald soort gedrag dat 'brabbelen' heet. In de eerste paar maanden van hun leven maken baby's spontaan kraaigeluiden die op klinkers lijken ('aaaah', 'ooooh'). Tegen de vierde levensmaand beginnen ze daar medeklinkers aan toe te voegen ('gaga', 'dada'). Tussen zes en twaalf maanden gaan ze spelen met vocalisaties, waarbij ze erachter komen wat voor geluiden ze kunnen voortbrengen. Brabbelen is geen poging tot communicatie, maar moet wel degelijk een doel dienen – anders zouden we het niet doen.

Vanuit Hebbiaans perspectief bekeken is brabbelen gelijk aan zelfwaarneming. Wanneer een kind brabbelt, zijn de neuronen in de premotorcortex die verantwoordelijk zijn voor het produceren van stemgeluiden actief op hetzelfde moment als neuronen in de zintuiglijke cortex die reageren op het geluid van een handeling. Zoals hierboven beschreven leidt dit ertoe dat neuronen die voor bepaalde stemgeluiden coderen verbinding maken met neuronen die betrokken zijn bij het voortbrengen van die geluiden in de premotor- en de pariëtaalcortex. Als gevolg daarvan traint de baby actief zijn hersenen om uit te vinden welke motorprogramma's geschikt zijn voor het produceren van een bepaald geluid. Als het kind later een volwassene dit geluid hoort maken, is de machinerie voor het activeren van de bijbeho-

---

** Ik dank Marco del Giudice en Valeria Manera, die me attent maakten op dit experiment en me hebben geholpen mijn gedachten over Hebbiaans leren te ontwikkelen.

rende motorprogramma's en het voortbrengen van dit geluid al aanwezig. Daarnaast is het kind voorzien van de motortheorie van spraakwaarneming, die we in het hoofdstuk over taal zijn tegengekomen.

Bij volwassenen zorgt het geluid van taal niet alleen voor activering van motorprogramma's: als we iemand anders zien praten worden er ook neuronen geactiveerd in de premotorcortex. Dergelijke visuele reacties zijn intrigerend, want normaal gesproken ziet een baby zichzelf niet tijdens het brabbelen; dit is wat ontwikkelingspsychologen een ondoorzichtige handeling noemen. Hoe kan Hebbiaans leren optreden als het kind zichzelf geen geluid ziet articuleren? Baby's hebben een zeer sterke voorkeur voor het kijken naar de gezichten van anderen, en ze kijken en luisteren zeer intens naar de spraak van volwassenen. Het geluid van de vocalisaties van de ouders manifesteert zich gelijktijdig met de aanblik van hun bewegende mond, lippen en hals, en zo kan een Hebbiaanse koppeling tot stand komen in sensorische gebieden die zowel auditieve als visuele signalen ontvangen. Zoals al eerder gezegd worden zelfs bij apen al auditieve en visuele reacties op vocalisaties gecombineerd binnen neuronen in dat deel van de temporaalkwab dat ik de 'visuele cortex' heb genoemd.[85] Het is dus aannemelijk dat het kind tijdens het brabbelen auditieve representaties koppelt aan motorrepresentaties van spraakgeluiden, en dat een baby die naar de gezichten van andere mensen kijkt de visuele representaties van bepaalde mondbewegingen zal associëren met hoe die bewegingen klinken. Door deze dubbele associatie zal de aanblik van iemand die praat audiovisuele representaties activeren in de temporaalkwab, en die zullen op hun beurt de bijbehorende motorprogramma's in gang zetten.* In dit geval hebben we niet één maar twee Hebbiaanse leeractiviteiten nodig, maar het principe blijft gelijk.

* In hun ASL-model maken Cecilia Heyes en Marcel Brass (*Trends Cogn Sci* 9, 489-495) verschil tussen de twee soorten associatie: associaties tussen geluid en aanblik van handelingen zijn associaties in het sensorische domein en worden 'horizontale' associaties genoemd. De associaties tussen het geluid en de uitvoering van brabbelen doorkruisen meerdere representatieniveaus en worden 'verticaal' genoemd.

Ook gedeelde circuits voor gewaarwordingen zijn een voorbeeld van hoe de neurale basis van onze empathie kan worden gevormd door middel van Hebbiaans leren. Telkens wanneer we zien dat een object dichterbij komt en ons lichaam raakt, vinden de aanblik en de gewaarwording van die aanraking gelijktijdig plaats; de neuronen die de aanblik van aanraking vertegenwoordigen zullen hun verbindingen met neuronen voor de gewaarwording van aanraking dus versterken. Dergelijke verbindingen kunnen verantwoordelijk zijn voor onze waarneming dat de aanblik van aanraking activatie in de somatosensorische hersengebieden teweegbrengt,[86] ook als de proefpersoon het eigen lichaam niet ziet. Proefpersonen met sterkere Hebbiaanse koppelingen tussen de aanblik van aanraking en de gewaarwording van aanraking zullen dan sterkere somatosensorische activaties krijgen, die in extreme gevallen zelfs tot verwarring bij de waarnemende proefpersoon kunnen leiden, waardoor deze niet meer weet of de aanraking nu echt was of alleen maar gezien is, zoals in het geval van Deanna, hierboven.[87]

Een interessant verschijnsel dat 'de illusie van de rubberen hand' heet laat zien hoe snel een nieuwe visueel-tactiele koppeling kan ontstaan.[88] Neem een paar handschoenen, doe de rechter aan uw rechterhand en leg de linker op tafel, naast uw rechterhand. Houd uw linkerhand onder tafel, recht onder de lege handschoen. In deze situatie voelen de meeste mensen onmiskenbaar dat hun linkerhand zich onder de tafel bevindt, niet in de lege handschoen. Vraag nu iemand om hulp. Laat de persoon eerst ritmisch op de lege handschoen tikken, en vraag hem tegelijkertijd op uw linkerhand onder het tafelblad te tikken. Stop na dertig seconden. Hebt u nu het eigenaardige gevoel dat de handschoen deel uitmaakt van uw lichaam? Als uw vriend hetzelfde doet, en uw hand en de handschoen op verschillende momenten aantikt, dus niet in de maat, komt dit effect niet tot stand. Dit weerspiegelt de fundamentele stelling van het Hebbiaanse leren: gelijktijdigheid leidt tot koppelingen.

Hebt u zich ooit afgevraagd waarom ouders de gezichtsuitdrukkingen van hun baby nadoen? Emotionele gelaatsuitdrukkingen vormen een bijzondere uitdaging voor het Hebbiaanse perspectief van gedeelde circuits, omdat we zelf meestal niet zien hoe we kijken tijdens het beleven van emoties.

Tegen het einde van de jaren zeventig toonden Meltzhoff en Moore aan dat pasgeboren baby's hun tong uitsteken als ze een volwassene dat zien doen.[22, 89] Oorspronkelijk werd dit gezien als bewijs voor een aangeboren vermogen tot gelaatsimitatie; dat zou betekenen dat de Hebbiaanse idee niet van toepassing is op gelaatsuitdrukkingen. Recenter onderzoek heeft aangetoond dat het uitsteken van de tong de enige gelaatsbeweging lijkt te zijn die pasgeborenen probleemloos nadoen.[90] Het nabootsen van iemand die zijn tong uitsteekt wordt tegenwoordig gezien als een zeer specifiek geval met een specifiek aangeboren mechanisme dat anders werkt dan echte imitatie van gelaatsuitdrukkingen. Andere vormen van gezichtsimitatie verlopen waarschijnlijk via andere mechanismen die berusten op Hebbiaans leren.

Er bestaan drie mechanismen waarmee de eigen emoties van een baby op Hebbiaanse wijze kunnen worden gekoppeld aan het zien van bepaalde gezichtsuitdrukkingen van anderen.

Ten eerste kunnen mensen zichzelf dankzij de ruime aanwezigheid van spiegels en andere weerspiegelende oppervlakken bekijken terwijl ze grimassen of echte emoties uitdrukken. Zulke fysieke spiegels bieden de perfecte situatie voor Hebbiaans leren, want de persoon ontvangt perfect synchrone visuele feedback. Daarbij worden neuronen die coderen voor de aanblik van een gezichtsuitdrukking gekoppeld aan de motorprogramma's voor het voortbrengen van de uitdrukking, en tegelijkertijd aan de somatosensorische gevolgen van die uitdrukking: hoe voelt het om je gezicht in die plooien te trekken? Hoewel fysieke spiegels een rol kunnen spelen bij de ontwikkeling van kinderen in moderne samenlevingen is het niet aannemelijk dat ze een noodzakelijke voorwaarde vormen voor de ontwikkeling van gedeelde circuits voor gelaatsuitdrukkingen. Mensen die zijn opgegroeid in samenlevingen met beperkte toegang tot spiegels vertonen normale herkenningspatronen voor gelaatsuitdrukkingen.[91]

Ten tweede kan een baby zich dankzij de neiging van ouders om de gelaatsuitdrukkingen van hun kroost na te doen richten op de nagebootste gelaatsuitdrukking. Hoewel de ouders er soms lichtelijk lachwekkend uitzien bij dit gedrag dient het een uitermate belangrijk doel voor de baby: de nabootsing werkt in feite als een spiegel en biedt de juiste omstandigheden voor de ontwikkeling van een spiegelsysteem voor gelaatsuitdrukkingen. Terwijl het kind oprechte emoties ervaart als vreugde, verdriet, misselijkheid of pijn bootsen de ouders met hun eigen gezicht niet alleen de willekeurige gelaatsuitdrukkingen van het kind na, maar leven ze ook mee met zijn emotie – of ze nu glimlachen om het plezier van hun baby of bezorgd kijken of zelfs hun gezicht vertrekken van de pijn als de baby huilt. Zo worden gedeelde circuits voor gelaatsuitdrukkingen op intergenerationele wijze overgedragen van ouder op kind. Kinderen ontwikkelen een gedeeld circuit voor gelaatsuitdrukkingen omdat de ouders hun gelaatsuitdrukkingen hebben nagedaan, en wanneer die kinderen eenmaal zelf ouders worden dragen ze dit vermogen over op hun eigen kinderen.

Hetzelfde geldt voor oogbewegingen. Ogen zijn bijzonder belangrijk in het sociale verkeer. Door mensen in de ogen te kijken weten we waarop hun aandacht is gericht, en daaruit kunnen we afleiden waaraan ze denken. En toch zien we onze eigen oogbewegingen niet terwijl we ze uitvoeren. Ook dit is een uitdaging voor het Hebbiaanse leerproces. Het volgen van andermans blik is de natuurlijke neiging: we kijken in de richting van degene die we tegenover ons hebben. Als u met iemand praat die plotseling een blik over uw rechterschouder werpt, kijkt u waarschijnlijk zelf ook die kant uit, om te achterhalen waar de ander naar kijkt. Als een kind een bepaalde kant uit kijkt, volgen de ouders die blik; kijkt het kind dus weer naar de ouders, dan ziet het dat de eigen oogbeweging plaatsvond op hetzelfde moment als een verandering in de configuratie van de ogen van de ouders. Zulke opeenvolgende bewegingen kunnen het kind helpen verplaatsingen van de eigen aandacht te koppelen aan een verschuiving in de positie van de gekleurde iris binnen het oogwit van de ouders.

We zouden kunnen redeneren dat in vele situaties de gelaatsuitdrukkingen van een kind niet nagebootst worden, ook als ouders de gelaatsuitdrukkingen van hun kinderen behoorlijk vaak imiteren. Dit zou dus kunnen leiden tot verkeerde Hebbiaanse associaties. We hebben echter reden om aan te nemen dat deze foutieve associatie niet plaatsvindt. Kinderen besteden relatief meer aandacht aan stimuli die gelijktijdig plaatsvinden met hun eigen gedrag;[92]* dat betekent dat ze attenter zijn wanneer het gezicht van de volwassene reageert op hun eigen uitdrukking. Dit gedrag heeft een sterkere impact dan momenten waarop er geen causaal verband is tussen de gelaatsuitdrukkingen van kind en ouder. Ook zal bij imitatie de congruente gezichtsuitdrukking veel vaker te zien zijn dan alle andere afzonderlijke gezichtsuitdrukkingen, zodat de congruente synaptische verbindingen in hoge mate selectief versterkt worden. Buiten de situaties van imitatie zal een groot aantal gezichtsuitdrukkingen even vaak plaatsvinden wanneer een baby een bepaalde emotie ervaart, en er is dus geen reden om aan te nemen dat een bepaalde gezichtsuitdrukking verkeerd geassocieerd zal worden met de gemoedstoestand van het kind. Op deze tweede factor bestaan enkele belangrijke uitzonderingen. Een boze ouder zal het kind misschien harder aanpakken, waardoor de boze gezichtsuitdrukking niet gekoppeld wordt aan een staat van woede in het kind, maar aan een staat van angst. Deze uitzonderingen lijken de stelling te bevestigen, want onze reactie op boze gelaatsuitdrukkingen is vaak ambigu: we hebben gemengde gevoelens als reactie op een boos gezicht bij iemand anders: een gevoel van eigen woede, maar ook van angst.

* Bij dit mechanisme is niet nodig dat de stimulus het gedrag van het kind spiegelt; ook een systeem dat telkens wanneer het kind beweegt een geluidssignaal geeft zal de aandacht al trekken.

De derde factor die Hebbiaans leren faciliteert is de aanwezigheid van externe factoren die van even grote invloed zijn op het kind als op de mensen in zijn omgeving. Bij onaangename geuren kunnen mensen gelijktijdig een blik van walging vertonen, bij een harde knal zullen mensen gelijktijdig verrast of geschrokken kijken. Deze gedeelde ervaringen zorgen ervoor dat de gelaatsuitdrukkingen van de mensen om het kind heen zijn emotie spiegelen.

Somatosensorisch spiegelen gekoppeld aan motorisch spiegelen

Hebbiaans leren kan de verklaring vormen voor een aantal situaties waarin we onze eigen handelingen, gevoelens en emoties koppelen aan die van anderen. Ook worden via dit proces verschillende innerlijke aspecten van onze eigen handelingen en emoties aan elkaar gekoppeld. Wanneer we een handeling uitvoeren, activeren we onze premotorprogramma's om die handeling uit te voeren; we zien en horen onze eigen handeling, maar we voelen ook de somatosensorische gevolgen van die handeling. Onze primaire en secundaire somatosensorische cortices worden bijvoorbeeld actief tijdens een grijpbeweging, omdat onze gewrichten en spieren in ons lichaam bewegen en omdat onze vingers het voorwerp voelen. Deze somatosensorische gevolgen zijn direct gekoppeld aan de motoropdracht om de handeling uit te voeren, en aan het zicht op, respectievelijk het geluid van die handeling. Zo valt te voorspellen dat we bij het zien of horen van andermans handelingen niet alleen onze eigen premotorcortex activeren, maar ook onze eigen somatosensorische cortex. We delen de ervaring hoe het voelt om die handeling uit te voeren zowel vanuit een motorisch als vanuit een somatosensorisch standpunt. In een elegante reeks experimenten heeft Valeria dat aangetoond: telkens wanneer we een voorwerp beetpakken activeren we niet alleen de motorcortices waarmee we de handeling uitvoeren, maar ook de bijbehorende primaire en secundaire somatosensorische cortices waarmee we kunnen voelen hoe onze arm en hand bewegen wanneer we het voorwerp aanraken, en hoe dat voorwerp aanvoelt. Een belangrijk punt daarbij is dat we zelf, als we iemand anders een voorwerp zien vastpakken, niet alleen onze motorcortices maar ook onze somatosensorische cortices activeren, alsof we het voorwerp zelf pakken. Normaal gesproken zorgt de somatosensorische cortex ervoor dat we ten eerste de bewegingen van ons eigen lichaam voelen, en ten tweede de aanraking van voorwerpen op onze huid. Het is dan ook aannemelijk dat deze plaatsvervangende somatosensorische activiteit van cruciaal belang is als wij moeten voelen wat anderen voelen wanneer zij een handeling uitvoeren.[9, 19, 72, 93]

De Hebbiaanse koppeling tussen sensorische en motorische componenten kan met name van belang zijn voor gelaatsuitdrukkingen. Gezien het feit dat we twee motorsystemen voor de aansturing van gelaatsuitdrukkingen hebben, een koud en een warm, kan men zich afvragen welk van deze twee wordt ingeschakeld als we andermans gelaatsuitdrukkingen bekijken. Vanuit Hebbiaans perspectief bezien luidt het antwoord dat beide systemen actief worden. Wanneer we een emotioneel gezicht trekken, zullen bepaalde somatosensorische neuronen die weergeven hoe het voelt om de mondhoeken op te krullen, tegelijkertijd vuren met neuronen in het warme motorsysteem die gekoppeld zijn aan spontaan glimlachen. Wanneer we bewust opwaartse bewegingen maken met onze mondhoeken, zullen premotorneuronen vuren samen met diezelfde somatosensorische neuronen. De bewuste en emotionele motorprogramma's zijn nu onderling verbonden door tussenkomst van somatosensorische neuronen. Zoals hierboven beschreven zijn alle drie gekoppeld aan de aanblik van vergelijkbare gelaatsuitdrukkingen en aan de ervaring van vergelijkbare onderliggende emoties. Dit rijke web van koppelingen is waarschijnlijk de reden waarom we intuïtief aanvoelen wat er in onze medemens omgaat en dat we ook zonder spiegel weten wat voor gezicht we trekken.

De ware kracht van de Hebbiaanse verklaring voor gedeelde circuits ligt in de inherente plasticiteit van dit systeem. Als gedeelde circuits uitsluitend berustten op aangeboren mechanismen, zou de reikwijdte beperkt blijven tot het delen van die aspecten van andermans leven die in de loop van onze evolutionaire ontwikkeling belangrijk gebleken zijn. Onze moderne wereld verandert echter in hoog tempo en ons begrip van wat anderen doen moet deze snelle veranderingen zien bij te houden. We hebben al gezien hoe kinderen een grijpbeweging kunnen doorgronden nadat ze slechts vier minuten lang een grijpbeweging hebben beleefd, maar ook in het volwassen leven zijn er meer dan genoeg voorbeelden van dit soort plasticiteit. Als we een pieptoon horen, iemand zijn mobiele telefoon zien openklappen en met een blij gezicht naar het scherm zien kijken, nemen we aan dat hij een leuk tekstbericht heeft ontvangen. Het is moeilijk voorstelbaar hoe de evolutie ons kan hebben voorbereid op empathie met de impact van mobiele telefoons.

Pianospelen is een goed bestudeerd voorbeeld van de plasticiteit binnen het spiegelsysteem.[94] Neurowetenschapper Amir Lahav en zijn collega's aan Harvard selecteerden een stel proefpersonen die weinig verstand hadden van muziek en die nooit piano hadden gespeeld. Vervolgens kregen de proefpersonen les en leerden ze een bepaald stuk pianomuziek spelen. Op de eerste lesdag kostte het de proefpersonen circa een halfuur om het stuk correct te spelen, en vervolgens trainden ze vijf opeenvolgende dagen. De proefpersonen luisterden ook naar twee andere pianocomposities, die bestonden uit ofwel dezelfde noten in een andere volgorde, ofwel geheel nieuwe noten. Op dag vijf gingen de proefpersonen de scanner in en werd hun hersenactiviteit gemeten terwijl ze luisterden naar passages uit de drie muziekstukken. Hoewel bij alle drie de stukken de auditieve hersengebieden werden geactiveerd, leidde alleen het stuk dat ze zelf hadden leren spelen tot significante activiteit in de premotorgebieden voor 'spiegelen' die lijken op de gebieden voor de uitvoering en het geluid van handelingen.[9, 39, 40]

Dit experiment toont op indrukwekkende wijze aan hoe het door een training van vijf dagen, waarbij vingerbewegingen worden gekoppeld aan pianogeluiden, mogelijk lijkt Hebbiaanse koppelingen op te bouwen tussen auditieve hersengebieden die het geluid van pianomuziek vertegenwoordigen, en premotorgebieden die de motorprogramma's bevatten voor reeksen vingerbewegingen. Dankzij deze extreme flexibiliteit hebben onze gedeelde circuits het vermogen zich snel aan te passen aan de vereisten van onze continu veranderende omgeving.

Waarom spiegelneuronen niet overal in de hersenen kunnen voorkomen

Een Hebbiaans leerproces tussen twee neuronen kan alleen plaatsvinden als die twee neuronen herhaaldelijk samen vuren en als er om te beginnen al iets van een verbinding bestaat, ook al is die nog zo zwak. Deze twee vereisten leggen een aantal beperkingen op aan de plekken in de hersenen waar spiegelneuronen kunnen ontstaan. Als ik twee neuronen heb waarvan het ene staat voor de uitvoering van een grijpbeweging en het andere voor de aanblik van grijpbewegingen, ongeacht het perspectief van waaruit deze grijpbeweging wordt uitgevoerd, zullen die twee neuronen vrijwel altijd samen vuren als we kijken naar onze eigen handelingen. Hebbiaans leren is bijzonder simpel.

Kijken we daarentegen naar twee andere neuronen, een motorneuron in de primaire motorcortex dat reageert wanneer een bepaalde schouderspier wordt gebruikt en een visueel neuron in de primaire visuele cortex dat reageert wanneer op een bepaalde plek in het oog een verticale lijn verschijnt, dan kunnen deze twee neuronen af en toe gelijktijdig vuren, maar zal dat meestal niet het geval zijn. Wanneer de arm vanwege die schouderbeweging in een bepaald deel van mijn gezichtsveld komt, zullen ze samen vuren. Maar bij vele andere bewegingen kan mijn arm die plek in mijn gezichtsveld passeren, en omgekeerd zal mijn arm bij de meeste schouderbewegingen niet uitgerekend die plek passeren. Er is dus geen onlosmakelijk verband tussen de activiteit in deze twee neuronen, en daardoor zullen die niet standaard aan elkaar gekoppeld worden via een Hebbiaans proces.

In tegenstelling tot die fasen van het visuele systeem die zeer dicht bij het netvlies plaatsvinden en waarin de aanblik van andermans handelingen verschillende neuronen activeert afhankelijk van de hoek waaronder we deze waarnemen, verloopt het proces in de hogere visuele cortex van de temporaalkwab anders. Hier worden uitgebreidere signalen ontvangen vanuit de vroegere fasen, en zijn neuronen aanwezig die bepaalde handelingen vertegenwoordigen – onafhankelijk van de hoek waaronder deze gezien worden. Ook in het motorsysteem bestaat zo'n onderscheid. In de primaire motorcortex worden verschillende neuronen geactiveerd afhankelijk van de richting van de grijpbeweging en van de vraag of er met de linker- of met de rechterhand wordt gegrepen. Ook in de premotorcortex en het achterste deel van de pariëtaalkwab zijn soortgelijke reeksen neuronen betrokken bij een groot aantal verschillende grijpbewegingen. Het is dan ook een rechtstreeks gevolg van Hebbiaans leren dat spiegelneuronen exact tot stand komen tussen de verbindingen van de hogere visuele cortex in de temporaalkwab, de pariëtaalkwab en de premotorcortex.

Leren voorspellen

In het Hebbiaanse scenario hebben we één belangrijk aspect overgeslagen: tijd. Wanneer de premotorcortex het lichaam een opdracht geeft, duurt het even voordat dat daadwerkelijk op dit commando beweegt, en voordat die beweging is verwerkt door het oog en de visuele cortex. Deze vertraging is niet enorm, maar wel meetbaar: rond de 0,3 seconden. Het gevolg van deze vertraging is belangrijk. Als u uw hand uitsteekt om een glas te pakken, heeft uw premotorcortex het glas al beet tegen de tijd dat uw visuele systeem informatie over de reikbeweging naar de premotorcortex verstuurt. Wat samen vuurt en derhalve op één lijn zou moeten zitten met het motorprogramma voor vastpakken is dus de aanblik van een reikbeweging. Het vastpakken zelf duurt natuurlijk meer dan 0,2 seconden, en het begin van de aanblik van vastpakken valt dus gedeeltelijk samen met het eind van de motoropdracht voor vastpakken; maar door de vertragingen in het systeem wordt de aanblik van een handeling ook op Hebbiaanse wijze gekoppeld aan het motorprogramma voor de handeling die daar meestal op volgt. Zo komt het dat de Hebbiaanse associaties die we in ons spiegelsysteem vormen niet simpelweg een weerspiegeling zijn van de beelden die via onze ogen binnenkomen, maar ook een voorspelling van wat mensen in onze omgeving waarschijnlijk heel binnenkort zullen doen. Dankzij die voorspellingen kunnen we ons gedrag synchroniseren met dat van anderen – ondanks de vertraging in onze hersenen.

Leren complementeren

De voorspellende eigenschap van Hebbiaans leren heeft nog een gevolg. Als u mij een briefje van honderd euro geeft, zal ik dat met alle genoegen aannemen en vastpakken – dank u! In het algemeen kunnen we rustig stellen dat geven voorafgaat aan aanpakken. Mijn motorrepresentatie van het aanpakken is dus actief op hetzelfde moment als mijn visuele representatie van het gebaar waarmee u mij iets aanbiedt; en dat voorspelt het ontstaan van neuronen in de premotorcortex die niet alleen actief zijn tijdens het uitvoeren van de pakbeweging, maar ook tijdens het waarnemen van de aanbiedbeweging. Dat blijkt inderdaad het geval te zijn.[24] Dit zijn geen spiegelneuronen meer, omdat ze verschillende handelingen aan elkaar koppelen, maar ze zijn wel van groot belang voor sociale interacties en lijken voort te komen uit hetzelfde Hebbiaanse principe.

Hebbiaans leren maakt gedeelde circuits verrassend simpel

Hebb heeft een drastische ommekeer teweeggebracht in de psychologie: hij heeft aangetoond op welke manier de geest gebruikmaakt van mechanische processen in de hersenen.. Spiegelneuronen en gedeelde circuits maken gebruik van deze mechanismen voor sociale cognitie.

Neurons that fire together, wire together – en zorgen ook voor een verbinding tussen mensen, zou je kunnen zeggen. De hersenen moeten visuele, auditieve, somatosensorische en premotorgebieden met elkaar verbinden omdat ze een plan van aanpak moeten opstellen op basis van wat ze zien, horen en voelen. Empathie is dus het onvermijdelijke gevolg van Hebbiaanse plasticiteit in deze verbindingen.

Tot op heden is deze Hebbiaanse verklaring voor sociale cognitie niet meer dan een theorie. Het bewijs voor deze theorie zal geleverd moeten worden door synaptische veranderingen in de hersenen te meten terwijl mensen het vermogen ontwikkelen om handelingen en gevoelens te delen met anderen. We weten nu echter al dat empathie in principe verklaard kan worden in simpele biologische termen. Empathie, gedeelde circuits en spiegelneuronen zijn in wezen misschien stuk voor stuk aangeleerde associaties; maar dan wel associaties met een verbijsterend potentieel.

9

Autisme en misverstanden

Sociale intuïtie is iets wat iedereen heeft, denken we. We gaan naar de film en voelen wat er omgaat in de acteurs. We stemmen af op de geest van de mensen in onze omgeving alsof het de normaalste zaak van de wereld is. Maar bij sommige mensen, bijvoorbeeld bij autisten, is dit vermogen aanzienlijk minder ontwikkeld. Ook mensen zonder een dergelijke stoornis trekken soms onjuiste conclusies door hun gedeelde circuits te gebruiken. Gezien het feit dat zulke fouten voorkomen moeten we ons afvragen wat de grenzen en de mogelijke valkuilen van gedeelde circuits zijn.

Het wonderbaarlijke voorval – een literaire inleiding tot autisme

Mark Haddons boek *Het wonderbaarlijke voorval met de hond in de nacht* vormt een uitstekende inleiding tot de sociale problemen van autisme:

Ik heet Christopher John Francis Boone. Ik ken alle landen van de wereld met hun hoofdstad en alle priemgetallen tot 7057.
Toen ik Siobhan 8 jaar geleden voor het eerst ontmoette, liet ze me dit plaatje zien
:-(
en ik wist dat dit 'verdrietig' betekende, en zo voelde ik me toen ik de dode hond vond.
Daarna liet ze me dit plaatje zien
:-)
en ik wist dat dit 'blij' betekende, zoals wanneer ik over de Apollo-ruimtevluchten lees, of als ik om 3 of 4 uur 's nachts nog wakker

ben en ik de straat op en neer kan lopen en net doen of ik de enige
mens op de hele wereld ben.
Daarna tekende ze nog een paar plaatjes
[plaatjes van een aantal blije, verdrietige, verwarde, verbaasde ge-
zichten]
maar ik kon niet zeggen wat die betekenden.
Ik liet Siobhan een heleboel van deze gezichten tekenen en ernaast
schrijven wat ze precies betekenden. Ik bewaarde het papier in
mijn zak en haalde het eruit als ik niet begreep wat iemand bedoelde. Maar het was heel moeilijk te zeggen welke tekening het meest
leek op het gezicht dat iemand trok, omdat de gezichten van mensen heel snel bewegen.
Toen ik Siobhan vertelde dat ik dit deed, pakte ze een potlood en
een ander vel papier en zei dat mensen het waarschijnlijk heel
[verward gezicht]
vonden, en ze lachte. Dus verscheurde ik het eerste papier en gooi-
de het weg. En Siobhan bood haar excuses aan. En als ik nu niet
weet wat iemand bedoelt, vraag ik dat of loop ik weg.
(© 2003 Mark Haddon, vertaling Harry Pallemans, Uitgeverij Contact,
2004)

De fictieve hoofdpersoon, Christopher Boone, heeft het syndroom
van Asperger. Hij houdt er niet van om aangeraakt te worden en ont-
moet niet graag nieuwe mensen. Hij is niet goed in beleefde gesprek-
jes, maar hij is vreselijk goed in wiskunde en heeft een uitermate logisch brein. Hij houdt van puzzels met eenduidige oplossingen.

Autisme en het syndroom van Asperger vormen het middelpunt
van een groep ontwikkelingsstoornissen binnen het zogeheten 'autismespectrum'. Circa één op de honderdvijftig mensen valt onder deze
groep.*

Er wordt al tientallen jaren onderzoek gedaan naar de biologische

---

* Ik gebruik de term 'autisme' als kortere term voor de accuratere maar langere
formulering 'stoornissen binnen het autistisch spectrum'.

oorzaak van autisme, maar de diagnose wordt nog steeds uitsluitend gesteld op basis van gedragsmatige criteria: op enig punt in de eerste drie levensjaren wijkt het ontwikkelingstraject van deze kinderen af van dat van leeftijdsgenootjes die zich normaal ontwikkelen. Beide typen kinderen vertonen een beperkt aantal interesses en repetitief gedrag, en wat voor ons interessant is: stoornissen in de sociale interactie. Verder ontwikkelen mensen met autisme geen taaluitingen op de leeftijd dat andere kinderen dat doen. Wanneer deze schijnbaar ongerelateerde problemen tegelijk optreden, spreken we van het autistisch syndroom.

Daarbij lijden kinderen met autisme vaak ook aan mentale achterstand. 70 procent van hen heeft een intelligentiequotiënt (IQ) onder de zeventig; dit zijn de 'laagfunctionerende' kinderen met autisme. De resterende 30 procent heeft een IQ dat ergens tussen relatief normaal en bijzonder hoog ligt, en vaak blinken ze uit in disciplines waarbij analytisch denken vereist is, zoals wiskunde, natuurkunde en techniek. Bij deze 30 procent bestaat vaak de neiging intellectuele strategieën te gebruiken om een groot aantal van de tekortkomingen van hun stoornis te overwinnen. Dit zijn de 'hoogfunctionerende' mensen met autisme: fascinerend voor het onderzoek naar sociale cognitie, want zij belichamen hoe het begrip van de medemens een wezenlijk andere vaardigheid is dan het begrip van de niet-sociale wereld.

Mensen met autisme hebben beperkte interesses

Het eerste symptoomgebied bij autisme is het optreden van beperkt, strikt gedefinieerd en repetitief (zichzelf herhalend) gedrag. De laagst functionerende personen doen weinig anders dan heen en weer schommelen en fladdergebaren maken met hun handen. Hoger functionerende mensen vertonen een beperkt aantal interesses, bijvoorbeeld voor ruimtemissies of wiskunde, zoals Christopher Boone. Anderen zijn gefascineerd door kalenders en de dagen van het jaar. Mijn vriend Marc Thioux, een psycholoog uit België, heeft een artikel geschreven over Donny, die eenentwintig jaar oud is, autisme heeft en een IQ van circa zeventig. Als je tegen Donny zegt dat je geboren bent op 27 juni 1973, kost het hem ongeveer zevenhonderd milliseconden om uit te rekenen dat je dus geboren bent op woensdag (mij kostte het tien minuten om met behulp van Google tot diezelfde conclusie te komen), en in 97 van de 100 gevallen heeft hij gelijk.[95] Mensen als Donny, die een gave hebben die afwijkt van hun algemene intellectuele vermogens, worden 'savant' genoemd, van het Franse woord voor 'goed geïnformeerd'.

Mensen met autisme nemen de sociale wereld niet waar

De tweede eigenschap van mensen met autisme is dat zij missen wat voor ons de normaalste zaak van de wereld is: sociale intuïtie. Voor ons zijn de gezichten van andere mensen vanaf onze eerste levensdagen iets volledig fascinerends. Voor mensen met autisme zijn de gezichten van anderen vaak relatief oninteressant, en meestal zien ze geen kans het gevoel van verbondenheid te ontwikkelen dat zo kenmerkend is voor de sociale wereld die de meesten van ons ervaren.

Mensen met autisme gebruiken de sociale signalen op een heel andere manier dan mensen zonder autisme. Hóe anders blijkt uit een fraai onderzoek door Ami Klin en zijn collega's van het centrum voor onderzoek bij kinderen aan de Yale-universiteit.[96] Zij bestudeerden het verschijnsel sociale cognitie niet in een onnatuurlijk, klinisch laboratorium, maar besloten een complexere en natuurlijker aandoende stimulus te gebruiken: ze lieten hun proefpersonen kijken naar een beroemd sociaal drama, de Hollywoodklassieker *Who's afraid of Virginia Woolf?* Voor de meesten van ons zijn de ogen van anderen een van de waardevolste sociale signalen. We zien dat iemand liegt aan zijn ontwijkende blik; een man weet dat een vrouw verliefd op hem is doordat ze hem iets langer blijft aankijken dan gebruikelijk. Ami had het vermoeden dat mensen met autisme deze voorkeur voor de ogen niet delen. De bevindingen van de onderzoekers bevestigden dit vermoeden. Normaal ontwikkelde mensen keken bijna 70 procent van de tijd naar de ogen van de acteurs; hun blik schoot heen en weer tussen de blik en de gezichten van de diverse acteurs. Mensen met autisme keken slechts 20 procent van de tijd naar de ogen, en besteedden aanzienlijk meer aandacht aan de lippen van de acteurs en aan diverse voorwerpen in de scène.

Door het gebrek aan belangstelling van autistische kinderen voor het gezicht en de ogen doen zich in de loop der jaren minder gelegenheden voor Hebbiaans leren voor, en dat kan leiden tot een vertraging in de ontwikkeling van associaties tussen de eigen emoties en de aandacht van het kind en de gelaatsuitdrukkingen en blikrichting van anderen. Gegeven de grote impact die een training van slechts vijf uur kan hebben op de associatie tussen het geluid van muziek en pianospelen,[94] kunnen we slechts gissen naar de ernst van de gevolgen van een levenslang, systematisch verschil in blootstelling aan congruente sociale signalen.

Zijn de gedeelde circuits beschadigd bij autisme?

Een tijd lang heerste de gedachte dat een 'kille' moeder de oorzaak was van autisme bij een kind. Recenter onderzoek onder tweelingen heeft aangetoond dat genetische factoren de primaire oorzaak van autisme vormen. Tweelingenonderzoek wordt vaak gedaan omdat tweelingen zich kunnen ontwikkelen uit een en dezelfde eicel en dus hetzelfde DNA hebben, of uit twee eicellen, in welk geval ze net als 'gewone' broers en zussen slechts de helft van hun DNA delen. Als autisme uitsluitend door de omgeving wordt veroorzaakt, zou de kans dat beide helften van een tweeling autisme hebben bij eeneiige tweelingen even groot moeten zijn als bij twee-eiige. Is de oorzaak genetisch, dan zou deze kans, de zogeheten concordantie, aanzienlijk hoger moeten zijn bij eeneiige tweelingen. Voor autisme kan de concordantie bij eeneiige tweelingen meer dan 90 procent bedragen, terwijl deze bij twee-eiige nog geen 10 procent is. Zo'n spectaculair verschil geeft aan dat mensen met autisme iets in hun DNA hebben wat ervoor zorgt dat hun hersenen zich op ongebruikelijke wijze ontwikkelen, waardoor zij niet die sociale intuïtie ontwikkelen die de meesten van ons niet meer dan normaal vinden.

De vraag die een steeds groter aantal onderzoekers bezighoudt, onder wie ikzelf, is of een stoornis in de spiegelneuronen en de gedeelde circuits ons kan helpen de biologische oorzaak van autisme te begrijpen.[97-103] Er zijn twee benaderingen gebruikt om deze mogelijkheid te onderzoeken. Ten eerste: als autisme te maken heeft met een defect in de gedeelde circuits, mogen we verwachten dat autisten opvallende afwijkingen moeten vertonen in hun vermogen het gedrag van anderen te imiteren, waaronder de doelgerichte lichamelijke handelingen en gelaatsuitdrukkingen. Ten tweede: bij experimenten waarbij met behulp van bijvoorbeeld fMRI de hersenactiviteit in gedeelde circuits wordt gemeten zullen we naar verwachting bij proefpersonen met autisme minder activiteit in gedeelde circuits zien dan bij mensen zonder autisme.

Mensen met autisme imiteren minder

Imitatiegedrag is uitgebreid onderzocht bij kinderen en volwassenen met autisme. De conclusie van al dat onderzoek luidt dat kinderen met autisme minder na-apen. Als normaal ontwikkelde kinderen een spelgenoot een nieuw stuk speelgoed op een bepaalde manier zien gebruiken, bijvoorbeeld door een autootje heen en weer te schuiven en daarbij 'broembroem'-geluiden te maken, zullen de meesten van hen deze waargenomen handeling spontaan imiteren. Kinderen met autisme doen dit minder vaak.

Hetzelfde geldt voor gezichtsuitdrukkingen. De meesten van ons hebben een zogenoemde congruente gelaatsspierrespons wanneer we iemands gezichtsuitdrukking waarnemen: we fronsen als we een boos gezicht zien, en we glimlachen als we iemand anders zien glimlachen. Een incongruente respons is het tegenovergestelde. Bij normale kinderen komen in circa 70 procent van de tijd congruente responsen voor, maar bij kinderen met autisme is dit slechts 35 procent van de tijd.

De lichamelijke handelingen en gezichtsuitdrukkingen van anderen zijn dus bij mensen met autisme van minder invloed dan bij de meesten van ons. Ons gevoel van verbondenheid met anderen wordt in hoge mate beïnvloed door de intensiteit waarmee die anderen onze handelingen en emotionele gezichtsuitdrukkingen spiegelen; daardoor zal deze verminderde neiging bij mensen met autisme een negatieve invloed hebben op hun sociale netwerk.

De vraag is waarom kinderen met autisme minder aan openlijke imitatie van gebaren en gezichtsuitdrukkingen doen. De twee mogelijke antwoorden zijn dat ze niet in staat zijn tot imitatie, of dat ze dat wel kunnen, maar minder dan andere kinderen doen. Algemeen gesproken lijken ze redelijk goed te kunnen imiteren. Als je kinderen bijvoorbeeld rechtstreeks vraagt om een reeks gelaatsuitdrukkingen te imiteren, zullen zowel degenen met als degenen zonder autisme zonder mankeren congruente gezichtsuitdrukkingen produceren.[104]

Datzelfde geldt voor gebaren en gebarenreeksen, zoals is aangetoond door de Britse cognitief psycholoog Antonia Hamilton en haar collega's. Met behulp van een taak die was ontwikkeld door mijn collega, de Nederlandse psycholoog Harold Bekkering,[103, 105] zetten ze een stel kinderen met en zonder autisme aan een tafel tegenover een onderzoeker. Op de tafel lagen vier platte, ronde voorwerpen en de kinderen kregen het verzoek na te doen wat de onderzoeker deed. Eerst raakte de onderzoeker een van de voorwerpen aan die voor hem lagen. Als hij het rechter voorwerp met zijn rechterhand aanraakte of het linker voorwerp met zijn linkerhand, staken kinderen met en zonder autisme vrijwel steevast hun hand uit naar het overeenkomstige voorwerp. Daaruit bleek dat ze een goed begrip hadden van het doel van de handelingen van de volwassene. Maar in circa de helft van de gevallen gebruikten beide groepen kinderen de verkeerde hand, en dan voornamelijk de hand die het dichtst bij het voorwerp was. Het doel van de handeling was correct gereproduceerd, maar op een manier die afweek van die van de onderzoeker; een manier die 'logischer' lijkt voor het bereiken van het doel op zich.

Ook bij proefpersonen die geboren zijn zonder armen hadden we die voorkeur al gezien: het bereiken van het waargenomen doel was belangrijker dan een imitatie van de manier waarop dat doel wordt bereikt. De mensen zonder armen activeerden de representatie van hun voet tijdens het kijken naar handgebaren van andere mensen; dit suggereert dat ze mentaal het doel van de waargenomen handelingen simuleren, maar dan op de voor henzelf meest geschikte manier, ook als die afwijkt van wat ze zien.[93] Kinderen met autisme blijken dus even gevoelig te zijn voor deze voorkeur voor doelen; dit geeft aan dat hun hersenen de doelgerichte handelingen van anderen interpreteren op een manier die niet fundamenteel afwijkt van die van kinderen zonder autisme.

Bij kinderen met autisme is het vermogen om betekenisvolle handelingen te imiteren intact – ze kunnen een voorwerp vastpakken of een glimlach nadoen. Toch blijkt uit een aantal experimenten dat jonge kinderen met autisme lichte stoornissen tonen bij de imitatie van complex betekenisloos gedrag (bijvoorbeeld zonder zichtbaar doel je arm uitsteken met de palm omhoog en de duim en pink de lucht in wijzend). Deze stoornissen verdwijnen echter vaak na enkele jaren.[101, 106-108]

We krijgen dus een dubbele boodschap. Mensen met autisme kunnen handelingen en gezichtsuitdrukkingen nadoen, maar doen dat minder spontaan en de problemen nemen in de loop der jaren af.

Neuroimaging om activiteit in het spiegelsysteem te kwantificeren bij autisme

Aan de hand van een aantal verschillende methoden (elektro-encefalografie, magneto-encefalografie en fMRI) hebben onderzoekers gekeken of het spiegelsysteem voor handelingen minder reactief is bij mensen met autisme. Het bleek dat mensen met autisme hun motorsystemen minder gebruiken dan anderen wanneer ze naar willekeurige, herhaalde handelingen kijken, bijvoorbeeld naar een hand waarvan de vingers afwisselend geopend en gesloten worden.[99] Als de handelingen minder repetitief zijn, bijvoorbeeld op een bepaald signaal een bepaalde vinger omhoogsteken, worden de verschillen kleiner.[100] Kijken ze naar een doelgerichte handeling als het vastpakken en bewegen van een voorwerp, dan activeren ze hun motorsysteem evenzeer als mensen zonder autisme.[109, 110]

Mirella Dapretto en haar collega's aan UCLA keken of kinderen met autisme minder activatie tonen in motor- en emotiegebieden van de hersenen tijdens het kijken naar, en nabootsen van, gezichtsuitdrukkingen.[97, 98] Uit hun onderzoek bleek dat kinderen zonder autisme naast hogere visuele gebieden ook hun premotor- en insulagebieden activeren wanneer ze naar gezichtsuitdrukkingen kijken. Dit stemde overeen met onze bevindingen bij volwassenen.[51, 59, 61] De kinderen met autisme activeerden deze gebieden echter minder sterk – een resultaat dat naadloos aansluit op de observatie dat kinderen met autisme ook minder spontane gezichtsmimicry vertonen. Ze kregen het verzoek in de scanner een reeks gezichtsuitdrukkingen na te doen, en in lijn met het feit dat deze kinderen in staat zijn tot bewuste nabootsing van gezichtsuitdrukkingen activeerden ze inderdaad hun visuele cortex, het onderste deel van de pariëtaalcortex en de premotorcortex, vrijwel net als kinderen zonder autisme. De insula en het ventrale (aan de buik- of onderzijde gelegen) voorste deel van de premotorcortex werden echter minder sterk geactiveerd. Dit suggereert dat bepaalde aspecten van de motorsimulatie en de emotionele reactie minder intens waren dan bij normale kinderen.

Samen met collega's in het laboratorium en een van mijn aio's, Jojanneke Bastiaansen, hebben we een soortgelijk experiment uitgevoerd met volwassenen met autisme.[111] Onze proefpersonen kregen in de scanner filmpjes te zien van een aantal gezichtsuitdrukkingen, waaronder walging, en kregen vervolgens onaangename smaken te proeven om de bijbehorende emoties te veroorzaken. Ook vroegen we of ze zelf de betreffende gezichten wilden trekken: zo konden we die delen van hun hersenen in kaart brengen die verantwoordelijk zijn voor het voortbrengen van de bewuste uitdrukking. In tegenstelling tot wat Dapretto en collega's hadden gezien bij kinderen met autisme zagen wij dat autistische volwassenen in het algemeen hun emotionele insula en de motorgebieden even sterk activeren als normale deelnemers (waarbij sommige oudere proefpersonen deze zelfs meer activeerden dan 'gewone' proefpersonen), en dat ze de middelste prefrontale gebieden die betrokken zijn bij bewuste gedachten over medemensen nog meer activeren dan de meesten van ons. Het intrigerende hieraan was echter dat de activiteit in de motorgebieden na verloop van tijd afnam bij 'normale' proefpersonen, maar juist toenam bij de groep met autisme. De activiteit in het spiegelsysteem van de mensen met autisme was abnormaal laag bij de jongste volwassenen (circa achttien jaar oud) die aan het onderzoek meededen, maar nam vervolgens in de loop der jaren gestaag toe en bereikte rond de leeftijd van dertig jaar normale waarden. Dit leeftijdseffect verklaart waarom Mirella verminderde activiteit aantrof in het spiegelsysteem van kinderen terwijl wij ditzelfde tekort niet vonden bij volwassenen. Het ziet er dus niet naar uit dat het spiegelsysteem kapot is, maar dat het simpelweg vertraagd is. In lijn met dit idee zagen we dat de activiteit in het spiegelsysteem met de leeftijd toenam bij mensen met autisme, en dat ook het sociaal functioneren beter werd: de oudere proefpersonen met meer activiteit in hun spiegelsysteem hadden ook meer vrienden en waren beter in staat een baan te hebben en te houden. Dit sluit naadloos aan op bevindingen van andere groepen die suggereren dat ook de imitatieproblemen van mensen met autisme afnemen met het verstrijken der jaren.[101, 106-108] Experimenten in de toekomst zullen moeten uitwijzen of proefpersonen met autisme minder intense activaties vertonen in hun gedeelde circuits, en hoe het komt dat deze verschillen bij het ouder worden verdwijnen.

Wat mij het meest boeit aan deze leeftijdsgebonden normalisatie van spiegelactiviteit en sociaal functioneren bij autisme is dat hieruit blijkt dat het hoogfunctionerende autistische brein mechanismen bevat waardoor de persoon met autisme in de richting van verbeterde sociale integratie wordt gestuurd. Door de aard te onderzoeken van de mechanismen die de spiegelactiviteit normaliseren kunnen we een natuurlijk proces definiëren waarmee therapeuten kunnen proberen om de kwaliteit van leven van mensen met autisme te verbeteren.

Autisme is ingewikkelder dan een gebroken spiegel

Momenteel kunnen we alleen nog maar speculeren over wat er precies aan de hand is in de hersenen van mensen met autisme, hoe het komt dat ze hun sociale omgeving als minder interessant en minder intuïtief aanvoelbaar ervaren. Een aantal onderzoeksresultaten lijkt echter duidelijk te maken dat er in deze hersenen ook buiten het spiegelsysteem enkele problemen spelen.

In een aantal fraaie onderzoeken op het gebied van genetica is aangetoond dat sommige mensen met autisme een probleem hebben met twee soorten eiwitten: neurexinen en neuroliginen. Deze moleculen zijn zogenoemde celadhesie-eiwitten, die ervoor zorgen dat twee neuronen aan elkaar blijven zitten bij de synaps waardoor ze communiceren. Ze zijn essentieel voor de veranderingen die optreden bij Hebbiaans leren, doordat ze reguleren hoe krachtig de twee neuronen bij een gegeven synaps kunnen communiceren.[112] Uit onderzoek waarbij wordt gekeken hoe krachtig de verbindingen tussen diverse hersengebieden zijn binnen het functionerende brein is gebleken dat er in autistische hersenen minder sterke verbindingen lijken te bestaan dan in normaal ontwikkelde hersenen.[113-115] Minder sterke integratie in de hersenen zal verstrekkende consequenties hebben voor een groot aantal hersenfuncties, maar zal ook van invloed zijn op de mate waarin de handelingen, emoties en gewaarwordingen van anderen, die vertegenwoordigd zijn in de sensorische hersengebieden, kunnen integreren met de eigen handelingen, emoties en gewaarwordingen.

Mensen met autisme hebben niet alleen een andere verwerking van sociale stimuli, maar besteden ook veel minder aandacht aan dergelijke stimuli. Ze kijken minder naar de ogen van anderen,[96] en in tegenstelling tot de meesten van ons luisteren ze liever naar geluiden zonder concrete betekenis dan naar gesproken mensentaal.[116] Interessant hierbij is het volgende: de amygdala, een hersenstructuur in de temporaalkwab, speelt bij normaal ontwikkelde mensen een belangrijke rol bij het richten van de aandacht op sociale stimuli;[117] en deze structuur lijkt bij mensen met autisme abnormaal ontwikkeld te zijn.

Wanneer we deze twee soorten bewijsmateriaal aan elkaar koppelen, ziet het ernaar uit dat mensen met autisme twee kernproblemen hebben. Hun hersenen richten de aandacht minder op de sociale wereld en brengen minder verbindingen tot stand tussen processen die plaatsvinden in verschillende hersengebieden. Hebbiaans leren wordt verstoord, het kind ontwikkelt dus minder sociale contacten en het spiegelsysteem komt vertraagd tot ontwikkeling. Dit proces wordt nog versterkt door ouders die, gefrustreerd door het gebrek aan reacties van hun kind, minder gemotiveerd zijn om met hem of haar imitatiespelletjes te spelen. Als gevolg daarvan creëren ze minder leermomenten, terwijl er juist méér nodig zouden zijn. Een vergelijkbare logica kan van toepassing zijn op de taalontwikkeling.

We hebben gezien dat door remmende Hebbiaanse associaties tussen de premotor en visuele richting de eigen handelingen van het kind mogelijk minder aandacht vergen, dus als het Hebbiaanse leren van deze associaties vertraagd is, blijven de eigen handelingen van het kind abnormaal veel aandacht eisen. De fladderende en schommelende bewegingen die soms bij autisten te zien zijn kunnen hier een weerspiegeling van zijn; dit zou dan inhouden dat mensen met autisme hun eigen handelingen interessanter vinden, omdat hun hersenen geen kans zien de sensorische gevolgen van deze bewegingen te onderdrukken.

Als u mij zou vragen of de sociale problemen bij autisme veroorzaakt worden door problemen binnen de gedeelde circuits, zou ik u naar waarheid moeten antwoorden dat ik dat nog niet weet. Er lijkt bewijs te zijn dat autisme een aantal primaire oorzaken kan hebben, waaronder problemen met aandacht en met connectiviteit (verbindingen in de hersenen), die van algemene invloed zijn op het brein. Ten gevolge hiervan kan er sprake zijn van een vertraagde ontwikkeling van de Hebbiaanse associaties die nodig zijn voor het ontstaan van de normale gedeelde circuits. Zo'n vertraagde ontwikkeling kan er de oorzaak van zijn dat kinderen met autisme pas later het vermogen tot imitatie ontwikkelen. Ook zal ze van invloed zijn op vele aspecten van sociale cognitie die afhankelijk zijn van het intuïtieve gevoel dat anderen net zo voelen en handelen als jijzelf. De vertraging kan verantwoordelijk zijn voor een deel van de sociale problemen die gezien worden binnen het autismespectrum en kan ook een normale taalontwikkeling remmen. Bij deze redenering zijn gedeelde circuits wel degelijk aanwezig bij mensen met autisme, maar niet volledig functioneel. Bij autisme is de spiegel van gedeelde handelingen, emoties en gewaarwordingen dus niet 'gebroken' maar gewoon wat beslagen en vertraagd. Therapieën die autistische hersenen helpen in een eerder stadium sterkere gedeelde circuits te ontwikkelen kunnen van groot belang zijn voor de ontwikkeling van normale sociale functies.

Hebbiaanse therapie kan van nut zijn bij autisme

Bewijs voor lacunes in de synaptische plasticiteit en connectiviteit bij ten minste sommige mensen met autisme doet ons vermoeden dat een baby met autisme meer ervaringen nodig heeft waarbij de eigen ervaringen en handelingen worden gekoppeld aan die van anderen. Zo wordt dan het niveau van Hebbiaans leren bereikt dat nodig is voor de ontwikkeling van normale gedeelde circuits. Een aantal benaderingen kan gevolgd worden om kinderen met autisme te helpen hun gedeelde circuits te ontwikkelen.

Ten eerste dient imitatie te worden gestimuleerd. Baby's en kinderen met autisme moeten een sociale omgeving aangeboden krijgen met een groot aantal uitnodigingen tot handelen, bijvoorbeeld doordat ouders worden gestimuleerd de handelingen van hun kind vaker te imiteren. Daarnaast kan het kind worden aangemoedigd tot imitatie, zodat hij/zij gemotiveerd kan raken om aandacht te besteden aan gebaren, gezichtsuitdrukkingen en emoties van anderen.

Kinderpsycholoog Brooke Ingersoll en haar collega's aan Michigan State University hebben een naturalistische gedragstherapie ontwikkeld die op exact deze punten is gericht, zij het voor gebaren, niet voor gezichtsuitdrukkingen. In de eerste fase van de therapie, die circa twee weken duurt, imiteert de therapeut het spelgedrag van het kind, zodat er openingen voor het gewenste gedrag worden gecreëerd. Als het kind met een speelgoedautootje speelt, zal de ouder of therapeut met een ander autootje op dezelfde manier gaan spelen. In een latere fase introduceert de therapeut imitatiegelegenheden voor het kind, door nieuwe toepassingen te laten zien voor het speelgoed waarmee het momenteel aan het spelen is. Als het kind dit gedrag imiteert, wordt het daarvoor geprezen, zodat het gedrag bevestigd en versterkt wordt. Verder zal de therapeut doorlopend verbaal verslag doen van het spel van het kind, om het te helpen zijn handelingen te koppelen aan taal. Ook worden er gebaren geïntroduceerd, en het kind wordt geprezen als het deze imiteert.[118] Al deze factoren samen bevestigen en versterken de neiging van het kind om in sociale situaties zijn gedeelde circuits in te schakelen.

Hoewel deze vorm van therapie nog in de kinderschoenen staat, is duidelijk dat ze exact gericht is op die domeinen die binnen een Hebbiaanse theorie van gedeelde circuits het doelwit zouden moeten zijn. In een kleinschalig onderzoek heeft de therapie veelbelovende resultaten aangetoond, waarbij het kind niet alleen vaker spontaan imitatiegedrag ging vertonen maar ook meer taal ging gebruiken en de aandacht vaker richtte op dezelfde voorwerpen als de ouder (zogenoemde *joint attention*). Zo'n soort therapie is met name veelbelovend als ze ook buiten de praktijk van de therapeut wordt toegepast. Ouders kunnen leren deze technieken te volgen en op die manier het leven van het kind thuis verrijken,[119] wat met name van belang is als men bedenkt dat de problemen bij autisme niet beperkt blijven tot imitatie en gedeelde circuits, en dat interventies zich moeten richten op meerdere domeinen van cognitie en gedrag. Verder zullen therapieën ook intellectuele vermogens buiten het sociale domein moeten stimuleren; deze zullen van groot belang zijn voor het toekomstige beroepsleven van het kind met autisme. Brooke en haar collega's zijn momenteel bezig met een groter onderzoek waaraan zestig kinderen meedoen. Dit zal waardevolle informatie opleveren over de doeltreffendheid van deze therapeutische benadering.

Afgezien van een verbeterde intermenselijke interactie kan een grote spiegel worden neergezet in de speelomgeving van het kind. De ouder kan de aandacht van het kind vestigen op de eigen gezichtsuitdrukking wanneer hij positieve of negatieve emoties ervaart, met bijzondere aandacht voor de bovenste delen van het gezicht – dit omdat mensen met autisme vaak weinig aandacht besteden aan de ogen.

Met behulp van computers kunnen mogelijkheden worden gecreëerd op visuo-motorgebied. Denk aan een computerspelletje waarbij een kind een gezichtsuitdrukking te zien krijgt en punten kan verzamelen door binnen 700 tot 1000 milliseconden eenzelfde gezicht te trekken, waarna als beloning een leuk filmpje wordt getoond. Met behulp van een webcam kan het kind gevraagd worden bepaalde gezichten te trekken tijdens het bekijken van ofwel live videobeelden van zijn eigen gezichtsuitdrukking, ofwel een playback van een eerdere gezichtsuitdrukking uit dezelfde categorie. Het kind krijgt dan de vraag aan te geven of hij net heeft gekeken naar een oudere playback of naar livebeelden. De videobeelden kunnen zo worden ingedeeld dat de aandacht automatisch uitgaat naar de bovenste helft van de gezichtsuitdrukking. Het probleem bij dergelijke videospelinterventies is echter dat ze kunnen helpen bij het ontwikkelen van bewuste imitatievaardigheden maar dat er weinig kans is dat ze de spontane imitatie buiten de spelcontext zullen verbeteren. Dergelijke interventies zouden dus voornamelijk moeten worden gebruikt in gevallen dat het kind problemen heeft met bewuste imitatie, maar niet wanneer het imitatievaardigheden heeft ontwikkeld en deze simpelweg niet spontaan gebruikt.

Tot slot is de belangrijkste factor, niet alleen voor autisten maar voor de gezonde ontwikkeling van alle kinderen, een werkelijke, gebeurlijke sociale interactie. Kinderen brengen helaas steeds meer uren door voor het televisiescherm. In tegenstelling tot een werkelijke persoon die zal reageren op de handelingen en emoties van het kind zal een tv-scherm dat nooit doen. Wat me daarbij de meeste zorgen baart is niet zozeer dat de tv zelf een negatieve invloed heeft op de ontwikkeling, maar dat ieder uur voor de tv een uur minder tegenover een mens van vlees en bloed is, iemand die reageert op wat het kind doet. Een kind moet ervaren dat waargenomen gezichtsuitdrukkingen en gebaren congruent zijn met de eigen emoties en gewaarwordingen, en door tv te kijken gebeurt dit niet. Dit kan van invloed zijn op de normale ontwikkeling van gedeelde circuits door middel van Hebbiaans leren. Voor mensen met autisme, bij wie de hersenen minder goed zijn in het omzetten van dergelijke associaties naar verbeterde synaptische verbindingen, kan dit gebrek aan leermomenten bijzonder schadelijk zijn. Het feit dat mensen met autisme minder gefascineerd zijn door sociale stimuli verergert deze situatie, want zij gaan niet actief op zoek naar sociale ontmoetingen en zullen dus wellicht nog bewuster proberen sociale interactie te vervangen door niet-sociale activiteiten, waarbij niet hoeft te worden gereageerd op anderen.

Is een gebroken spiegel een gebroken hart?

We hebben gezien hoe normaal ontwikkelde mensen hun gedeelde circuits spontaan inschakelen, en hoe mensen met autisme dit minder vaak lijken te doen en hun sociale omgeving minder intuïtief lijken aan te voelen. Stoornissen in de gedeelde circuits blijven echter niet beperkt tot mensen met problemen in het autistische spectrum. Ook in ons normale leven doen zich situaties voor waarin de gedeelde circuits ons voorliegen. Een van die situaties uit mijn eigen leven herinner ik me pijnlijk goed.

Zomer 2000. Samen met Antonella, mijn toenmalige vriendin, was ik op weg naar de bruiloft van vrienden. Het was een hete zomerdag in Piemonte en we waren als gebruikelijk aan de late kant, maar we lachten er samen om. Ik draaide het raampje van de oude Lancia y open en voelde een heerlijk warm briesje. Er klonk een rustgevend geluid van krekels. Ik was gelukkig, maar dat zou niet lang duren. Geheel onverwacht raakten we hevig slaags. Antonella zei dat ze het beu was dat ze nooit eens echt ruzie met me kon maken. Het was nergens voor nodig om steeds maar in harmonie te leven, zei ze. Ze had behoefte aan een man over wie ze bij tijden flink kon klagen. Kortom, op deze manier konden we niet verder.

Ik was verbijsterd. Deze discussie had ik absoluut niet zien aankomen. Ik dacht dat we een heerlijke dag hadden, en zij leek even vrolijk als ik. Maar binnen in haar had al een hele tijd iets liggen sluimeren. Mijn blijde gevoel veranderde in een pijnlijk gevoel van afstand. Ik realiseerde me dat er in haar hoofd heel veel omging waartoe ik niet intuïtief toegang had. Dergelijke voorvallen deden zich steeds vaker voor en mijn gevoel van 'samenzijn'* begon langzaam af te nemen. Uiteindelijk leidde dit tot het eind van onze relatie.

Wat er die dag, en alle andere keren dat ik ditzelfde gevoel kreeg, vermoedelijk misging is het feit dat de gedeelde circuits die de basis vormen van mijn sociale intuïtie en mijn gevoel van samenzijn gebruikmaakten van mijn eigen gevoelens en handelingen, om daarmee Antonella's gedachten te lezen. Mijn eigen gedeelde circuits interpreteerden haar reacties in het licht van mijn eigen gevoel van gelukzaligheid in die auto, mijn vreugde over de hoge temperatuur, de kalmerende associaties met het getjilp van de krekels. Ik maakte de fout te vertrouwen op dit intuïtieve gevoel van gedeeld geluk, terwijl haar glimlach misschien niet meer was dan beleefdheid.

* Ik gebruik de term 'autisme' als kortere term voor de accuratere maar langere formulering 'stoornissen binnen het autistisch spectrum'.

Maar het probleem lag veel dieper dan de tijdelijke wanprojectie van mijn geluk. We hebben allemaal te maken met een egocentrische interpretatie van andermans handelingen. Gedeelde circuits zijn geen tovenaarskunstje; ze helpen ons andere mensen te interpreteren in het licht van onze eigen handelingen, gewaarwordingen en emoties. Als uw innerlijk leven fundamenteel anders is dan dat van de persoon tegenover u, zult u dankzij uw gedeelde circuits iets voelen wat die ander niet voelt. In dergelijke gevallen liegt de spiegel van de gedeelde circuits tegen ons. Toen uit Antonella's gedrag die dag in de auto bleek dat mijn intuïtie zo ver van haar eigen gemoedstoestand lag, voelde ik me verblind, gewond, ontdaan van het scherpste sociale gevoel dat we hebben. Ik had alleen nog een abstracte reeks regels waarmee ik probeerde door onze relatie heen te navigeren en een crisis te omzeilen. De ervaring die ik op dat moment had, moet zoiets geweest zijn als wat mensen met autisme vertellen over al hun sociale contacten: je mist een aantal raakvlakken en voelt elkaar niet intuïtief aan. Ik begon nu en dan stevige ruzie te maken met Antonella, niet omdat ik vond dat ik gelijk had (persoonlijk leef ik liever in harmonie dan in een conflictsituatie), maar omdat mijn bewustzijn een nieuwe regel had opgeslagen: 'Antonella heeft zo nu en dan behoefte aan ruzie, en de laatste keer is alweer een tijd geleden, dus nu gaan we ruziemaken.' Die bewuste navigatie was niet alleen uitputtend, ik heb ook nooit echt goed kunnen raden wat zij precies wilde. Als ik me op regels moest verlaten, kon ik haar verlangens nooit goed aanvoelen en het viel me zwaar aan haar wensen te voldoen. Niets leek zo goed te werken als simpelweg aanvoelen wat de ander nodig heeft.

Nu ik met Valeria getrouwd ben weet ik hoe fout het was om te geloven dat dit gebrek aan samenzijn normaal kon zijn binnen een intieme relatie. Mijn intuïtie is terug en ik voel aan wanneer Valeria blij of verdrietig is, en ik weet intuïtief waarom. Mijn gedeelde circuits zijn weer een waardevolle bron van informatie. In plaats van het slopende proces van bewust plannen dat bij Antonella nodig was voel ik nu hoe mijn energie juist wordt aangevuld doordat wij moeiteloos vreugde en leed delen. Het mythische beeld van Liefde als de eenwording van twee afzonderlijke helften van een ziel wordt tastbaar dankzij de naadloze verbinding tussen onze gedeelde circuits: zij wordt deel van mij, en ik van haar. Met niemand anders heb ik zo diep het gevoel dat mensen sociale dieren zijn, verbonden door de krachtige verbindingen tussen gedeelde circuits.

Zielsverwanten zoeken elkaar op

De afgelopen decennia is veel proefondervindelijk onderzoek gedaan naar de factoren die bepalen welke partners we aantrekkelijk vinden en met welke partners een goed huwelijk mogelijk is. De Duitse psycholoog en schrijver Bas Kast heeft hierover een mooi boek geschreven.[120] De volkswijsheid kent twee tegenovergestelde standpunten over partnerkeuze. Sommigen zijn van mening dat 'je het tegenovergestelde zoekt van wat je zelf bent' en dat we dus op zoek gaan naar partners met aanvullende eigenschappen. Als dat zo was, zouden onze gedeelde circuits continu op volle toeren draaien binnen de relatie. Dan zou liefde op het gebied van intuïtie werkelijk blind zijn. Anderen beweren dat we op zoek zijn naar zielsverwanten, en dat we een partner nodig hebben die op ons lijkt. Als dat zo was, zouden we bewust een keuze maken voor partners met wie onze gedeelde circuits uitzonderlijk goed werken, want de geest van onze partner zou dan net zo, of vrijwel net zo, werken als de onze. Dan zou onze simulatie meestal kloppen.

Twee soorten bewijs lijken erop te duiden dat overeenkomsten goed zijn voor twee partners. Ten eerste lijken proefpersonen partners die op hen lijken aantrekkelijker te vinden. David Buss van de universiteit van Michigan en Michael Barnes van Yale University hebben samen een groep studenten gevraagd de kenmerken te beschrijven die ze graag in een partner zouden zien.[121] Vervolgens lieten ze de proefpersonen een aantal vragenlijsten invullen die een evaluatie opleverden van de kenmerken van henzelf. Het bleek dat de studenten op zoek waren naar partners die gelijkwaardig waren op het vlak van persoonlijkheid, houding, aantrekkelijkheid en sociaaleconomische status. Extraverte persoonlijkheden waren op zoek naar extraverte partners. Diepgelovige mensen wilden gelovige partners. Een groot aantal onderzoeken heeft vergelijkbare resultaten opgeleverd. Het tweede soort bewijs meet niet wie we aantrekkelijk vinden, maar bekijkt in hoeverre overeenkomsten van invloed zijn op het geluk binnen een huwelijk of op het scheidingspercentage. Weisfeld en collega's in Engeland [122] ondervroegen 1053 echtparen en ontdekten dat de koppels met een vergelijkbare opleiding, intelligentie en aantrekkelijkheid gelukkiger waren; dit maten ze met negatieve vragen in de trant van: 'Hebt u ooit scheiding overwogen?' of 'Als u mocht kiezen, zou u dan met dezelfde partner trouwen?', vragen over hoe onaangenaam de partner kan zijn ('Hoe vaak hebt u ernstige ruzie?' en 'Is uw partner wel eens echt gemeen tegen u?') en vragen over de seksuele tevredenheid binnen de relatie ('Bent u tevreden over de seksuele aspecten van uw huwelijk?' en 'Zou u wensen dat uw partner meer ingaat op uw seksuele verlangens?').

Mensen gaan om een aantal redenen op zoek naar vergelijkbare partners ('homogamie') of trouwen met vergelijkbare partners. Biologen vermoeden dat een vergelijkbare partner waarschijnlijk vergelijkbare genen heeft. Als dit zo is, zal het nakroost meer genen bezitten waarover beide ouders beschikken, dan als een van de ouders sterk afwijkt. Dit komt doordat het kind niet alleen genen van de moeder krijgt, maar ook die genen van de vader die toevallig identiek zijn aan die van de moeder. Datzelfde geldt voor de vader. Verder zijn biologen van mening dat we op zoek gaan naar partners die fysiek gezien ongeveer even aantrekkelijk zijn als wijzelf, want als de een veel aantrekkelijker is dan de ander is de kans groter dat deze zal overstappen naar een aantrekkelijker partner. Wat ook de evolutionaire grondslag mag zijn voor onze neiging om vergelijkbare partners te zoeken, deze neiging heeft een sterk positief effect op echtparen als het gaat om gedeelde circuits. Een vergelijkbare partner is goed te lezen en te voorspellen aan de hand van simulatie, en daardoor wordt een aangename indruk van samenzijn gewekt. Ook tegenovergestelden kunnen elkaar aantrekken, maar wie op zoek is naar een langdurende relatie die geluk brengt doet er goed aan een zielsverwant te zoeken en simulatie een kans te geven!

Geen enkele relatie is natuurlijk een perfecte match. We trouwen niet met onszelf. Een zekere mate van verrassing en enkele verschillen zijn interessante uitdagingen binnen elke relatie. Zo krijgen we de kans nieuwe aspecten van de wereld te ontdekken, en vanuit evolutionair standpunt bekeken voorkomen we hiermee inteelt, waaraan zoals bekend diverse nadelen kleven. In stabiele, tevreden relaties berusten deze verschillen op een solide basis van overeenkomsten. De ontdekking van gedeelde circuits vertelt ons dat we waar we overeenkomen op onze intuïtie kunnen vertrouwen, terwijl we op die gebieden waar we verschillen voorzichtig moeten zijn, omdat we ons hier kunnen vergissen als we denken dat onze partner dezelfde mening is toegedaan als wijzelf.

Hoe meer je hebt meegemaakt, des te meer begrijp je

Relaties zijn situaties waarin empathie kan leiden tot een verbazingwekkend intieme band, maar tevens waarin we het minst tolerant zijn wanneer we iemand anders een keer niet begrijpen. Toch komen we buiten onze relaties de grenzen van de empathie het vaakst tegen. Misschien zien we iemand dagelijks zwemmen, en vragen we ons af hoe die persoon het opbrengt om iedere ochtend om vijf uur op te staan om te gaan zwemmen. Dat komt doordat we zelf nooit de euforische toestand hebben meegemaakt van om acht uur in de ochtend klaarwakker zijn met een portie endorfinen in ons lichaam. Zonder die ervaring kunnen we niet aanvoelen waarom die persoon zo vroeg opstaat om te gaan zwemmen. Als we op een etentje worden uitgenodigd en alleen bier te drinken krijgen, voelen we intuïtief aan dat de gastheer niet bijzonder blij is ons te zien, want hij heeft geen goede wijn gekocht; maar diezelfde gastheer heeft een passie voor dit zeldzame bier en hij heeft twee uur gereden om het aan te schaffen – alleen delen wij dit passie niet. Stel dat we naar Bulgarije gaan en daar de indruk krijgen dat dit een zeer negatief volk is omdat ze bij alles wat we zeggen hun hoofd schudden; dat komt alleen doordat wij hun motorprogramma niet delen, waarbij hoofdschudden 'ja' betekent en knikken 'nee'. Sociale intuïtie zal altijd tot correcte conclusies leiden wanneer er overeenkomsten zijn tussen de personen, en steeds tot verkeerde conclusies als er verschillen zijn. Net als in relaties wordt intuïtie vaak gebruikt bij sociale vaardigheden, maar als we redenen hebben om aan te nemen dat anderen anders in elkaar zitten dan wij, schakelen we flexibel over op andere manieren om de medemens te interpreteren.

Wat gedeelde circuits ons geven is een verklaring voor het feit dat bepaalde sociale contacten meteen een band en een ontspannen gevoel opleveren, terwijl de contacten met anderen afstandelijk en gespannen aanvoelen. Wanneer we onze intuïtie goed gebruiken vertrouwen we op gedeelde circuits die een gevoel van wat er in anderen omgaat simpel associëren met sociale signalen als gezichtsuitdrukkingen, gebaren en handelingen, in processen die weinig eisen van onze expliciete mentale aandacht. Wanneer we moeten vertrouwen op abstracte regels ('Vergeet niet: in Bulgarije zijn de hoofdgebaren voor ja en nee omgedraaid'), moeten we onze intuïtie remmen en moeten we gebruikmaken van cognitie, waarvoor bewuste aandacht nodig is. Deze sociale relaties weerspiegelen onze inwendige spanning; ze voelen daardoor minder natuurlijk aan en vergen meer energie. Sociaal vaardige mensen zullen zowel intuïtie als cognitie gebruiken voor een effectieve interactie met anderen, maar onze intuïtie geeft zekere privileges in de omgang. Ik vermoed dat een groot deel van het gevoel van 'chemie' dat we soms met anderen delen een weerspiegeling is van de mate waarin we dankzij onze gedeelde circuits op die persoon kunnen afstemmen – en dus van de mate waarin we overeenkomen.

Het spiegelsysteem kan liegen: implicaties voor therapeuten

Ook in de psychotherapeutische praktijk is sociale intuïtie een mes dat aan twee kanten snijdt. Enerzijds is het belangrijk de handelingen en gewaarwordingen van een cliënt te delen; zo krijgt de therapeut inzicht in de cliënt en kan hij/zij deze vragen zich voor hem/haar open te stellen.[49] Zoals we bij echtparen al gezien hebben kunnen de gedeelde circuits inderdaad goed inzicht bieden in anderen, maar in de therapeutische praktijk werkt dat alleen als de therapeut in dit bepaalde opzicht lijkt op de cliënt. Mensen delen uiteraard een groot aantal basisemoties, -gewaarwordingen en -handelingen, dus veel inzichten zullen zeker geldig zijn. In datzelfde licht bezien zijn psychoanalytici zich al sinds Freud bewust van het feit dat we ook de neiging hebben om aspecten van onszelf onterecht te projecteren op mensen in onze omgeving. Een therapeut die zelf gescheiden is kan zijn of haar eigen probleem projecteren op een cliënt in een vergelijkbare situatie. Dergelijke projecties zijn een natuurlijke neiging van gedeelde circuits. Een therapeut dient zich altijd bewust te zijn van het feit dat intuïtie een krachtig middel is, maar van nature het risico in zich draagt onze eigen mentale staat toe te denken aan anderen, ook als die mentale staat niet van toepassing is.

Kijk in de spiegel: u ziet een mens

Ondanks incidentele misverstanden is ons intuïtieve begrip van anderen relatief accuraat, want mensen hebben veel met elkaar gemeen. We delen meer dan 99 procent van ons genetisch materiaal, we hebben dezelfde emotionele basisgezichtsuitdrukkingen,[91] en de meeste mensen die we ontmoeten hebben een aantal ervaringen ondergaan die lijken op de onze (werken, ouder worden, ademen, een taal spreken). In vergelijking moeten we voorzichtig met onze intuïtie omgaan waar het dieren betreft, want met dieren hebben we veel minder overeenkomsten.

Een groot aantal signalen is niet zomaar van de ene soort naar de andere te vertalen. Als een aap grijnst, tilt hij de mondhoeken op en laat opeengeklemde kaken zien. Dit is geen uitdrukking van vreugde, maar van angstige onderwerping. 'Laat me met rust' is de boodschap, en 'Ik wil liever geen ruzie met je'. Voor ons is de gezichtsuitdrukking die daar het meest op lijkt een glimlach. Toen ik voor het eerst apen bestudeerde, leidde dit verschil tot grote misverstanden. Ik dacht dat de aap sociaal contact zocht, maar in wezen vroeg hij me juist om met rust gelaten te worden. Andersom moet mijn vriendelijke glimlach de aap hogelijk verbaasd hebben.

Wat gedeelde circuits ons vertellen over andere dieren is dat onze hersenen hun gedrag zullen koppelen aan ons eigen gedrag. We hebben video's laten zien van een hond die tegen mensen staat te kwispelen, en we hebben gezien dat dat gedrag leidt tot hersenactivaties die sprekend lijken op de activaties die plaatsvinden als een mens zijn arm beweegt. Wanneer we kijken naar de gezichtsuitdrukkingen van een aap activeren we ons spiegelsysteem in gebieden die overeenkomen met gebieden die reageren op menselijke gezichtsuitdrukkingen.[20] En apen activeren spiegelneuronen wanneer ze naar menselijke gezichtsuitdrukkingen kijken.[123] Deze simulatie leidt ertoe dat we onze eigen doelen en emoties toedichten aan leden van andere soorten: we antropomorfiseren de dieren die we waarnemen. We moeten voorzichtig omgaan met deze neiging: we mogen niet klakkeloos vertrouwen op onze intuïtie bij de interpretatie van diergedrag.

10

Een overkoepelende theorie
van sociale cognitie

Ooit vroeg een leraar op school me een menselijke ervaring te beschrijven. 'Niet zomaar beschrijven wat je hoort of ziet,' zei hij. 'Beschrijf de gewaarwordingen van al je zintuigen.' Om te beschrijven hoe het voelt om voor het eerst aan zee te zijn moet ik vertellen over het weidse uitzicht, de witte schuimkoppen van de golven in de wind, het geluid van de steentjes die door de golven aan land worden gespoeld en dan weer terugrollen in het water, maar ook het koude gevoel van het water aan mijn voeten en het kriebelende gevoel als het tussen mijn tenen opkrult; de zilte smaak in mijn mond, de geur van jodium in mijn neus, het vocht in de lucht. Grote dichters en schrijvers onderscheiden zich door hun vermogen alle aspecten van ons bestaan aan te spreken, niet alleen het zicht maar ook onze gewaarwordingen, bewegingen en emoties.

Met elektroden die de activiteit van één cel registreren, met fMRI-scans, door onderzoek bij mensen met hersenbeschadigingen en met behulp van TMS, kortom, met alle ultramoderne technologie van de hedendaagse neurowetenschap, ontdekken we dat het brein in wezen een groot dichter is. De hersenen voorzien ons van schitterende beschrijvingen van het innerlijk leven van de mensen om ons heen. Ze versieren wat we zien en horen met een multimodale beschrijving van wat wijzelf in hun plaats zouden doen, voelen en gewaarworden. Net als alle dichters ter wereld doen de hersenen dit in een subjectieve en persoonlijke stijl die de ware gevoelens en bedoelingen van mensen vervormt in de spiegel van onze eigen ervaringen, maar die de mentale staat van anderen toch op intuïtieve wijze weergeeft, levendig en deelbaar.

De aspecten van empathie die we tot nu toe afzonderlijk hebben besproken komen samen om ons te helpen bij onze sociale cognitie. Bij het begrip van anderen komt echter meer kijken dan alleen de intuïtieve poëzie van de gedeelde circuits. Als een tweedehandsauto- verkoper ons met een brede glimlach en enthousiaste stem vertelt hoe geweldig het zou zijn om deze oude roestbak hier aan te schaffen, zorgen onze gedeelde circuits ervoor dat we zijn enthousiasme gaan delen en laten we ons overreden om de auto te kopen. Op een meer intellectueel en bewust niveau weten we echter door de bittere erva- ringen van anderen dat tweedehandsautoverkopers niet altijd even betrouwbaar zijn. Onze bewuste gedachten gaan een interactie aan met onze empathische intuïtie, en samen helpen ze ons een beslis- sing te nemen; zo leren we van andermans ervaringen in plaats van aangewezen te zijn op ons eigen vallen-en-opstaan.

Om anderen te begrijpen hebben we zowel ratio als intuïtie nodig

Tot nu toe heb ik het alleen gehad over gedeelde circuits en intuïtieve sociale cognitie, maar een aantal onderzoekers heeft zich gericht op de andere zijde van sociale cognitie: hoe we bewust nadenken over andermans mentale staat. Een vrijwel onbeantwoorde kwestie is de vraag hoe de interactie tussen intuïtie en gedachten verloopt.[124]

Laten we beginnen met onze eigen ervaringen. Als ik sushi eet die niet zo vers is als hij had moeten zijn, zal ik eerst de premotor- en motorgebieden activeren waarmee ik kan eten, en later, wanneer ik voedselvergiftiging heb, zullen de somatosensorische cortex en de insula's in mijn hersenen bespeuren dat er iets veranderd is, en zorgen ze dat ik misselijk word. In eerste instantie blijf ik me misschien gewoon op mijn werk concentreren, maar even later zal de misselijk- heid mijn volledige aandacht opeisen en begin ik over mezelf na te denken om te begrijpen wat er mis is met me.

Misschien vraagt u zich af wat er in de hersenen gebeurt als we over onszelf nadenken, en om daarachter te komen kunt u zelf een experimentje doen. Gaat u ontspannen zitten en probeer uw hartslag te voelen zonder uw hand of uw vinger op uw hart of uw pols te leggen, want in dat geval doet u niet langer aan introspectie maar voelt u een externe gebeurtenis, net zoals u iemand anders z'n pols kunt voelen. Gewoon blijven zitten en naar de gewaarwordingen van uw lichaam luisteren. Hugo Critchley en zijn collega's in Londen bestudeerden wat er in de hersenen gebeurt als mensen op deze manier naar zichzelf kijken.[125] Hij maakte een pols-oximeter vast aan de vingers van zijn proefpersonen en zette iedere hartslag om in een toon. Bij de helft van de proefpersonen zorgde hij voor een vertraging van een halve seconde tussen de hartslag en de toon. Deelnemers in de scanner moesten naar zichzelf luisteren en beslissen of de toon synchroon was met hun hartslag of niet. Ze ontdekten dat het voorste deel van de insula en het middelste deel van de prefrontale cortex tussen de twee hersenhelften selectief werden geactiveerd wanneer proefpersonen naar hun eigen hartslag luisterden. Wat betreft de locatie vertoonde de activatie in het voorste deel van de insula sterke gelijkenissen met de activatie die werd gevonden tijdens de ervaring en de observatie van walging in ons eigen experiment;[59] hieruit mogen we voorzichtig concluderen dat de ervaring van walging inderdaad te maken heeft met het luisteren naar ons eigen lichaam (walging als in 'spuugmisselijk zijn').

Niet alle mensen zijn goed in introspectie. Sommige mensen, met een conditie die *alexithymie* heet, vinden het moeilijk hun eigen emoties te beschrijven en te herkennen. Als zij zich rusteloos voelen, weten ze niet of dat door woede, angst of bezorgdheid komt. Mensen met een hoge mate van alexithymie activeren hun insula en het middelste deel van de prefrontale cortex minder dan mensen die meer voeling hebben met hun eigen emoties.[126]

Analoog hiermee bestaat mijn ervaring met het eten van sushi in eerste instantie uit activiteit in de motorcortex, premotorcortex, somatosensorische en insulacortex. Door introspectie en activiteit in het middelste deel van de prefrontale cortex kan deze staat worden omgezet in gedachten over mijn eigen toestand. De eerste zorgt voor een representatie op laag niveau van mijn eigen staat, en de tweede staat voor een bespiegelende gedachte. Hoe goed mijn hersenen representaties op laag niveau kunnen omzetten in gedachten hangt af van mijn mate van alexithymie.

Wat gebeurt er als we zien hoe iemand anders eraan toe is? Stel dat ik een vriend sushi zie eten, waarna hij wit wegtrekt? Gedeelde circuits zetten de aanblik van zijn misselijkheid en de aanblik van sushi eten om in activiteit in mijn insula en mijn premotorcortex, pariëtaalcortex en somatosensorische cortex, net alsof ík die sushi had gegeten en nu zelf onwel werd. Intuïtief en prereflexief voel ik me een beetje zoals hij zich voelt. Daarnaast kan ik bij mezelf te rade gaan en dezelfde route gebruiken waarmee ik mijn eigen misselijkheid had geïnterpreteerd, maar ditmaal om zijn misselijkheid te begrijpen op basis van de gesimuleerde toestand in mijzelf die de zijne spiegelt en activiteit veroorzaakt in mijn insula [51, 59] en het middelste deel van de prefrontale cortex, [127] precies alsof ik nadenk over mijn eigen staat.

Bewust nadenken over andere mensen is dus een proces in twee fasen. Eerst spiegelen we hun staat, dan kijken we in onszelf. We denken niet meer rechtstreeks over andere mensen maar over hun beeld in de spiegel van onze eigen staat. Het mooie van deze theorie is dat er geen speciale circuits nodig zijn om na te denken over andere mensen, maar dat we gebruikmaken van dezelfde circuits waarmee we over onszelf nadenken, zodat we kunnen profiteren van de kennis die we hebben opgedaan over onze eigen staat en waardoor die veroorzaakt is of was. Ik herinner me de laatste keer dat ik me zo beroerd voelde; dat kwam door bedorven voedsel, en nu kan ik die persoonlijke kennis gebruiken om de misselijkheid van mijn vriend te interpreteren. In tegenstelling tot de gedeelde circuits voor handelingen, emoties en gewaarwordingen waarover we het eerder hadden is deze sociale introspectieve fase veel expliciter; ik kan een doorlopend commentaar bieden op mijn gedachten inzake de misselijkheid van mijn vriend.

Niet alle mentalisaties berusten op de resultaten van gedeelde circuits. Soms moeten we nadenken over mensen die heel anders in elkaar zitten dan wij. Zoals in het vorige hoofdstuk is besproken kunnen gedeelde circuits in dergelijke situaties misleidend werken. Onze hersenen moeten de simulatie dan onderdrukken en gebruikmaken van een andere manier van denken.

Een experiment dat is uitgevoerd door Jason Mitchell en zijn collega's aan Harvard ondersteunt de gedachte dat we twee routes hebben voor het begrip van anderen: een die gebruikmaakt van simulatie, en een die daar geen gebruik van maakt.[127] De onderzoekers lieten hun proefpersonen foto's zien van twee fictieve personen, met daarbij een korte beschrijving. Een had linkse sociopolitieke opvattingen en nam deel aan het soort activiteiten waaraan veel studenten aan vrijdenkende faculteiten aan de noordoostkust van Amerika meedoen. De ander was streng christelijk met conservatieve politieke en sociale opvattingen, en een enthousiast deelnemer aan diverse door religieuze en republikeinse organisaties opgezette evenementen aan een universiteit in het midden van de Verenigde Staten.

Tijdens een fMRI-scan kregen proefpersonen een van de twee foto's te zien, met daarbij een zin als 'Ik ben blij dat ik met Thanksgiving naar huis ga', 'Uitsluitend vanwege het milieu rijd ik in een kleine auto', of 'Ik vind dat culturele diversiteit een belangrijk nationaal discussiepunt zou moeten zijn'. Vervolgens moest de proefpersoon beslissen in welke mate de persoon van de foto zou instemmen met de gelezen uitspraak. In een derde van de proefnemingen moest de proefpersoon aangeven in hoeverre hij het zelf eens was met de uitspraken.

Sommige proefpersonen identificeerden zich met de progressieve foto, terwijl anderen meer voeling hadden met de conservatieve student. In alle gevallen werd het patroon van hersenactiviteit bepaald door de overeenkomst die de proefpersonen zelf zagen. Beide groepen proefpersonen activeerden een ventraal deel van de middelste prefrontale cortex, en wanneer ze nadachten over de fictieve student op de foto activeerden ze dezelfde delen als wanneer ze over zichzelf dachten. Dit ventrale gebied lijkt mensen te begrijpen via het hierboven beschreven proces van simulatie. Wanneer proefpersonen moesten nadenken over de student met wie ze geen affiniteit hadden, werd dit ventrale (onder- of buikzijde) simulatiegebied uitgeschakeld en gebruikten ze uitsluitend een meer dorsaal (aan de boven- of rugzijde) gelegen gebied dat te maken kan hebben met abstract denken. Hieruit blijkt dat we inderdaad twee routes kennen voor sociale cognitie. Een ventrale route simuleert personen die op ons lijken door gebruik te maken van onze eigen meningen, handelingen, gewaarwordingen en emoties en geeft ons waarschijnlijk het meest volledige inzicht in anderen. Hoe effectief dit is hangt af van de mate van affiniteit met die anderen (empathie) en van onszelf (alexithymie). Intussen kunnen we dankzij de meer dorsale route redeneren over de mentale staat van anderen zonder dat we gebruikmaken van wat we over onszelf weten. De abstracte aard van dit proces zorgt ervoor dat onze geest afgezonderd blijft van die van anderen en dat we niet struikelen over onze eigen egocentrische vooroordelen. Onze hersenen lijken heen en weer te schakelen, afhankelijk van hoe anders we ons voelen dan de persoon tegenover ons.* Helaas moeten we bij het gebruik van de meer dorsale route gebruikmaken van een reeks regels die we in ons hoofd hebben opgeslagen over anderen (bijvoorbeeld 'verkopers van tweedehandsauto's vertellen niet altijd de waarheid'), en die regels zullen nooit zo'n volledig beeld geven als onze kennis van onszelf.

Het verschil tussen bewuste gedachten en werktuiglijke intuïtie is het best te illustreren met het voorbeeld van autorijden. Toen we pas rijles hadden moesten we ons uit alle macht concentreren en leek het bijna onmogelijk om alles tegelijk in de gaten te houden. De basisactiviteit nam al onze aandacht in beslag en liet geen ruimte over voor bijkomende gedachten. Na één les waren we volledig uitgeput. Deze staat van concentratie lijkt op de expliciete processen die nodig zijn voor het nadenken over de geesten van anderen die niet op ons lij-

---

* Deze overschakeling kan plaatsvinden in een deel van de hersenen dat erom bekendstaat een kritieke rol te spelen wanneer mensen hun aandacht verplaatsen van de ene stimulus naar de andere: de *temporo-parietal junction* (Mitchell, J.P. (2008) *Cereb Cortex* 18, 262-271).

ken; het is dan ook geen wonder dat samenleven met een partner die we niet intuïtief aanvoelen even afmattend is als een eerste rijles. Wanneer we eenmaal ervaren bestuurders zijn, vinden alle basisprocessen automatisch plaats en kunnen we onze geest vrijmaken voor andere zaken. Nu kunnen we praten onder het rijden, of mogelijke gevaren in het verkeer onderkennen. De sociale intuïtie van de simulatie lijkt op deze routine, omdat dit een natuurlijk proces is dat automatisch plaatsvindt en de gedachten vrijlaat om te ontspannen of zelfs om bewust na te denken over andere mensen, zodat we onze sociale handelingen nog fijner kunnen afstemmen.

Tijdens onze ontwikkeling lijkt de intuïtieve simulatieroute veel eerder te functioneren dan de abstracte dorsale route.[129] Al voordat baby's kunnen praten vinden ze een nieuw stuk speelgoed leuk als ze zien dat de moeder er blij op reageert, en zullen ze het niet leuk vinden als de moeder er geschrokken op reageert; hieraan is te zien dat ook bij baby's de gedeelde circuits al in staat zijn de kinderen te 'besmetten' met andermans emoties.[130] Pas tussen de vier en zes jaar leren kinderen dat andere kinderen misschien meningen of gedachten hebben die afwijken van hun eigen overtuigingen. Een eenvoudige manier om te kijken of een kind begrijpt dat anderen eigen meningen en gedachten hebben is de vals-gelooftaak.[131] Het kind krijgt een reeks plaatjes te zien van een jongetje, Maxi, en zijn moeder. Maxi heeft een chocoladereep en legt die in een blauwe kast. Daarna loopt hij de kamer uit. Nu komt zijn moeder binnen, en legt de reep in een groene la. Als Maxi terugkomt, wil hij zijn reep. De jonge proefpersoon krijgt de vraag: 'Waar gaat Maxi op zoek naar de reep?' Het kind hoeft alleen te wijzen naar de plek waar Maxi zal zoeken. Kinderen vanaf vijf jaar wijzen naar de blauwe kast, want daar meent Maxi (onterecht) dat zijn reep zal liggen. Kinderen die jonger zijn dan vier wijzen meestal naar de groene la, want daar ligt de reep in werkelijkheid. Het verschil in reactie toont aan dat kinderen ergens tijdens het vijfde levensjaar het vermogen ontwikkelen om hun eigen gedachten (zij weten waar de reep nu ligt) los te maken van Maxi's gedachten (die nog denkt dat de reep ligt waar hij hem had opgeborgen).

Kinderen met autisme lijken tekorten te vertonen in zowel simulatie als hun vermogen om in te zien dat andere mensen anders kunnen denken dan zijzelf. De problemen met spontane imitatie zijn we al eerder tegengekomen. Verder zullen kinderen met autisme rond de leeftijd van acht jaar, wanneer normaal ontwikkelde kinderen al uitermate vertrouwd zijn met de gedachte dat anderen er andere ideeën op na kunnen houden, bij deze taak nog steeds naar de verkeerde plek wijzen alsof ze ervan uitgaan dat iedereen beschikt over dezelfde kennis als zij, namelijk waar de reep werkelijk ligt.[103, 132] Zelfs sommige volwassenen met autisme hebben dit inzicht nog niet, zoals we hebben gezien in het geval van Jerôme, de natuurkundige die dacht dat andere mensen zouden weten dat in een bepaald koekblik kleurpotloden zaten, alleen omdat hijzelf dat wist.

Aan de hand van deze bewijzen kunnen we concluderen dat ons vermogen om te begrijpen wat er in anderen omgaat op flexibele wijze kan berusten op twee routes, die elkaar aanvullen. Een berust op simulatie en geeft een intuïtief 'buikgevoel' van wat er in anderen omgaat, en deze route kan afbuigen naar een meer expliciete, verbale redenering waarbij de staat van anderen wordt gespiegeld in onze gedeelde circuits. Binnen die route kan intuïtie hand in hand gaan met rationele gedachten, en deze krachtige combinatie is van groot belang bij liefdesrelaties.[133] De andere route is abstracter en kan verschillen tussen mensen verklaren, maar is minder rijk en komt pas later in het leven tot ontwikkeling. De twee routes vullen elkaar uitstekend aan en de een onderdrukt de ander afhankelijk van de vraag hoe sterk de vermeende overeenkomsten zijn met de persoon tegenover ons. Deze twee facetten van sociale cognitie zijn samen verantwoordelijk voor de ware kracht van onze sociale competentie.

Ik leer wat jij leert

Leren van anderen is de veiligste en meest effectieve manier om kennis te vergaren, en de moderne mens is uitstekend geëquipeerd voor deze manier van kennisoverdracht. Waar de meeste dieren beperkt zijn tot een heel specifieke habitat hebben mensen de complete wereld gekoloniseerd en hebben ze geleerd in de meest vijandige omgevingen in leven te blijven. De ontdekking van spiegelneuronen voor handelingen heeft een zeer belangrijke rol gespeeld bij ons begrip van de neurale basis van deze vaardigheid. Als iemand van buiten de poolcirkel in zijn eentje in het poolgebied belandt, is de kans groot dat hij dat niet overleeft. Een Inuitmeisje dat op diezelfde plek geboren is zal daar uitstekend gedijen omdat zij van de andere groepsleden leert hoe ze in leven kan blijven. Als zij haar vader op een zeehond ziet jagen, zal haar spiegelsysteem motorprogramma's activeren om een gat in het ijs te hakken, stil te blijven staan wachten en een harpoen naar de zeehond te mikken. De activatie van die reeks bewegingen in haar hersenen zal haar op een dag in staat stellen zelf een zeehond de baas te worden. Dankzij haar spiegelneuronen kan ze het waargenomen doel (bijvoorbeeld jagen op een zeehond) omzetten in een motorprogramma dat een vergelijkbaar resultaat oplevert.

Maar aan een verklaring uitsluitend op basis van spiegelneuronen kleeft een probleem. We zien doorlopend handelingen uitvoeren, sommige met en andere zonder succes. Spiegelneuronen op zich zouden ervoor zorgen dat we de geslaagde en de minder geslaagde handelingen van anderen in gelijke mate delen. Dat is uiteraard niet de beste manier van sociaal leren. Als we iemand iets zien doen en een wenselijk resultaat behalen, moeten we dát gedrag aanleren; maar als het resultaat niet interessant is, hoeven we ons dit proces niet eigen te maken. Leidt het tot uitermate ongewenste resultaten, dan moeten we de handeling onthouden, maar dan om ervoor te zorgen dat we zoiets niet zelf gaan doen.

De psycholoog Burrhus Frederic Skinner van Harvard heeft een belangrijke bijdrage geleverd aan ons begrip van de plasticiteit van gedrag; hij liet ons zien dat voor alle dieren van hogere orde, van insecten tot mensen, de frequentie van ieder soort gedrag zal toenemen als dit gedrag een beloning oplevert, en dat de frequentie afneemt als het straf oplevert. Op zich is dit leermechanisme van toepassing op het leren van wat gunstig of schadelijk is voor het organisme zelf. Zo moeten we als kind leren dat het onplezierig is om een heet bord aan te raken, maar als volwassenen vinden we de gedachte alleen al pijnlijk en is de kans klein dat we dit zullen doen.

In de hersenen vinden zulke leerprocessen plaats doordat beloning en straf de afgifte reguleren van acetylcholine en dopamine. Deze neurotransmitters zeggen tegen de hersenen: 'Dit moet je onthouden' en dat doen ze deels door Hebbiaanse plasticiteit te vergroten. Zo komt het dat we ons zeer plezierige en zeer onplezierige momenten in ons leven veel beter herinneren dan momenten die geen bepaalde gevolgen hadden. Gebeurtenissen die een onverwachte beloning hebben opgeleverd leiden tot de afgifte van dopamine en acetylcholine, die de frequentie van dat gedrag zullen opvoeren door synaptische veranderingen te creëren, waardoor de koppeling wordt versterkt tussen de situatie en het gedrag. Als we zonder hooggespannen verwachtingen naar een restaurant gaan en daar onverwacht lekker eten, geven onze hersenen dopamine en acetylcholine af, en gaan we daar vaker naartoe. Als we daar eenmaal heel lekker eten verwachten en dat ook krijgen, zal ons dopaminesysteem geen dopamine meer vrijgeven. Dat houdt niet in dat we niet meer naar dat bepaalde restaurant zullen gaan, maar simpelweg dat we de frequentie van onze bezoeken niet verder zullen opvoeren. Valt het eten tegen, dan zakt ons dopaminegehalte en stijgt het acetylcholinegehalte; die situatie herinneren we ons dan, maar de associatie tussen de situatie en het gedrag wordt verminderd en de frequentie van ons restaurantbezoek gaat omlaag.

Dankzij dopamine en acetylcholine zijn de hersenen van de meeste dieren voorzien van een mechanisme dat ze in staat stelt te leren op basis van de resultaten van eigen handelingen. Als een dier in een bepaalde situatie bepaald gedrag vertoont, zijn drie aspecten van belang: de situatie, het gedrag en het resultaat.

De ontdekking van gedeelde circuits voor zowel handelingen als emoties biedt een nieuw perspectief op het probleem van sociaal leren. Denkt u zich in: met een groep van onze voorouders arriveert u in een nieuw woud, waar bomen staan die vol hangen met eigenaardige vruchten. Er is geen bekende voedselbron te bekennen en uw maag rommelt. U kunt natuurlijk alle vruchten zelf uitproberen, maar dan maakt u grote kans op voedselvergiftiging en dood. Veel beter kunt u eerst eens kijken wat anderen doen. Als u iemand die daar al woont met een blij gezicht een hap van een rode vrucht ziet nemen, gebeuren er in uw hersenen drie dingen. Eerst activeert u de premotor-, pariëtaal- en somatosensorprogramma's voor het plukken en verorberen van deze vruchten, want dankzij uw spiegelsysteem deelt u de handelingen van de inboorling. Ten tweede activeert u visuele representaties van de situatie: het woud en deze speciale vrucht. Ten derde activeert u hersengebieden die het positieve resultaat van de handeling delen.[51, 59] Binnen de spiegel van de gedeelde circuits deelt u nu plaatsvervangend alle aspecten van het individuele leren: de (gesimuleerde) handeling, het (gesimuleerde) stillen van uw honger, en de situatie plus deze ene vrucht. U hebt dan geen speciaal mechanisme nodig voor sociaal leren, maar het archaïsche mechanisme voor individueel leren heeft nu alle informatie binnen die u nodig hebt om te leren. De uitkomst is dat u het eten van die bepaalde vrucht zult koppelen aan deze bepaalde situatie, en dat u voortaan ook dit soort vruchten zult eten.

Als u daarentegen uw vriend een rode peul ziet eten, waarna hij rood aanloopt en met een angstig, van pijn vertrokken gezicht de peul uitspuugt, creëren uw gedeelde circuits een ander soort leersituatie. De handeling van het eten en de situatie van het bos en de rode peul worden gekoppeld aan het negatieve resultaat van pijn. U zult zich deze gebeurtenis herinneren, maar de plaatsvervangende negatieve uitkomst zal ervoor zorgen dat uw dopaminegehalte omlaag gaat en dat de koppeling tussen peulen en eten zwakker wordt. Terwijl het spiegelsysteem voor handelingen bij het eten van de vrucht net zo reageert als bij het eten van de peul, zorgen de gedeelde circuits voor pijn en genoegen voor een spectaculair verschil in de uitkomst van het leren. De combinatie van twee gedeelde circuits, namelijk dat voor handelingen en dat voor emotie, zorgt er dus voor dat een kernsysteem voor individueel leren, dat we met alle andere dieren gemeen hebben, een krachtig systeem wordt voor plaatsvervangend sociaal leren.

Gezien het feit dat lezen over emotionele situaties of over handelingen een reeks circuits activeert vergelijkbaar met wat er gebeurt wanneer we zelf getuige zijn van dergelijke situaties, kan ook het lezen over iemand die rode peulen eet en dan de brandende pijn van hete Spaanse pepertjes ervaart een uitstekende leerervaring opleveren.[26, 134] In het licht van de ontdekking van gedeelde circuits wordt plaatsvervangend leren een proces van vallen en opstaan, waarbij het vallen en opstaan worden gespiegeld op de eigen motorprogramma's en het beloningsmechanisme van de lezer.

Gevolgen voor het onderwijs: beloning en straf in het openbaar

Onderwijzers hebben hun pedagogische methoden in de loop van duizenden jaren kunnen verfijnen. Zij hebben methoden ontwikkeld die in hoge mate overeenkomen met wat we nu zouden adviseren op basis van de ontdekking van gedeelde circuits.

Een veel voorkomende onderwijspraktijk is het groepsonderwijs. Een groep van zo'n twintig leerlingen zit bij elkaar en kijkt hoe de leraar een bepaalde vaardigheid laat zien, bijvoorbeeld de hink-stap-sprong. Na de demonstratie vraagt de leraar de eerste leerling de sprong te maken, en als die lukt zal het kind ten overstaan van alle klasgenoten worden geprezen. Nu hebben de klasgenoten de sprong nogmaals gezien, en hebben ze in het succes van hun medeleerling kunnen delen. Als een van de leerlingen intussen iets verbodens heeft gedaan, bijvoorbeeld tegen de achterwand van de gymzaal is geklommen, wordt hij niet apart genomen door de leraar maar krijgt hij publiekelijk op zijn kop. Die straf in bijzijn van de klasgenoten verandert niet alleen het gedrag van de leerling zelf, maar is meteen

een waarschuwing voor de klasgenoten om dit niet zelf ook te wagen. Zowel de loftuitingen als het standje zijn precies wat de ontdekking van gedeelde circuits zou stimuleren. Zien wat andere mensen doen, met de successen en het falen van dien, is een waardevolle persoonlijke leerervaring.

Gedeelde circuits geven ons helder en belangrijk advies inzake beveiligingsmaatregelen. In veel werkomgevingen zijn beveiligingsmaatregelen genomen om ons te beschermen tegen zeldzame ongevallen. Op bouwplaatsen is het hinderlijk om een helm te dragen, want daar krijg je een warm hoofd van en hij zit niet lekker. De kans dat er iets op je hoofd valt is maar klein, en daarom dragen de meeste bouwvakkers geen helm. Een grafisch filmpje van een ongeluk waarbij een zwaar voorwerp op iemands hoofd valt, waardoor hij uiteindelijk in een rolstoel belandt en zijn gezin de voornaamste bron van inkomsten kwijtraakt, is een bijzonder onaangename plaatsvervangende ervaring maar wel een die de gedeelde circuits sterk zal activeren. Daarna is de kans veel groter dat bouwvakkers voortaan hun helm zullen opzetten.

Zoals we hebben gezien bij pijn zal de relatie tussen mensen van invloed zijn op de mate waarin ze elkaars emoties delen.[69] Met name voor mannen kan de aanblik van pijn plezierig zijn als die ander oneerlijk gedrag heeft vertoond. In de klas betekent dit dat het van groot belang is dat de leerlingen positieve gevoelens voor elkaar hebben, wil het systeem van plaatsvervangende beloning en straf werken. Is dat niet het geval, dan komt niet de juiste leersituatie tot stand als een medeleerling gestraft wordt, omdat de beloning dan zal leiden tot een versterkte koppeling tussen het gedrag en de situatie. En wanneer een leerling wordt geprezen om zijn keurige huiswerk kan dat uitermate negatieve gevoelens oproepen bij de klasgenoten, die zichzelf als concurrenten van de geprezen leerling zien. Maatregelen om de 'teamspirit' in de klas te verbeteren zullen waarschijnlijk direct een verbetering opleveren in de mate van plaatsvervangend leren. En bovendien zal school voor alle betrokkenen een plezieriger belevenis worden.

In traditionele leeromgevingen zijn de meeste onderwijzers zich terdege van deze kwesties bewust, en gedeelde circuits kunnen alleen maar helpen de werking van deze methoden te begrijpen. Bij leren op afstand zal de situatie heel anders liggen. Bij internetstudies worden de leerervaringen van één student niet noodzakelijkerwijs gedeeld met de andere studenten. Het kan echter wel degelijk van belang zijn dat studenten getuige zijn van de leerervaring van hun medestudenten.

11

Empathie, ethiek en psychopathie

Stel, u bent na uw werk onderweg naar huis en u ziet langs de weg een man met een bebloede hand die hij tegen zijn gewonde been drukt. Zijn gezicht is vertrokken van de pijn. Wanhopig gebaart hij om hulp. Er is niemand anders in de buurt. U denkt aan de troep van het bloed op uw achterbank en aan de tweehonderd euro die het u zal kosten om de bekleding te laten reinigen. Laat u die man langs de weg staan om uw leren bekleding te sparen? Natuurlijk niet. Hoe zou u iemand beoordelen die besluit om in die situatie geen hulp te bieden, als nul een moreel verwerpelijk monster is, vijf de gemiddelde man/vrouw, en tien Moeder Teresa?

Of stel dat u thuis een brief aantreft van een gerespecteerde liefdadigheidsinstelling die u vraagt om tweehonderd euro voor het verstrekken van voedsel en medische hulp aan mensen in hongersnood in Afrika. U hebt net een reportage gezien waaruit blijkt dat deze instelling volledig betrouwbaar is. Doneert u die tweehonderd euro? Sommigen misschien wel, maar de meeste mensen zullen dit waarschijnlijk niet doen. Hoe beoordeelt u op diezelfde tienpuntsschaal iemand die besluit om niet die tweehonderd dollar te doneren?

Over de hele wereld vinden de meeste mensen de man in de eerste situatie slechter dan in de tweede. Maar waarom eigenlijk? In het eerste geval hebben we het gevoel dat het belangrijker is om iemand in nood te helpen dan om die tweehonderd euro die nodig zijn om de leren bekleding te laten reinigen uit te sparen. Daar is uiteraard niets vreemds aan. En in het tweede geval? Hebben we het daar niet ook over tweehonderd dollar afgezet tegen een mensenleven? Het enige echte verschil is dat in de eerste situatie de persoon in nood pal voor onze neus staat, terwijl in het tweede geval de mensen in hongersnood heel ver weg zijn.

Nu kunt u tegenwerpen: 'Je weet maar nooit met die instellingen – wat blijft er aan de strijkstok hangen?' Maar volgens het verhaal was net tijdens een reportage gebleken dat deze organisatie uitermate betrouwbaar is. 'Nou, het is toch iets heel anders. Als ik die man langs de kant van de weg niet help, raakt hij misschien zijn been kwijt, maar die mensen in Afrika worden wel door iemand anders geholpen.' O ja? De kans dat iemand anders die man op straat helpt is even klein als de kans dat andere mensen genoeg geld geven om de honger in Afrika te lenigen.

Als u blijft aandringen, geven de meeste mensen zich vroeg of laat gewonnen met een opmerking in de trant van: 'Ik weet het ook niet, het voelt gewoon anders.' Of misschien zult u het op intellectueel niveau met me eens zijn maar gooit u de volgende Novib-brief toch ongelezen weg zonder dat u zich daar schuldig over voelt. Waarom geven deze twee verhalen ons zo'n totaal verschillend gevoel?

Een hele tijd lang was ethiek het domein van filosofen. Van de oude Grieken tot aan Kant waren de meeste mensen het erover eens dat ethische beslissingen een daad van bewuste reflectie moesten zijn. Ethiek is de objectieve afweging van voor- en nadelen, goed en slecht, nut en kwaad in de weegschaal van de gerechtigheid. Om ethisch te kunnen redeneren moet je helder en zonder passie kunnen nadenken. Emoties vertroebelen dit proces.

Als u dit rationalistische standpunt huldigt, hebben wij als mensen, de enige soort op aarde die koel en logisch kan redeneren, het monopolie inzake ethiek. Dieren hebben geen gevoel voor goed of slecht, want zij kunnen niet nadenken. We hebben allemaal een voorliefde voor de gedachte dat we uniek zijn. Als we bedenken hoe moeilijk het soms is om de juiste beslissing te nemen, kan de overtuiging dat we inderdaad de juiste keuze maken ons naar een hoger moreel plan tillen. Psychologie en neurowetenschap vertellen ons nu een heel ander verhaal. Als het om ethiek gaat, zouden gedeelde circuits wel eens veel machtiger kunnen zijn dan het intellect. We denken niet primair na over de vraag of het goed of slecht is om mensen te laten lijden. Dat voelen we.

Psychologen als Joshua Greene van Harvard of Jonathan Haidt van de universiteit van Virginia zijn tot de conclusie gekomen dat bewust redeneren niet ten grondslag ligt aan onze ethische beslissingen. Het feit dat we de eerste man helpen en geen geld doneren voor de mensen in Afrika is niet te wijten aan onze gedachten daarover, gevolgd door een conclusie dat dit de best mogelijke beslissing is. We hebben simpelweg de instinctieve aandrang om zo te handelen. Op de vraag waarom gaan we op zoek naar redenen die we onder woorden kunnen brengen.

Neem het verhaal van Julie en Mark, een broer en zus die toen ze op een avond alleen thuis waren besluiten dat het grappig en interessant zou zijn om te kijken of ze de liefde kunnen bedrijven. Julie is al aan de pil, maar Mark gebruikt voor de zekerheid een condoom. Ze beleven er beiden plezier aan, maar besluiten het bij deze ene keer te laten. Die nacht blijft een goed bewaard geheim, waardoor ze zich nog intiemer verbonden voelen. Wat vindt u daarvan? Hadden ze dat mogen doen?

De meeste mensen zeggen na het horen van dit verhaal meteen dat het fout was dat broer en zus geslachtsgemeenschap hadden. Maar op de vraag waarom komt het antwoord minder makkelijk. Er worden redenen genoemd als 'Nou, als broer en zus een kind krijgen, kan dat wel eens mismaakt ter wereld komen', maar omdat beiden aan anticonceptie deden is de kans daarop vrij klein. Sommige mensen redeneren dat broer en zus emotioneel geschaad kunnen worden door de ervaring, maar in het verhaal wordt uitdrukkelijk gezegd dat dit niet het geval is. Vroeg of laat geven mensen het op met de conclusie: 'Ik weet het niet, ik heb er geen verklaring voor, ik weet alleen dat het verkeerd is.'[135]

Een ethisch gevoel voor goed en kwaad lijkt niet voort te komen uit de rede, en lijkt er niet van afhankelijk te zijn. Anders zou het ontzenuwen van de redenering ons gevoel over het probleem radicaal veranderen, en dat is niet zo. Mensen veranderen zelden hun standpunt doordat anderen tegen hun intellectuele beweegredenen ingaan. Op de een of andere manier 'voelen' we gewoon dat iets goed of fout is. Onze ethische beslissingen zijn uiteraard wel min of meer gevoelig voor rationele argumenten. Stel dat uw vriend Dave u vertelt dat hij zijn vriendin Beatrice bedriegt. Beatrice is echter ook een goede vriendin van u. Nu vraagt Beatrice of u denkt dat Dave haar bedriegt – u bevindt zich in een lastig parket. Ofwel u verraadt Dave, ofwel u liegt tegen Beatrice. Als u de tijd hebt, grijpt u waarschijnlijk de telefoon en belt u een stel vrienden om advies. Misschien laten uw vrienden u nieuwe kanten aan het verhaal zien, en die aspecten kunnen weer nieuwe en andere instinctieve reacties oproepen. In eerste instantie werd uw instinctieve reactie misschien aangestuurd door de vraag hoe het moest zijn om erachter te komen dat Beatrices vriend haar bedriegt, maar dan komt uw vriend aan de telefoon met de vraag: 'Als jij in Beatrice' schoenen stond, zou je dat dan niet willen weten?' En misschien veranderen hierdoor uw gevoelens. Duidelijk is echter dat onze gevoelens de primaire drijfveer voor ons gedrag zijn, en pas na gesprekken met onze vrienden veranderen onze gevoelens en zullen we een radicaal andere beslissing nemen. Wat hieruit blijkt is dat een opsomming van wetenschappelijke argumenten u weinig goed zal doen als u de opvattingen van mensen over ethische kwesties als abortus wilt veranderen. U moet mensen de kwestie voorleggen vanuit een standpunt dat is gekoppeld aan andere emoties – pas dan zullen de gevoelens over het vraagstuk veranderen.

Ethiek gaat dus niet zozeer om ethisch redeneren als wel om ethisch voelen. Buikgevoelens zijn de juryleden bij de rechtspraak van de ethiek. Hiermee blijft echter de vraag waarom we ethische gevoelens hebben onbeantwoord. Als dieren, waaronder de mens, het resultaat zijn van 'survival of the fittest', zoals de negentiende-eeuwse Britse econoom Herbert Spencer stelde, waarom zouden we dan schuldgevoelens hebben over de gewonde man langs de kant van de weg?

Zoals we in de voorgaande hoofdstukken hebben gezien delen we dankzij de combinatie van gedeelde circuits voor handelingen, gevoelens en gewaarwordingen de handelingen, gevoelens en gewaarwordingen van anderen. Als we nu terugkeren naar het voorbeeld van de man langs de weg, zouden we zonder gedeelde circuits voor een simpele beslissing staan. Als we hem helpen komt de hele achterbank onder het bloed. We weten alles van hepatitis C, hiv enzovoort, en we worden al bijna misselijk bij de gedachte dat onze kinderen straks weer op diezelfde achterbank zitten te spelen. Wat worden we hier zelf beter van? Misschien komt er een bedankje, maar de kans is groter dat we in het ziekenhuis eindeloze vragenlijsten moeten invullen of misschien dat hij in de auto het loodje legt, zodat we verdacht worden van moord. Als we hem daarentegen niet helpen, hoeft niemand daar ooit van te weten en zijn we op tijd thuis voor het avondeten! Eigenlijk helemaal geen zware beslissing.

Met gedeelde circuits wordt de vergelijking echter iets complexer. Als we de man helpen, delen we door de aanblik van zijn opgeluchte gezicht en zijn dankbare stem het warme gevoel van vertrouwen in de mensheid dat we krijgen als iemand ons helpt. Helpen we hem niet, dan blijven we last houden van het verdriet over de aanblik van, en de herinnering aan, zijn bebloede been. Gedeelde circuits kunnen onze keuze beïnvloeden om de man toch te helpen.

Gedeelde circuits zorgen ervoor dat u rekening houdt met andermans situatie, maar dat houdt niet noodzakelijkerwijs in dat deze een belangrijke rol speelt bij ethische beslissingen. Toch blijkt uit een aantal neuroimagingstudies dat dit wel het geval is. Zoals we al eerder zagen is de aanblik van andermans emotie, of het nu om walging, geluk of verdriet gaat, voldoende om diezelfde gebieden in de insula te activeren die ook actief worden als wijzelf dergelijke emoties ervaren; diezelfde gebieden worden ook actief als we over andermans problemen lezen.[26] Wat we niet weten is of dit gebied ook belangrijk is voor onze ethische beslissingen.

Joshua Green en zijn collega's bestudeerden deze kwestie door hersenactiviteit te meten terwijl mensen moeilijke ethische beslissingen namen.[136] Ze legden hun proefpersonen het volgende soort scenario's voor: 'Vijandelijke soldaten hebben uw dorp ingenomen en hebben orders om alle overlevende burgers te doden. Samen met een stel dorpsgenoten bent u gevlucht in de kelder van een groot huis. Buiten hoort u de stemmen van de plunderende soldaten. Uw baby begint te brullen, dus u legt een hand over zijn mond om het geluid te smoren. Als u uw hand van zijn mond haalt zal het gehuil de aandacht trekken van de soldaten die u, uw baby en de andere vluchtelingen in de kelder zullen vermoorden. Om uzelf en de anderen te redden moet u uw kind om het leven brengen. Mag u dat doen om uzelf en uw dorpsgenoten te redden?' De onderzoekers concludeerden dat het mensen veel tijd kostte om in dit soort situaties een beslissing te nemen. Dezelfde plek in de insula die volgens ons onderzoek belangrijk was voor het delen van andermans emoties speelde een rol bij het nemen van deze beslissingen.

Op dit punt kunt u zeggen dat gedeelde circuits ons in staat stellen andermans pijn te voelen, maar dat onze beslissing om al dan niet te helpen kan afhangen van volledig ongerelateerde factoren. Als de enige reden waarom we anderen helpen was dat we op die manier het plaatsvervangende gevoel van ellende stopzetten dat we ervaren bij de aanblik van hun leed, zou helpen niets meer zijn dan een subtiele vorm van egoïsme. We zouden anderen niet echt helpen vanwege een nobel en ethisch gevoel van generositeit, maar simpelweg om een eind te maken aan de egoïstische plaatsvervangende pijn die we ervaren bij de aanblik van andermans problemen.

Uit onderzoek door sociaalpsycholoog Daniel Batson en zijn collega's aan de universiteit van Kansas blijkt dat onze ethische gevoelens inderdaad deels worden aangestuurd door de afkeer van het delen van andermans pijn. Ze lieten proefpersonen kijken naar een andere proefpersoon die pijnlijke elektroshocks kreeg, zogenaamd in het kader van een leerexperiment. De helft van de proefpersonen wist dat ze de complete sessie van twaalf elektroshocks moesten aanzien. De andere helft wist dat de proefpersoon twaalf schokken zou krijgen, maar dat zij daarvan slechts twee hoefden te zien.

Na de eerste twee schokken kregen de waarnemers de vraag of ze bereid zouden zijn de andere proefpersoon te helpen door haar plaats in te nemen, en als dat zo was, hoeveel schokken ze bereid zouden zijn te ondergaan. Als de reden waarom mensen hulp aanbieden deels egoïstisch was, om de visueel ontstane plaatsvervangende pijn te verminderen, zouden mensen die alle tien resterende schokken moesten waarnemen meer plaatsvervangende pijn verwachten en dus meer bereid zijn te helpen. Als het hulpvaardige gedrag werd ingegeven door minder zelfzuchtige motivaties, zou de wetenschap dat de ander nog tien schokken ondergaat in beide gevallen leiden tot een gelijke mate van hulpvaardig gedrag. De resultaten waren verdeeld. Mensen die in principe meteen weg konden besloten toch ongeveer een derde van de elektroshocks van de ander op zich te nemen, waaruit bleek dat hulpgedrag kan worden geactiveerd door medeleven zonder het vooruitzicht op toekomstige plaatsvervangende pijn. Degenen die moesten blijven kozen er echter voor om tot 60 procent meer elektroshocks over te nemen. Hieruit bleek dat hoe meer gedeelde plaatsvervangende pijn mensen verwachten, des te meer ze bereid zijn te helpen.

Niet iedereen is even empathisch. Zulke verschillen worden gemeten met bijvoorbeeld de Davis-empathievragenlijst.[14] Het feit dat mensen die hoger scoren op de Personal Distress-schaal in deze vragenlijst hun eigen emoties sterker activeren terwijl ze die van anderen waarnemen, voorspelt dat zij eerder bereid zouden zijn om anderen te helpen. Dit is inderdaad het geval, maar die relatie verandert met de jaren. Heel jonge kinderen delen het verdriet van anderen al: een complete zaal zuigelingen begint te krijsen als er één een keel opzet, alsof ze allemaal het verdriet van de eerste delen. Het hulpgedrag verschijnt echter pas later, zodra iemand begrijpt dat het gedeelde gevoel niet de eigen pijn is, maar die van iemand anders, en dat die ander helpen een manier is om de eigen pijn te verminderen. Bij een empathietest wordt dit weergegeven als een overgang van meer persoonlijk ongemak, dat wil zeggen een onbehaaglijk gevoel bij de waarneming van andermans ellende, naar een volwassener vorm van bezorgdheid, dat wil zeggen een neiging om te helpen als we zien dat iemand anders het moeilijk heeft.

Dierlijk medeleven

Als gedeelde circuits de basis vormen van onze ethische gevoelens en onze zorg voor anderen, zou het feit dat dieren spiegelneuronen bezitten suggereren dat zij althans een rudimentaire vorm van ethiek bezitten. Is dat inderdaad het geval? Het antwoord is: ja.

Stel, u zit in een gevangeniscel. Aan het plafond hangen twee kettingen, en als u aan een van die twee trekt komt er een stukje brood door een luikje. U hebt erge honger, en u trekt dus keer op keer aan de ketting om het eten te krijgen. Maar dan verandert er iets. Telkens wanneer u aan een van de twee kettingen trekt begint er iemand in de cel naast u te krijsen van de pijn. Houdt u nu op met aan die ketting trekken? De meesten van ons zouden dat inderdaad doen. We zijn menselijk, en daar zijn we trots op. Psychiater en psychoanalyticus Jules Masserman en zijn collega's aan de medische faculteit van Northwestern University ontdekten dat ditzelfde voor apen geldt.[137] Bijna allemaal hadden ze liever honger dan dat ze aan een ketting trokken waardoor ze eten kregen terwijl een mede-aap daardoor pijn moest lijden. Sommige apen trokken twaalf dagen lang niet meer aan de ketting zodra ze hadden gemerkt dat een andere aap daaronder leed. In dit experiment was de muur tussen de twee apen transparant, zodat de aap die de elektroshock kreeg kon zien wie er aan de ketting trok. Hield de andere aap op met aan de ketting trekken uit angst voor wraak? Nee. Makaken leven in een sterk hiërarchische wereld, waarin kleine apen geen grotere apen aanvallen. Maar de vraag of de aap die de elektroshocks onderging kleiner of groter was dan de aap met de kettingen bleek geen verschil uit te maken. Wat ertoe deed was hoe goed de apen elkaar kenden. Als ze normaal gesproken samen in één kooi woonden, stond het ze nog meer tegen om elkaar pijn te doen, ook als de aap die de pijn onderging te klein was om wraak te nemen. Net als mensen hebben apen een aversie tegen het toebrengen van leed aan anderen, met name als ze elkaar kennen.

Deze ontdekking mogen we natuurlijk niet verkeerd interpreteren. In de jaren dat ik met makaken heb gewerkt heb ik gezien dat ze elkaar ernstig verwondden, dat ze bij gevechten soms complete vingers afbeten. Het zijn agressieve dieren, bereid om extreem geweld te gebruiken om hoger op de sociale ladder te komen. Wat dit onderzoek laat zien is dat deze apen oprechte gevoelens van empathie en ethiek bezitten, ook als die voorkomen naast brute agressie, net zoals mensen 's avonds empathie kunnen vertonen met hun kinderen terwijl ze overdag als bewaker in een concentratiekamp werken.

Niet aan een ketting trekken als je ook een andere ketting kunt kiezen is één ding, maar mensen, zou u kunnen inbrengen, wagen hun leven voor anderen! Dat doet toch zeker geen enkel dier. De Engelse primatoloog Jane Goodall, die bijna vijfenveertig jaar met een groep chimpansees in Tanzania heeft geleefd, heeft haar ervaringen beschreven in het boek *Through a window*. Daarin laat ze onder andere zien dat chimpansees even heldhaftig kunnen zijn als mensen.

Wanneer chimpansees risico's nemen, is dat meestal om familieleden te redden. Er zijn echter apen geweest die lijf en leden in de waagschaal stelden om niet-verwante groepsgenoten te redden. [De chimpansee met de naam] Evered haalde zich ooit de woede van een stel volwassen mannetjesbavianen op de hals om de puber Mustrad te redden, die tijdens een jacht door een groep bavianen was vastgepind en lag te krijsen… Chimpansees kunnen niet zwemmen en zullen verdrinken als ze in diep water raken, tenzij ze gered worden… Een volwassen mannetje verloor het leven tijdens zijn poging om een jong te redden dat door onhandigheid van de moeder in het water was gevallen. (p. 213)

Tijdens onze ontwikkeling gebeurt er iets heel bijzonders met onze ethische gevoelens. Als jonge kinderen pakken we onze vriendjes speelgoed af. Als we dat vriendje dan zien huilen en we zien dat onze ouders boos zijn, hebben we spijt, maar tegen die tijd is het kwaad al geschied. Voor volwassenen is alleen al het idee dat we onze partner zouden bedriegen genoeg om ons een schuldig gevoel te bezorgen. Wat is er gebeurd? Psychologen hebben het over de internalisatie van waarden, waarmee ze bedoelen dat we de waarden van onze ouders 'internaliseren' als we merken dat ze ons gedrag afkeuren, en dat we zelf ook negatieve gevoelens ontwikkelen over dit gedrag. Gedeelde circuits in een lerend brein helpen ons begrijpen hoe we die morele waarden internaliseren.

Zoals we hebben gezien in de context van leren door observeren gebruiken alle hogere organismen een leermechanisme dat 'operante conditionering' heet en waarin de uitkomst van een handeling bepaalt of we die handeling voortaan zullen herhalen of vermijden. Dit krachtige individuele leermechanisme heeft op zich niets sociaals. In combinatie met gedeelde circuits wordt het echter een hulpmiddel voor socialisatie. Als we ons vriendje zijn speelgoed afpakken, waardoor hijzelf gaat huilen en onze ouders boos worden, delen we hun zorg en woede, en die emoties worden gekoppeld aan afpakken als handeling. Als gevolg daarvan krijgen we een naar gevoel bij afpakken en zullen we minder gaan stelen. Als we daarentegen een huilend vriendje troosten, delen we zijn dankbaarheid en voelen we ons steeds beter over dit gedrag. Een beslissing om al dan niet dingen te stelen wordt beheerst door de gevoelens die we aan deze handelingen leren koppelen – gevoelens die nu aan de handeling voorafgaan en waarmee we de handeling dus kunnen voorkomen. We hoeven nu niet meer te wachten om te zien wat voor effect onze handelingen op anderen hebben. Daarom is het van belang onze kinderen duidelijk te maken hoe andere mensen zich voelen bij wat zij doen; dit kan de morele socialisatie versnellen.

Gedeelde circuits helpen ons de aard van onze morele gevoelens te begrijpen. Dankzij deze gevoelens helpen we onszelf als we anderen helpen, en voelen we ons goed omdat hierdoor een geschiedenis wordt geschreven van gedeelde vreugde. Anderen kwaad doen houdt in dat je jezelf kwaad doet, en daar voel je je slecht bij omdat er een geschiedenis wordt geschreven van gedeelde pijn. Biologen noemen dit de proximale oorzaak van morele gevoelens, dat wil zeggen, wat die gevoelens in het hier en nu veroorzaakt. Een heel andere vraag is hoe we in de duizenden jaren van de evolutie morele gevoelens hebben ontwikkeld: wat biologen de ultieme oorzaak noemen. Wetenschappers hebben zich afgevraagd waarom dieren de zorg voor soortgenoten ontwikkelden, want dit lijkt een verspilling van energie in een wereld waarin alleen de meest geschikte individuen van een soort overleven.

Ouders zorgen voor hun kinderen. Voor dieren betekent dat dat ze een heleboel voedsel opofferen en hun leven wagen. Voor mensen betekent het slapeloze nachten en studiekosten. Dergelijke generositeit valt makkelijk te verklaren. Als een gen codeert voor ouderlijke zorg, zullen de kinderen datzelfde gen in de helft van de gevallen erven (de helft van de genen komt namelijk van de andere ouder). Door een goede verzorging van deze kinderen te waarborgen zorgt het gen voor zichzelf: door kopieën te maken in de kinderen. Een manier om binnen de darwinistische selectie succes te hebben is dus om voor je kinderen te zorgen. Maar dat verklaart nog niet waarom we die man langs de weg in het eerste voorbeeld zouden willen helpen.

Een hele tijd lang hebben evolutiebiologen niet begrepen waarom een dier ooit iemand in een dergelijke situatie zou helpen. Tot plotseling het begrip mutualisme populair werd. Voor solitair levende dieren als katten heeft het weinig zin om een andere kat te helpen als die geen verwant is. Voor apen, die in sociale groepen leven, liggen de zaken anders. Apen in het wild hebben weinig overlevingskansen als ze

van de groep gescheiden worden. In sociale groepen worden moraliteit en empathie overlevingsstrategieën. Denkt u zich in: twee verschillende groepen apen. Eén groep heeft een gen waardoor de apen
de pijn en vreugde van de andere apen delen (dat wil zeggen, ze beschikken over gedeelde circuits); de andere groep heeft dat niet.
Denkt u zich nu in dat een roofdier de twee groepen belaagt. Bij de
eerste groep zal het dier misschien een van de apen te pakken krijgen,
maar bij de noodkreten van het slachtoffer zullen de anderen te hulp
schieten en kunnen ze het roofdier verjagen, zodat iedereen het er levend afbrengt. Het begrip mutualisme is hier van belang omdat de
apen die vandaag helpen vandaag risico lopen – het roofdier kan ze
verwonden tijdens de hulppoging, maar morgen kunnen ze zelf het
slachtoffer zijn en profiteren van andermans hulp. Een aap profiteert
slechts indirect van de hulp die hij biedt, namelijk door de kans te
creëren dat anderen hem later zullen helpen.

In een groot aantal perioden zullen de voordelen van de geboden
hulp uiteindelijk de risico's van de hulpverlening overtreffen. Hoewel iedereen schrammen en blauwe plekken zal oplopen, blijven alle
groepsleden in leven. Bij de andere groep zal hetzelfde roofdier een
van de apen uitkiezen, terwijl de anderen op de vlucht slaan. Hoewel
dit voor de gevluchte apen op korte termijn goed nieuws is (immers,
zolang het roofdier zich met de ene aap voedt, zal hij geen tweede aap
aanvallen), kan bij een volgende gelegenheid iemand anders aan de
beurt zijn, en dan is er niemand om hem te verdedigen.

Bij nadere inspectie lijkt deze redenering niet te kloppen. De groep
als geheel zou profiteren van dit soort altruïstische genen – maar
groepen hebben geen genen, alleen individuen hebben die. Als één
enkele aap in de tweede, zelfzuchtige, groep een empathisch gen ontwikkelt, zou die aap de anderen te hulp snellen en daarmee zijn leven
riskeren zonder ooit hulp terug te ontvangen. Hoe kan altruïsme
zich onder zulke omstandigheden ontwikkelen?

De eerste belangrijke factor is dat de meeste moderne primaten
matrilokaal zijn, wat betekent dat de mannetjes de groep uitgezet
worden en naar naburige groepen trekken, terwijl de vrouwtjes blij-

ven. Zo komt het dat de meeste vrouwtjes in een groep, zij het niet allemaal, rechtstreekse bloedverwanten van elkaar zijn. Voor mannetjes ligt de situatie wat anders, want hoewel de dominante mannetjes vader van een groot aantal jongen kunnen zijn, geldt dat niet voor de mannelijke nieuwkomers. Over het algemeen zijn mannetjes dus minder verwant aan de overige leden van hun groep dan de vrouwtjes.

Een zeker verschil in altruïsme lijkt onvermijdelijk. Wanneer een vrouwtjesaap een ander groepslid redt, is de kans groot dat die aap een kopie zal hebben van hetzelfde altruïstische gen, en dat de reddende aap daarmee dus haar eigen genetisch materiaal veiligstelt. De kans dat het groepslid dit gen bezit is kleiner dan de kans dat haar eigen kroost dit gen heeft, en dus zal ze haar eigen kinderen eerder hulp bieden dan de overige groepsleden. Die kunnen echter op meer hulp rekenen dan leden van naburige groepen.

Waarschijnlijk ervaren we allemaal een vergelijkbare gradatie in onze eigen generositeit. We doen vrijwel alles voor onze kinderen en directe verwanten, maar minder voor de man langs de kant van de weg en nog minder voor de mensen in verre werelddelen. Afstand doet ertoe. Onze terughoudendheid om geld te geven voor anonieme kinderen in Afrika kan te maken hebben met die simpele wetten van verwantschap.

Voor mannetjes is het echter lastiger om te weten of een lid van onze groep aan ons verwant is. Als we net in een nieuwe groep zijn aangekomen (omdat we door onze eigen groep op straat zijn gezet), delen we minder genen met de groepsleden dan bij een vrouwtje het geval zou zijn. Als we even universeel altruïstisch waren als vrouwtjes zou dat dus vaak betekenen dat we iemand helpen die geen bloedverwant is. De oplossing hiervoor is dat we niet met iedereen evenveel empathie voelen. Nu is hulp alleen gunstig als we hulp terugkrijgen, dus moeten we alleen diegenen helpen die ons geholpen hebben of dat in de toekomst zullen doen, en niet diegenen die ons in het verleden hulp hebben geweigerd. Het gaat er nu niet langer om dat we onze eigen genen laten voorgaan, maar dat we de kans op hulp in de toekomst vergroten. Een dergelijke strategie vergt veel hersencapaciteit. We moeten bijhouden wie goed is en wie slecht, en wie ons in het verleden heeft geholpen. Nog moeilijker is dat we in het ideale geval ook diegenen moeten helpen die ons morgen hulp zullen bieden, al weten we dat nog niet, want als zij dezelfde regel hanteren als wij zullen zij ons niet helpen omdat ze zich herinneren dat wij nooit een poot hebben uitgestoken voor hen. Daarom moeten we niet alleen bijhouden wie ons heeft geholpen, maar moeten we ook raden wie ons zal gaan helpen. Het mag dus geen verbazing wekken dat die dieren die echt hun best doen om andere dieren te helpen geen slakken of kikkers zijn, maar intelligentere sociale dieren als mensen, mensapen, apen, dolfijnen, vleermuizen en olifanten. Dit komt niet doordat deze dieren zo slim zijn dat ze rationeel kunnen bedenken wat goed en kwaad is, maar omdat hun hersenen ze in staat stellen individuen te herkennen en te onthouden wie wat heeft gedaan.

Precies zulke verschillen tussen mannen en vrouwen, waarbij mannen selectiever waren bij de keuze van individuen met wie ze empathie voelen, toonde Tania Singer aan met haar experiment.[69] Als we zien hoe iemand die genereus tegen ons is geweest een elektrische schok krijgt, delen we automatisch zijn pijn en worden we in principe gemotiveerd om te helpen. Als we zien dat iemand die ons oneerlijk heeft bejegend eenzelfde schok krijgt, leidt dat bij vrouwen tot empathie maar bij mannen worden genotscentra geactiveerd. Deze selectiviteit van empathie door middel van eerlijkheid lijkt zich niet te beperken tot mensen. Mensapen zullen hun soortgenoten van eten voorzien, maar zijn bereid meer te geven aan apen die hun in het verleden voedsel hebben gegeven.*

Iemand helpen omdat hij jou zou kunnen helpen of dat misschien al een keer gedaan heeft, klinkt bijzonder berekenend. Gaan zulke gedachten door ons hoofd als we die man in de berm zien bloeden?

* Voedsel geven is een indirect proces bij mensapen: ze geven niet daadwerkelijk voedsel uit handen maar tolereren het feit dat een andere aap enig voedsel van ze wegneemt.

Zijn dat de gedachten die de aap door zijn kop gaan als hij niet meer aan die ketting trekt? Nee: we voelen de pijn van de ander en daardoor willen we helpen. De ultieme, evolutionaire oorzaak voor een bepaald soort gedrag is een andere dan de proximale oorzaak.

Algemeen gesteld: emoties zetten ons in beweging. De evolutie manipuleert die emoties om ons gedrag te sturen. We drinken water, we eten, slapen en doen aan seks omdat dat goed voelt. Datzelfde geldt voor empathie en voor onze morele gevoelens. Apen, en waarschijnlijk mensen ook, zien er niet van af om soortgenoten pijn te doen omdat ze berekenen dat dit de kans op eigen succes zal vergroten, maar omdat het pijn doet om anderen pijn te doen. In de fractie van een seconde die een aap heeft om te beslissen of hij zal helpen een groepsgenoot te verdedigen zal hij amper nadenken over de kans op toekomstige wederdienst. Hij voelt een stroom medeleven en woede jegens degenen die deze gedeelde pijn veroorzaken. Emoties zijn de berekeningen van de evolutie.

In de jaren tachtig van de twintigste eeuw organiseerden politiek wetenschapper Robert Axelrod en evolutiebioloog William D. Hamilton, beiden van de universiteit van Michigan, samen een wedstrijd. Twee computerprogramma's zouden een spel doen: hetzelfde gevangenisdilemma dat we al eerder zijn tegengekomen bij Tania Singers experiment, en ze zouden uitkomen tegen andere computerprogramma's. In dit spel besluiten de spelers elk afzonderlijk of ze zullen meewerken of de boel verraden. Als beide programma's kiezen voor samenwerking krijgen beide drie punten. Als een kiest voor samenwerking en de ander zijn collega verraadt, krijgt de eerste nul punten en de tweede vijf. Verraden beide elkaar, dan krijgen beide één punt.

Dit spel lijkt op veel situaties waarin mensen samenwerken. Als twee zakenpartners samenwerken hebben ze meer succes dan als beiden afzonderlijk werken, maar moeten ze de winst delen. Als de een zijn geld in de zaak steekt en de ander ermee vandoor gaat, verliest de een alles en wint de ander alles zonder de winst te hoeven delen. De uitdaging voor de computerprogrammeurs was om een reeks simpele strategieën te vinden om dit spel te spelen.

Van de vele programma's die meededen aan de wedstrijd gebruikte het meest succesvolle een verrassend simpele 'oog-om-oog'-strategie. Dit programma werkt in de eerste ronde altijd mee. Als de tegenstander meewerkt, doet het programma dit ook, en als de tegenstander verraad pleegt, doet het programma dit ook. Deze strategie deed het beter dan een die standaard verraad pleegt. Wat het meest verbazingwekkend was, was dat oog-om-oog het goed deed, hoewel vele programma's die meededen behoorlijk slecht van karakter waren en de boel verrieden wanneer ze maar konden. Wat deze uitdaging voor de programmeurs laat zien is dat ook in de harde wereld van vijandige computerprogramma's een zekere bereidheid tot samenwerking lonend is, en dat een bereidheid om samen te werken met iemand die al eerder met jou heeft samengewerkt voordeel oplevert.

Gedeelde circuits en morele overwegingen kunnen dus een manier zijn om onze hersenen te programmeren voor een oog-om-oog-strategie. Bij een eerste ontmoeting zal ik uw gevoelens delen en word ik dus gemotiveerd om u te helpen. Bewijst u mij een wederdienst, dan blijven we elkaar helpen omdat het prettig voelt elkaars vreugde te delen, en akelig om de pijn te voelen van degene die we verraden. Als u mij echter in de steek laat, veranderen mijn gevoelens en deel ik uw pijn niet meer maar streef ik naar wraak. Zo voorkomt dit oog-om-ooginstinct dat anderen een loopje met ons nemen.

Psychopathie – de duistere zijde van de ethiek

Psychopaten zijn tegelijkertijd boeiend en eng. Als we kijken hoe Hannibal Lecter in de film *The silence of the lambs* de FBI-agente Clarice manipuleert, zijn we onwillekeurig gefascineerd door de combinatie van intelligentie en koelbloedigheid die zo kenmerkend is voor dit filmportret van een psychopaat. Tegelijkertijd zijn we gespannen en bang, omdat we aanvoelen dat Hannibal ondanks zijn vernis van beschaving in staat is tot gruweldaden.

Mensen als Hannibal Lecter intrigeren ons. Enerzijds zijn het sluwe manipulators. Anderzijds doen de afgrijselijke wandaden die ze zonder enige spijt begaan vermoeden dat ze geen empathie hebben. We moeten ons dus afvragen wat werkelijk kenmerkend is voor psychopathie, waarom deze mensen geen empathie hebben en waarom de sociale vaardigheden van mensen met psychopathie los lijken te staan van hun gebrek aan empathie. Als we daar eenmaal achter zijn, kunnen we niet alleen de samenleving beschermen tegen gevaarlijke psychopaten maar zijn we ook een stuk verder op weg naar een begrip van moraliteit en de eigenaardige selectiviteit van onze gedeelde circuits voor eerlijke mensen.

Een checklist om mensen met psychopathie te herkennen

Psychopaten bestaan niet alleen in bioscoopfilms. Een groot percentage van de misdadigers binnen en buiten onze gevangenissen bestaat uit psychopaten. Slechts weinigen begaan zulke bizarre misdaden als Hannibal Lecter, maar de meesten van hen koppelen een talent voor manipulatie aan een gebrek aan wroeging. Het woord psychopathie is letterlijk afkomstig van *psyche*, 'de geest', en *pathos*, 'ziekte'. In de geestelijke gezondheidszorg wordt deze term echter toegepast op mensen die het contact met de werkelijkheid niet kwijt zijn, maar die anderen kwaad doen zonder zich daar schuldig over te voelen en zonder empathie. Het woord sociopathie wordt vaak gebruikt als synoniem voor psychopathie, om de nadruk te leggen op de sociale dimensie van deze stoornis.

In de loop van de afgelopen decennia hebben psychologen en psychiaters de diagnose van psychopathie geformaliseerd door een reeks criteria op te stellen aan de hand waarvan we psychopaten kunnen onderscheiden van gewone misdadigers en andere mensen met psychiatrische stoornissen. Met name Robert D. Hare, emeritus hoogleraar psychologie aan de universiteit van British Columbia, heeft een groot deel van zijn carrière gewijd aan de ontwikkeling van een checklist waarmee psychopathie goed kan worden vastgesteld en gekwantificeerd.[138] Volgens deze lijst wordt de typische psychopaat gekenmerkt door vier belangrijke karaktertrekken, waarvan de laatste een verontrustend gebrek aan empathie is.*

Mensen met psychopathie kunnen prachtig liegen

Mensen met psychopathie lijken op het cliché van de onbetrouwbare tweedehandsautoverkoper. Ze zijn gladde praters, maar bekommeren zich nauwelijks om de waarheid. Als u ze betrapt op een leugen schakelen ze zonder enig teken van gêne over op een nieuwe versie van diezelfde leugen. Ze vinden zichzelf bijzonder, getalenteerd, en daaraan ontlenen ze het gevoel dat ze het recht hebben om te pakken wat ze willen. Ze voelen zich boven de wet verheven.

Eén aspect dat mensen met psychopathie zo succesvol maakt en waardoor ze zulke fascinerende onderwerpen voor studie zijn is hun vermogen om anderen om hun vinger te winden en te manipuleren. Mensen met psychopathie lijken intellectueel heel snel aan te voelen wat voor de gesprekspartner belangrijk is, en daar maken ze optimaal gebruik van. Ted Bundy, de Amerikaanse seriemoordenaar die bekende negenentwintig vrouwen te hebben vermoord, lokte zijn slachtoffers naar zich toe door zonder dat dat nodig was met krukken te lopen, waardoor hij er onschuldig uitzag. Als hij een vrouw had bespeurd die hem naar zich liet aanzien graag zou helpen, liet hij naast zijn auto zijn boodschappentas vallen. Als de vrouw hem dan te hulp kwam, sloeg hij haar op het hoofd met diezelfde krukken die haar zo'n vertrouwen ingeboezemd hadden, sleurde haar de auto in en reed weg om haar te verkrachten en te vermoorden. Het vermogen van psychopaten om in koelen bloede plannen te smeden om mensen te manipuleren en volgens dat plan een slachtoffer te lokken is hun voornaamste talent.

* In zijn boek *Without conscience* geeft Robert Hare een kleurrijke beschrijving van mensen met psychopathie, vol citaten ter illustratie van de psychopathische denkwereld.

Mensen met psychopathie hebben ook iets van kleine kinderen, in zoverre dat ze de beheersing missen die de meeste volwassenen zichzelf opleggen. Als een kind een schaal met koekjes ziet, weet het dat het die niet mag opeten, maar de verlokking is waarschijnlijk groter dan de zelfbeheersing. Als je het kind later vraagt waarom het al die koekjes heeft opgegeten, zal het antwoord neerkomen op 'omdat ik daar zin in had'. Mensen met sociopathie zijn in dat stadium blijven steken.

Verder zien mensen met sociopathie geen kans hun toekomst te plannen en hun doelen te bereiken. Ze zullen misschien piloot willen worden, maar ze zullen geen stappen ondernemen om naar een vliegschool te gaan; eerder zullen ze misschien een diploma vervalsen en doen alsof ze piloot zijn om op die manier aan een baan te komen, ongeveer zoals Leonardo DiCaprio in de film *Catch Me If You Can*. Op parasitaire wijze pakken ze wat het leven te bieden heeft. Ze zullen zonder problemen bij een vrouw intrekken, haar alle rekeningen laten betalen en emotioneel in de relatie laten investeren, maar zelf zullen ze nooit de aandrang of de verplichting voelen om iets terug te doen.

Mensen met psychopathie hebben een achtergrond van asociaal gedrag

Het verleden van mensen met psychopathie vertoont volop gedrag dat anderen schade berokkent. Vaak is dat al in de kinderjaren begonnen. Kinderen die later psychopathie ontwikkelen liegen en bedriegen vaak meer dan hun leeftijdsgenootjes. Ze stelen, ze stichten brand, ze verstoren de les, ze gebruiken drugs en ze maken dingen kapot. Vaak zijn ze wreed tegenover dieren, veel wreder dan andere kinderen op die leeftijd.

Als volwassenen beschouwen mensen met psychopathie de regels en wetten van de samenleving als een onplezierig en onredelijk obstakel voor hun wensen en verlangens, en gedragen ze zich alsof de wet niet voor hen geldt. De meesten van hen zullen dan ook een hele reeks veroordelingen achter de rug hebben en in tegenstelling tot de meeste andere gevangenen, die een specialiteit hebben (bijvoorbeeld bankroof), hebben mensen met psychopathie vaak een bont crimineel verleden waarin zedenmisdrijven, diefstal en geweld naast elkaar voorkomen. Sommige psychopaten lijken zich voldoende te kunnen beheersen om buiten de gevangenis te blijven, maar zij opereren in de grijze zone van de wet: ze doen dubieuze, riskante zaken, of hebben een vrouw en een gezin die ze emotioneel mishandelen.

Niet meevoelen: nadenken!

Waarom moeten mensen met psychopathie anderen manipuleren en kwaad doen? Waarom negeren ze de regels en wetten van de samenleving? Ik ben ervan overtuigd dat het antwoord te maken heeft met gedeelde circuits. Denkt u eens terug aan een periode waarin u zelf iemand verdriet deed, misschien door een zwakker klasgenootje te pesten, een insect de vleugels uit te trekken of een liefdesrelatie zomaar te verbreken. Wat voelde u daarbij? De meesten van ons ervaren een onaangenaam gevoel, een echo van de pijn die we hebben veroorzaakt. Wat daarbij belangrijk is, is dat we door deze aversieve emotie zouden willen dat we het niet gedaan hadden; we moeten er niet aan denken zoiets nog eens te doen. Een goede manier om kinderen aan te leren anderen geen kwaad te doen is het bevorderen van hun empathisch verdriet en hun aandacht te vestigen op het menselijk leed dat ze anderen hebben toegebracht.[139] Op basis van deze empathische manier van delen zullen de meeste kinderen al snel leren dat overtredingen van de regels waardoor anderen schade lijden (bijvoorbeeld: je mag andere mensen niet slaan) erger zijn, en fundamenteel anders, dan overtredingen waar mensen geen schade van ondervinden (bijvoorbeeld: niet praten met je mond vol).

Mensen met psychopathie lijken relatief ongevoelig voor dit proces en kijken angstwekkend onverschillig terug op de schade die ze anderen hebben berokkend. 'Hij had het aan zichzelf te danken,' zei een van de gevangenen die Hare ondervroeg over de man die hij had vermoord na een ruzie over het betalen van de caférekening. 'Een kind kon zien dat ik die avond in een rothumeur was. Waarom moest hij me dan zo nodig dwarszitten?' vervolgde hij. 'En hoe dan ook, hij heeft er amper wat van gemerkt. Een messteek in de slagader is de makkelijkste dood.'[140] [p.41-42] Voor deze mensen is het een even onschuldige overtreding als spreken met je mond vol voor ons is. Moord is meer iets als tegen de regels ingaan dan een morele wet overtreden; en dat is het verschil met ons en andere, niet-psychopathische misdadigers. We zijn allemaal in staat om anderen kwaad te doen, maar de meesten van ons zullen zich daar schuldig over voelen. Mensen met psychopathie niet. 'Schuldgevoel?... Een illusie... en bijzonder ongezond,' merkte Ted Bundy op.[141]

Mensen met psychopathie zijn niet gevoelig voor andermans leed, en dat gebrek blijft niet beperkt tot hun waarneming van anderen. Ook over hun eigen negatieve emoties praten ze in abstracte, hol klinkende termen: ze kennen de woorden, maar weten niet precies wat voor gevoelens daar normaal gesproken bij horen. De meesten van ons ervaren een aantal lichamelijke gevoelens als we bang zijn: onze handen beginnen te zweten, ons hart slaat sneller, onze maag krimpt samen. Bij psychopaten zijn deze fysiologische reacties veel minder sterk.[142, 143] 'Tijdens een bankroof kan ik zien dat de caissière begint te beven of geen woord meer uit kan uitbrengen. Eentje heeft er een keer over al het geld heen gekotst. Die zal wel behoorlijk in de stress gezeten hebben, al zou ik niet weten waarom...'[140] [p. 54]

De emotionele ervaringen van iemand met psychopathie lijken overheerst te worden door de basisemoties die we een leeuw zouden toeschrijven: lust, honger en frustratie, in plaats van angst, woede, geluk, afkeer, verbazing en verdriet, de emoties die kenmerkend zijn voor het emotionele leven van de meeste volwassenen.

In de context van gedeelde circuits wordt algauw duidelijk dat er een causaal verband kan bestaan tussen de emotionele ondiepte van mensen met psychopathie en hun gebrek aan empathie. Zoals we al hebben gezien in het geval van een beschadigde insula is het vermogen een emotie te voelen een noodzakelijke voorwaarde om empathie te ervaren met die emotie.[54, 55] Als iemand met psychopathie verdriet minder levendig ervaart dan de meesten van ons, missen zijn gedeelde circuits de stem die nodig is om het leed van anderen te spiegelen.

Een van de mensen die Hare ondervroeg, iemand die hoog scoorde op de *Psychopathy Checklist*, gaf een treffende illustratie van dit verband tussen gevoel en medegevoel: '[Mijn slachtoffers] zijn bang, dat is duidelijk. Maar weet je, dat snap ik niet goed. Ik ben zelf ook wel eens bang geweest, en dat was helemaal niet akelig'.[140] [p. 44] Hoe kan angst nu niet akelig zijn? Het is duidelijk dat deze psychopaat nooit bang geweest is. Hij heeft het woord 'bang' leren gebruiken in de juiste context (bijvoorbeeld wanneer iemand een pistool tegen je hoofd drukt), maar hij mist de fysiologische en emotionele connotatie die angst belichaamt, en waardoor de meesten van ons niet graag bang zijn. De gedeelde circuits in zijn hersenen hebben dus niets om te koppelen aan de gezichtsuitdrukkingen en het gedrag van zijn slachtoffers, en de reacties van de slachtoffers blijven een leeg begrip voor hem.

Empathie het zwijgen opleggen: een duistere kunst

Mensen met psychopathie zijn er goed in anderen te beheersen en te gebruiken. In tegenstelling tot mensen met autisme, voor wie andermans geest een raadsel is, lijken psychopaten probleemloos te kunnen nadenken over het innerlijk leven van anderen, en die gedachten te gebruiken om gedrag te voorspellen en te manipuleren. Een groot aantal mensen met sociopathie drijft inderdaad de spot met hun medemensen; naar eigen zeggen is er maar één reden waarom ze anderen zo misbruiken, namelijk dat het zo makkelijk is.

Het feit dat mensen met psychopathie geen emoties kennen die met verdriet te maken hebben en dat ze geen empathie met verdriet kennen is bijzonder handig voor ze, want verdriet en empathie met verdriet doen pijn – en verhinderen vaak dat iemand zijn doel bereikt.

Als een boosaardige ingenieur in een sciencefictionfilm de ideale misdadiger moest ontwerpen, zou hij waarschijnlijk aankomen met iets wat wanneer het daar zin in heeft in staat is te delen en na te denken over de handelingen, doelen, behoeften en gevoelens van anderen, maar dat dat vermogen kan uitschakelen wanneer dat beter uitkomt, ongeveer zoals Data zijn emotiechip aan en uit kon zetten in *Star Trek, The Next Generation*. Nu kan het wezen zijn gedeelde circuits en intelligentie inzetten om anderen te manipuleren en zijn gevoelens uitschakelen wanneer die zijn misdadige einddoel in de weg staan. Het vermogen om anderen te bedriegen zou dan niet meer gebonden zijn aan het geweten, en zo is een koelbloedige, sluwe psychopaat geboren.[140]

De meesten van ons zouden waarschijnlijk maar al te graag emoties als angst en schuldgevoel uitschakelen, al was het maar soms. Maar dat kunnen we niet. Wat ons moreel maakt is niet alleen ons vermogen tot empathie, maar ons onvermogen om empathie het zwijgen op te leggen. Een wezen dat ontwikkeld is om misdaden te plegen zou hier anders in zijn, en zou na een moord slapen als een roos.

Uiteraard zijn mensen met psychopathie niet ontwikkeld door een duivelse ingenieur. Maar wel helpt dit gedachte-experiment ons begrijpen hoe sterk een combinatie van intelligentie, gedeelde circuits en het vermogen deze stil te leggen wanneer dat zo uitkomt zou zijn, een combinatie die de evolutie zou kunnen gebruiken om mensen te creëren die gedijen door anderen uit te buiten. Vanuit dat perspectief bezien kunnen we het alleen maar eens zijn met een van de psychopaten in ons onderzoek, die opmerkte: 'Ik zie mijn hoge score op de psychopathieschaal niet als ziekte maar als een talent.' Dit gedachte-experiment toont verder aan wat het grote verschil is tussen autisme en psychopathie: mensen met autisme kunnen een gebrek vertonen op beide vlakken van empathie en het vermogen om na te denken over andermans gedachten; veel mensen met psychopathie kunnen hun empathie uitschakelen, terwijl het vermogen tot empathie zelf en tot logisch nadenken over andermans gedachten intact is.

Zoals we bij Tania Singers onderzoek zagen deelden vrouwen pijn alsof plaatsvervangend lijden een werktuiglijk proces voor hen was, terwijl mannen in staat bleken dit leed te onderdrukken als het ging om iemand die hen oneerlijk had bejegend.[129] Veel mannen moduleren hun empathie ook op basis van hiërarchische relatie. Een directeur voelt meer empathie wanneer hij een mededirectielid moet ontslaan dan wanneer hij een fabrieksarbeider ontslaat. Deze modulatie kan ontstaan zijn door het feit dat de kans dat groepsgenoten wraak zullen nemen veel groter is. In deze context staan de superioriteitsgevoelens van mensen met psychopathie misschien voor het andere uiterste van een normale neiging om niet bij iedereen evenveel empathie te voelen; ook het feit dat psychopathie vaker bij mannen dan bij vrouwen wordt gezien sluit hierop aan.[144]

Als een helft van een tweeling geen empathie voor verdriet heeft, is de kans dat ook de andere helft dit vermogen mist bij eeneiige tweelingen op de leeftijd van zeven jaar al groter dan bij twee-eiige tweelingen (die de helft van hun genetisch materiaal delen). Dit is gebleken uit een grootschalig tweelingenonderzoek, en het suggereert dat de genen, en niet de omgeving, die een- en twee-eiige tweelingen in gelijke mate delen, deze psychopathische trekken bepalen.[142] Het bestaan van een genetische predispositie voor psychopathie biedt de evolutie helaas de mogelijkheid diegenen uit te selecteren die het best hun morele gevoelens kunnen onderdrukken, zodat ze vrij zijn om hun medemensen te manipuleren.

In samenwerking met het Nederlandse ministerie van Justitie zijn mijn promovendus Harma Meffert, mijn vrouw Valeria en ik begon-

nen met een onderzoek naar de reden waarom mensen met psychopathie hun gedeelde circuits minder activeren terwijl ze getuige zijn
van andermans verdriet.

Een dagje uit voor patiënt 13

Als patiënt 13 die ochtend wakker wordt in de Van Mesdagkliniek,
een middeleeuws ogende burcht in de buurt van Groningen, wordt
hem verteld dat het vandaag gaat gebeuren. In de loop van de afgelopen maand heeft Harma Meffert een aantal malen contact met hem
gezocht in deze zwaarbeveiligde forensische kliniek, om te vragen
of hij bereid zou zijn deel te nemen aan ons onderzoek. Hij zit vast
na een geweldsdelict en heeft de hoogst mogelijke score (40) op de
PCL-R, en daarmee heeft patiënt 13 exact het soort psychopathie dat
wij in de scanner willen zien. Iets in hem maakt dat hij zonder schuldgevoelens anderen kwaad doet, en wij willen uitvinden hoe dat komt.
Patiënt 13 glundert bij de behoedzame en beleefde toon waarop Harma hem nu vraagt of hij nog steeds bereid is deel te nemen. Dat verzoek om een gunst bezorgt hem een belangrijk gevoel: een welkome
afwisseling ten opzichte van de bevelen die hij meestal moet opvol-
gen. Om ontsnapping te voorkomen wist patiënt 13 alleen dat hij op
een gegeven moment naar ons onderzoekscentrum zou worden gebracht, maar niet precies op welke dag. Een uur na het ontwaken
klimt patiënt 13 moeizaam, vanwege de houten stokken in zijn
broekspijpen die moeten voorkomen dat hij de benen neemt, de ge-
blindeerde wagen uit, het parkeerterrein van ons centrum op. 'Jam-
mer dat ik het niet van tevoren wist,' merkt hij met een glimlach op.
Zijn keurige baardje en haar en zijn bij elkaar passende kleren geven
wel aan dat hij graag een goede indruk maakt. De drie atletische bewakers aan zijn zijde hebben met hun sweatshirts meer van coaches
dan van cipiers, en patiënt 13 lijkt bijna trots op zijn entourage. Zijn
begeleiders dragen geen vuurwapens: de houten stokken in zijn
broekspijpen lijken voldoende als beveiliging. Metalen kogels zou-

den gevaarlijk zijn in de buurt van de fMRI-scanner, en als de zware deur van de MRI-scanner achter hem dichtvalt kan patiënt 13 sowieso nergens heen. Tijdens de eerste helft van het experiment meten we zijn hersenactiviteit terwijl hij naar filmpjes kijkt waarin twee mensenhanden elkaar naderen. De enige instructie die we hem hebben gegeven is dat hij goed naar de beelden moet kijken. In een van de clips doet de ene hand de andere pijn door een vinger om te draaien. In andere filmpjes liefkozen de handen elkaar, en in weer andere gaat de ene hand op zoek naar de andere, maar reageert die andere met een botte afwijzing door de eerste weg te duwen. Gezonde proefpersonen, onze controlegroep, meldden dat de aanblik van deze clips een gevoel van empathie teweegbrengt: een gevoel van pijn voor het slachtoffer van de omgedraaide vinger of de afwijzing, en een gevoel van warmte tijdens het zien van de liefkozing. De hersenen van deze gezonde deelnemers lieten ook de activiteit zien in de premotorhersengebieden, somatosensorische en emotionele hersengebieden die we zouden verwachten als ze de gevoelens van de acteurs in de filmpjes deelden. We willen weten of de hersenen van mensen met psychopathie anders reageren. Patiënt 13 is de dertiende van eenentwintig mensen met psychopathie die we op deze manier onderzoeken. Hij is beleefd, bijna charmant, maar beleeft er een sadistisch genoegen aan om ons te laten doen wat hij wil. 'Mag ik nog één keertje naar het toilet?' vraagt hij. Harma kijkt naar de bewakers. Die halen hun schouders op. Dit betekent dat we nog eens twintig minuten kwijt zijn: hij moet de scanner uit, en dan de scanner weer in, maar we hebben geen keuze. Als we hem uit de scanner halen, glimlacht hij voortdurend. Hij geniet van deze omkering van de rollen: hij beveelt, wij gehoorzamen. In het tweede deel van het experiment, als hij terug is van zijn wc-bezoek, krijgt hij soortgelijke filmpjes te zien, maar ditmaal vragen we hem mee te voelen met een van de handen in de clips: soms met de hand van het slachtoffer, soms met die van de dader. In het derde deel van het onderzoek gaat Harma tot slot de scannerruimte in en onderwerpt zij patiënt 13 aan een reeks ervaringen die identiek zijn aan wat hij in de filmpjes heeft gezien. Met zijn instemming slaat ze hem op zijn hand om hem een milde pijn te bezorgen; ze duwt zijn hand weg om een gevoel van afwijzing te veroorzaken, en ze streelt hem vriendelijk. Na het experiment waren de meeste van deze proefpersonen niet onder de indruk van het onderzoek: 'Stom onderzoek, saai,' zei een van hen later tegen Alison Abbott, mijn favoriete verslaggever bij het blad *Nature*. Mensen met psychopathie zien niet in hoe onze videoclips ook maar iets te maken kunnen hebben met het soort brute geweld dat helaas zo'n integraal deel van hun leven uitmaakt. Het experiment bleek echter een succes te zijn. Tijdens het eerste deel, terwijl ze naar de filmpjes keken, hebben mensen met psychopathie minder activatie in bepaalde hersendelen dan leeftijdsgenoten zonder psychopathie in de controlegroep; dit betreft die hersengebieden die te maken hebben met de uitvoering van eigen handelingen en het beleven van eigen gewaarwordingen, pijn en vreugde: SI, SII, insula en de premotorcortex. Interessant genoeg was de activiteit in deze gebieden ook licht verminderd wanneer ze dit soort ervaringen zelf ondergingen doordat Harma op hun hand tikte of die streelde, maar dit verschil in persoonlijke ervaring was minder dan wanneer ze keken naar andermans vreugde en pijn. Onze resultaten tonen dus aan dat een gebrek aan empathie voor wat andere mensen doen en voelen inderdaad de kern kan vormen van psychopathie. Veelzeggend zijn de antwoorden die ze gaven op de *Davis Interpersonal Reactivity Questionnaire* (zie Appendix): in tegenstelling tot wat de scannerbeelden lieten zien leken ze in hun antwoorden op deze vragenlijst mak als lammetjes, en net zo empathisch als u en ik. Psychopaten staan bekend om hun sluwheid en geven bij het invullen van vragenlijsten die antwoorden waarvan ze geloven dat ze hun vrijlating zullen bespoedigen. Wanneer hun hersenen echter gescand worden, blijkt wat hun schriftelijke antwoorden verhullen: diep vanbinnen hebben ze hun empathie het zwijgen opgelegd. Maar zoals verwacht liet ons experiment zien dat ze het vermogen tot empathie wel degelijk bezitten. In het tweede deel van het onderzoek, toen we hun vroegen bewust empathie op te brengen voor de mensen in de filmpjes, vertoonden ze normale activiteit, even sterk als die van onze proefpersonen. Het verschil met de proefpersonen is dat ze geen spontane empathie met anderen voelen – niet dat ze daartoe niet in staat zijn.

Als ons experiment meer inzicht opleverde dan de vragenlijsten, waarom gebruiken we deze methode dan niet in de rechtszaal om te kijken of een beklaagde psychopathische trekken bezit? Momenteel zou dat niet kunnen. fMRI is een heel indirecte manier om hersenactiviteit te meten. Zoals we in een eerder hoofdstuk hebben gezien verandert de bloedstroom naar aanleiding van neurale activiteit, en daardoor verandert het magnetische veld in de scanner een heel klein beetje. Maar de fMRI-metingen worden ook beïnvloed door een groot aantal factoren buiten de hersenactiviteit, zoals de temperatuur van de hersenen, de ademhaling, hoofdbewegingen en zelfs dagdromen. Al die elementen werken als ruis, die vaak de ware hersenactiviteit verdoezelt die het gevolg is van de stimuli die we aan één enkele deelnemer laten zien. Net zoals de woorden die u op een rumoerig feestje een paar maal moet herhalen om verstaan te worden kan de ruis bij fMRI worden overwonnen door de hersenactiviteit van een groot aantal proefpersonen te meten en dan het gemiddelde te nemen. Bij fMRI kunnen we vervolgens meten dat de hersenen van iemand met psychopathie gemiddeld genomen minder empathie vertonen dan de onze, maar we kunnen onmogelijk zeggen of één enkele proefpersoon psychopathie vertoont of niet, althans niet met het soort zekerheid dat voor de rechtbank noodzakelijk is. Een groot aantal onderzoekscentra, waaronder het Nederlands Instituut voor Neurowetenschap in Amsterdam, waar ik tegenwoordig met mijn team werk, investeert dus fondsen in nieuwe generaties scanners die hersenactiviteit kunnen meten met minder ruis. Een van onze doelstellingen met die nieuwere scanners zal de diagnose van mentale stoornissen zijn bij individuele proefpersonen. Tot die tijd blijft de PCL-R, gebaseerd als hij is op crimineel verleden en psychiatrische evaluaties, het betrouwbaarste instrument om te kijken in hoeverre iemand psychopathie vertoont. fMRI-experimenten als het onze dienen niet om een diagnose te stellen maar om ons inzicht te geven in de geest van groepen patiënten bij wie de diagnose al gesteld is.

Therapie heeft tot nu toe teleurstellend weinig effect gehad op de kans dat iemand met psychopathie na vrijlating opnieuw een misdaad zal plegen. Farmaceutische middelen helpen al helemaal niet, en mensen met psychopathie die gedragstherapie hebben ondergaan lijken juist méér misdaden te plegen dan degenen die geen gedragstherapie hebben gehad. We hopen dat de ontdekking dat psychopaten niet het vermogen tot empathie missen maar wel de spontane neiging om empathie te ondervinden van nut zal zijn bij het ontwikkelen van nieuwe therapieën. Om hierbij te helpen proberen we momenteel diermodellen van empathie te ontwikkelen teneinde meer te weten te komen over hoe we invloed kunnen uitoefenen op gedeelde circuits.

Morele schilden

Het 'talent' van mensen met psychopathie om hun empathie het zwijgen op te leggen heeft een diep en destabiliserend gevolg voor de samenleving. Als we allemaal even empathisch waren en onze morele gevoelens nooit konden worden genegeerd, zouden we elkaar allemaal vrijelijk en vreugdevol vertrouwen. Het probleem is dat in zo'n wereld een mutatie waardoor mensen hun empathie konden negeren een veel te gemakkelijk leven zou hebben. Om onszelf te beschermen tegen andermans manipulatie hebben we een aantal morele schilden ontwikkeld; een daarvan is de wet.

Onze intuïtie zegt dat het pijn doet om anderen pijn te doen, maar dit gevoel wordt geïnstitutionaliseerd en bekrachtigd door onze wetten en onze moraal. Net zoals alle natuurlijke talen bepaalde universele kenmerken delen bevatten alle grote religies, die samen meer dan 80 procent van de wereldbevolking bestrijken, een en dezelfde gouden basisregel. In iedere religie wordt die regel iets anders geformuleerd. Jezus zei: 'Behandel anderen dus steeds zoals je zou willen dat ze jullie behandelen. Dat is het hart van de Wet en de Profeten.' (Mat-

theüs 7:12, De Nieuwe Bijbelvertaling; Nederlands Bijbelgenoot-
schap 2004/2007); de profeet Mohammed zei: 'Niemand van jullie ge-
looft volledig totdat hij voor zijn broeder wenst wat hij voor zichzelf
wenst.' (Hadith 13/40 van Nawawi); in de Mahabharata staat: 'Dit is
de hoogste verplichting: doe anderen niet aan wat uzelf pijn zou doen
als het u werd aangedaan' (Mahabharata 5:1517); Boeddha formuleerde het als volgt: 'Behandel anderen niet op een manier die u zelf
onaangenaam zou vinden.' (Udana-Varga 5.1); en Hillel vatte de complete Thora als volgt samen: 'Wat u vreselijk vindt als het u gebeurt,
doe dat een ander niet aan; dat is de hele Thora; de rest is commentaar.
Ga heen en leer het.' (Talmoed, Sabbath 31a) Al deze formuleringen
zijn bijna griezelig identiek en delen exact dezelfde kernaansporing
om anderen te behandelen zoals uzelf behandeld wilt worden.

De universaliteit van bepaalde taalregels vertelt ons iets over de
hersenen, namelijk dat alle menselijke hersenen zodanig bekabeld
zijn dat talen die aan deze regels voldoen makkelijk te leren zijn, en
dat talen die hieraan niet voldoen moeilijk te leren zijn.[145] De universaliteit van empathie als grondslag voor ethiek en religie geeft een
soortgelijke boodschap af. Het menselijk brein is bekabeld voor empathie en het feit dat al deze geslaagde religies dezelfde gulden regel
delen is geen toeval. Deze regel weerspiegelt namelijk de werking
van onze hersenen, en daardoor zijn religies die deze kernregel aan-
houden gemakkelijker aanvaardbaar en compatibeler met onze geest
dan religies die deze regel niet hebben.

Ik behandel u zoals ik zelf behandeld wil worden

Hoe naadloos de morele wetten aansluiten op onze gedeelde circuits
wordt overduidelijk in één belangrijk detail van de gulden regel. Het
patroon van hersenactiviteit dat voortkomt uit gedeelde circuits
staat niet rechtstreeks voor wat de ander overkomt, maar voor wat
wij in zijn plaats zouden voelen. We hebben dat met name voor handelingen gezien.[19, 93] Gedeelde circuits vertellen ons dan ook niet

rechtstreeks de waarde van de handeling voor die ander, maar laten ons beseffen wat voor waarde die handeling in die situatie voor ons zou hebben. We kennen allemaal het effect dat dit subtiele punt kan hebben op de uitkomst van ons goedbedoelde gedrag. Vaak zijn we in de verleiding om mensen te geven wat we zelf het liefst willen, en dan raken we teleurgesteld als we beseffen dat zij liever iets anders gewild hadden.

Dit egocentrische vooroordeel van onze gedeelde circuits wordt treffend vastgelegd in de gulden regel van de ethiek, die u niet adviseert om anderen te behandelen zoals goed voor hen is, maar zoals u zelf behandeld zou willen worden. Het feit dat zo veel wijze mensen die regel zo subjectief hebben geformuleerd versterkt de gedachte dat de gulden regel bedoeld is om voort te bouwen op een reeds bestaand neuraal mechanisme dat dezelfde eigenschappen heeft: gedeelde circuits.

Wetten bestaan vanwege bedriegers en psychopaten

De gulden regel vertelt ons ook iets over de beperking van onze intuïtieve moraal. Als onze hersenen zo diepgaand ethisch zijn, waarom hebben we dan expliciete gulden regels nodig? Het antwoord is complex. Ten eerste kunnen onze gedeelde circuits worden beïnvloed door aandacht. Als we actief vermijden de negatieve gevolgen van ons gedrag te overdenken, zullen onze gedeelde circuits weinig bewijs hebben voor pijn die we moeten delen. Als we actief op zoek gaan naar informatie over de gevolgen van ons gedrag, hebben de gedeelde circuits meer te delen. Een van de dingen die de gulden regel doet is ons stimuleren om aandacht te besteden aan de maatschappelijke gevolgen van ons gedrag; daardoor wordt de invloed van gedeelde circuits groter en worden we ethischer mensen. Door dit te doen stimuleren vele religies het morele gedrag en de samenwerking binnen de betreffende samenlevingen. Het feit dat meer dan 80 procent van de wereldbevolking zich nu aan deze gulden regel houdt maakt onze samenlevingen beter en stabieler.

Daarnaast vestigt de gulden regel onze aandacht niet alleen op de medemens. In de meeste samenlevingen is de regel omgevormd tot wetgeving, en ambtsdragers als rechters en politiemensen straffen diegenen die die wetten overtreden.

Soms is die straf van essentieel belang, want als ons eigen welzijn afhankelijk is van de pijn die we anderen aandoen, moeten we andermans standpunten negeren ten gunste van onze eigen opvattingen. Een arme man die brood steelt voor zijn hongerige kinderen zal misschien voelen dat de bakker daar last van heeft, maar zal dat besef onderdrukken vanwege de dringende behoefte van zijn kinderen. De concurrentiestrijd om beperkte middelen in een samenleving creëert dit soort situaties, en wetten die ons aanmoedigen om andermans behoeften te negeren door straf op te leggen als we zijn belang schaden, zorgen voor samenhang in echte samenlevingen waar gedeelde circuits zelden sterk genoeg zijn.

Tot slot blijft psychopathie een belangrijke drijfveer voor morele wetten en straf. Er is in de evolutie een algemene tendens om een klein percentage bedriegers te stimuleren; deze kunnen het hele systeem laten vastlopen als ze niet in toom worden gehouden. De meesten van ons zijn ethische wezens die de rechten van anderen respecteren. In deze situatie wordt psychopathisch bedrog een verbijsterend winstgevende onderneming. Wat zou u doen als er een vrouw aan de deur kwam die u vroeg een paar euro te doneren voor wezen in de derde wereld, waarbij ze u een stel foto's liet zien van droevige, hongerig ogende kindertjes? Zo iemand vertrouwt u. U voelt empathie met de arme wezen en u wilt ze helpen – wat is een paar euro als ze daarvoor zo'n berg eten kunnen kopen? U geeft dus wat geld. In veel gevallen gaat dat inderdaad naar de wezen, maar het gemak waarmee mensen zich met een dergelijk plan geld toe-eigenen betekent dat het in sommige gevallen regelrecht in de zakken van de oplichter verdwijnt. En dan is dit voorbeeld nog redelijk onschuldig, maar stelt u zich voor wat een oneerlijke medewerker bij een bedrijf in levensverzekeringen wel niet kan aanrichten. Zo iemand kan het volledige spaargeld van honderden hardwerkende mensen inpikken en ermee aan de haal gaan. Als dat vaak genoeg gebeurt, zal het publiek geen vertrouwen meer hebben in verzekeringsmaatschappijen en dan volgt al spoedig de ineenstorting van het pensioenstelsel en de ziektekostenverzekeringen. Onze markteconomie zou in rap tempo bezwijken en het zou een chaos worden. Mensen met psychopathie verhouden zich tot eerlijke mensen als een leeuw tot zijn prooi. Leeuwen kunnen alleen bestaan omdat er prooi is, maar ze brengen de soort waarop ze jagen in gevaar. Als er te veel psychopaten komen, brengen die de complete, op vertrouwen gebaseerde samenleving in gevaar. Helaas hebben ze daar niet alleen zelf last van, maar ook zij die eerlijkheid inbrengen in de hoop op samenwerking, met alle voordelen van dien. De biologie maakt ons duidelijk dat bedrog helaas onvermijdelijk is binnen een systeem, en zo moeten we aanvaarden dat ook psychopathie waarschijnlijk onvermijdelijk is; een aanpassing van een minderheid die de voordelen van ethisch gedrag uitbuit zonder zelf een bijdrage te leveren.

Gezien het feit dat samenwerking van cruciaal belang is voor het welslagen van onze soort zijn er twee belangrijke mechanismen tot ontwikkeling gekomen om de verleiding van bedrog in toom te houden. De genetische evolutie heeft gezorgd voor een mechanisme waardoor wij, althans de mannen, met genoegen diegenen straffen die de gulden regel overtreden.[69] Dit genoegen kan mensen spontaan motiveren om bedriegers te straffen, waardoor bedrog minder lonend wordt en de voordelen van samenwerking dus behouden blijven. Joseph Henrich van de universiteit Emory in Atlanta heeft kortgeleden samen met een internationaal team van wetenschappers een sterk bewijs geleverd voor deze theorie. Ze hebben vijftien verschillende culturen bestudeerd, van Afrikaanse, Amerikaanse en Aziatische stadsculturen tot afgelegen kleinschalige culturen op de tropische eilanden van Oceanië, de regenwouden van Zuid-Amerika en de Afrikaanse savanne. Wat ze vonden was dat personen in al deze samenlevingen bereid waren geld te betalen om een oneerlijk individu bestraft te zien worden.[146] Zo'n universele bereidheid om oneerlijke individuen te straffen biedt een sterke suggestie dat de meeste mensen over de hele wereld een genetische aanpassing delen die dient om eerlijke samenwerking te stimuleren.

Ten tweede vertrouwen we in de meeste samenlevingen niet zomaar op gewone burgers om diegenen te straffen die de gulden regel overtreden. Daarvoor wijzen we politie en rechters aan, en we betalen belasting om die instellingen te bekostigen. Zo garanderen we dat een sterke arm diegenen zal straffen die onze wetten schenden.

Mensen die zelf een ethisch besef hebben zullen door wetten en straf in dezelfde richting worden geduwd die hun gedeelde circuits aangeven. Samen helpen deze een intuïtief ethische persoon te beseffen welke gevolgen zijn daden op anderen hebben. Voor iemand met psychopathie kan de angst voor straf de enige factor zijn die hem ervan weerhoudt anderen kwaad te doen. De wet kan dan gezien worden als noodzakelijk middel voor stabilisatie van samenwerking en bescherming tegen diegenen die het op ons vertrouwen voorzien hebben.

Zijn spiegelneuronen goed of slecht?

Toen ik begon na te denken over de manier waarop we de sociale wereld om ons heen begrijpen, zag ik een probleem voor me waarin ik hier zit, in mijn hersenen en mijn lichaam, terwijl u daar zit, in de wereld, buiten mijn onmiddellijke bereik. Hoe kan ik u begrijpen? Hoe kan ik uw logica navoelen? Mijn kijk op de menselijke aard was typisch westers – de kijk van een solipsistisch individu.

Door de ontdekking van gedeelde circuits moeten we anders gaan denken over de menselijke aard. We zijn niet strikt gescheiden van de mensen om ons heen. Een groot aantal hersengebieden waarvan we altijd dachten dat zich daar de menselijke individualiteit verschanste blijkt het toneel van onze sociale aard te zijn. De motorcortices waarmee we programmeren wat we zo dadelijk gaan doen, de theaters van de vrije wil en de individuele verantwoordelijkheid naar we dachten, blijken onze eigen wil te combineren met de handelingen en bedoelingen van anderen. De insula, waarin we de emotionele status van ons eigen lichaam ervaren, weerspiegelt ook de emoties van anderen, als waren die net zo besmettelijk als een griepvirus. Het somatosensorisch systeem, waarvan altijd is gedacht dat het uitsluitend diende voor 'proprioceptie', de gewaarwording van het zelf, blijkt ook de staat van andermans lichaam te vertegenwoordigen. In al deze gedeelde circuits zitten naast neuronen die zich uitsluitend met het zelf bezighouden ook neuronen die dezelfde reacties vertonen op het zelf en op anderen.

Welk deel van ons is dan nog werkelijk privé? Hoeveel lichaamsvaardigheden zijn echt van ons? Gedeelde circuits vervagen deze vraag en dit onderscheid, want zodra ik u iets zie doen worden uw handelingen de mijne. Zodra ik uw pijn zie, deel ik die. Zijn het uw handelingen, is het uw pijn? Of zijn ze van mij? De grens tussen individuen wordt verzacht door de neurale activiteit in deze systemen. Een stukje van u wordt mij, en een stukje van mij wordt u.

In dit boek heb ik willen laten zien hoe diep onze gedeelde circuits doordringen in ieder aspect van ons menselijke sociale leven; hoe ze begrip, leren en taal vergemakkelijken. Meer nog: we hebben gezien hoe gedeelde circuits een bijna onvermijdelijke eigenschap van het menselijk brein lijken te zijn – dit dankzij de basiscapaciteit van onze hersenen om associaties aan te leggen via Hebbiaanse processen ('what fires together, wires together'). Wij mensen zijn diep en onmiskenbaar sociaal. Onze samenlevingen, onze cultuur, onze kennis, onze technologie en onze taal – alles waar we als mensen oprecht trots op zijn lijkt een logisch gevolg van deze hersenarchitectuur die ons in staat stelt andermans geest te delen.

Door spiegelneuronen en gedeelde circuits te koppelen aan moraliteit kunnen we onze innerlijke stem begrijpen als die zegt dat het verkeerd is om anderen kwaad te doen. Denken dat spiegelneuronen op zich goed of slecht zijn is te simplistisch. Onze beslissing om iets te doen of niet is een evenwicht tussen het voordeel dat die handeling voor onszelf zal hebben, en de plaatsvervangende gevolgen die we dankzij onze gedeelde circuits kunnen voelen. Als we een gewonde langs de kant van de weg zien liggen, motiveren onze plaatsvervangende gevoelens ons om te helpen, al motiveert het idee van bloed op de achterbank ons om door te rijden. In dat geval helpen de gedeelde circuits ons om de juiste beslissing te nemen, om te helpen. Wie als marketingmedewerker de sigarettenverkoop wil stimuleren door een plaatsvervangend verlangen op te wekken met behulp van de Marlboro Man die een sigaret opsteekt terwijl hij de zonsondergang tegemoet rijdt, gebruikt gedeelde circuits voor een minder nobele zaak. Mensapen, die gedeelde circuits gebruiken om de volgende beweging van hun prooi te voorspellen, doden een levend wezen dankzij hun spiegelneuronen. Spiegelneuronen zijn, net als de rest van de natuur, goed noch slecht.

De ontdekking van gedeelde circuits heeft vergaande gevolgen

voor ons begrip van moraliteit. We weten nu dat het delen van andermans emoties al vooraf bekabeld is in onze geest, en we weten dat dit
de grondslag is voor onze natuurlijke morele opvattingen en de kern
van onze morele wetten. Binnen het kader van de evolutie laat de ontdekking van spiegelneuronen ons zien dat eerlijkheid en verwantschap waarschijnlijk van invloed zijn op de mate van empathie die
we opbrengen. We begrijpen waarom we ons meer zorgen maken
om de buurman dan om kindertjes in het verre Afrika. Voor onze
biologie en voor onze gedeelde circuits geldt: uit het oog, uit het hart.

Sommigen denken nu misschien dat dit een vrijbrief is om ons niet
druk te maken, en dat die onverschilligheid niet onethisch is omdat
ze in onze aard ligt. Maar dat is niet zo. De huidige situatie is geen
maatstaf voor hoe het eigenlijk hoort. Onze hersenen zijn ontstaan
in de loop van een evolutieproces waarin iemand die ver weg is nooit
een tegendienst kan verlenen. Tegenwoordig leven we in een wereld
waarin een intercontinentale raket al het menselijk leven aan de andere kant van de aardbol binnen enkele uren kan wegvagen. De neurowetenschap beoogt dan ook niet ons te vertellen wat goed of slecht
is maar ons duidelijk te maken welke krachten onze morele intuïtie
en onze gevoelens beheersen; zo kunnen we de zwakke en sterke kanten identificeren van wat we in eerste instantie voelen. Door die eerste neigingen te vergelijken met wat wij als gemeenschap goed of
slecht vinden kunnen we aangeven welke wetten het meest effectief
zullen zijn omdat ze voortbouwen op onze natuurlijke neiging, en
welke wetten niet zullen werken. We kunnen beredeneren aan welke
aspecten van de opvoeding meer aandacht moet worden besteed. Als
charitatieve instellingen meer geld willen inzamelen, kunnen neurowetenschappers duidelijk maken dat ze empathie moeten stimuleren door ons het gevoel te geven dat mensen in Afrika even dichtbij
zijn als de buurman. Het is goed om een beroep te doen op onze rationele gedachten, maar een beroep op onze gevoelens kon wel eens
meer doel treffen.

Dankzij de ontdekking van gedeelde circuits hebben we een eerste
glimp opgevangen van de gedetailleerde machinerie van de empa-

thie. En ooit, als we kans zien deze machinerie in kaart te brengen, zullen we misschien in staat zijn te begrijpen waarom mensen als Ted Bundy zulke gruwelijke dingen doen, en zullen we die wandaden kunnen voorkomen. De achttiende-eeuwse filosoof Immanuel Kant schreef in zijn *Kritik der praktischen Vernunft*: 'Twee zaken vervullen de geest met altijd weer nieuwe en steeds grotere bewondering en ontzag, hoe vaker en standvastiger men erover nadenkt: de sterrenhemel boven me en de morele wet in me.' We weten nu dat zijn ontzag ook de morele wet in onze neven, de primaten, had moeten betreffen. En toch mogen we bij al onze bewondering voor morele gevoelens, voor hoe 'goed' we wel niet zijn, niet vergeten wat we zo duidelijk zien bij apen en mensapen: dat morele wet en sentiment kunnen voortbestaan naast brute moord en geweld.

Landkaart van het empathische brein

ACC (Anterior Cingulate Cortex): koppelt emoties aan handelingen.

IFG (Inferior Frontal Gyrus): programmeert complexe handelingen en taal.

Ins (Insula): voelt de inwendige staat van het lichaam aan en bestuurt de 'buik'gevoelens; emoties.

M1 (Primary motorcortex): stuurt de spieren aan.

mPFC (Medial PreFrontal Cortex): voert cognitieve verwerking uit van de staat waarin persoon zelf en anderen verkeren.

PM (Premotorcortex): plant handelingen.

PPL (Posterior Parietal Lobe): integreert informatie afkomstig van alle zintuigen en programmeert handelingen als reactie op binnengekomen zintuiglijke signalen.

SI/SII (Primary/Secondary Somatosensory Cortex): voelt aanraking aan, en voelt de positie van ons eigen lichaam (proprioceptie).

SMA (Supplementary Motor Area): plant handelingen en stuurt die aan.

V1 (Primary Visual cortex): detecteert eenvoudige kenmerken binnen de visuele informatie vanuit het netvlies.

Temp.vis. (Temporal visual cortex): combineert eenvoudige visuele kenmerken die door V1 zijn gedetecteerd, en soms ook informatie uit de auditieve cortex, naar neuronen die reageren op de gewaarwording van sociaal belangrijke eenheden als gezichten, handelingen enzovoort.

Referenties

Alle publicaties van het Social Brain Laboratory zijn te vinden op onze webpagina: www.nin.knaw.nl/research–groups/keysers–group.

1 Graziano, M.S., Taylor, C.S. en Moore, T. (2002). Complex movements evoked by microstimulation of precentral cortex. *Neuron* 34, 841-851.
2 Fried, I., Katz, A., McCarthy, G., Sass, K.J., Williamson, P., Spencer, S.S. en Spencer, D.D. (1991). Functional organization of human supplementary motorcortex studied by electrical stimulation. *J Neurosci* 11, 3656-3666.
3 Umilta, M.A., Kohler, E., Gallese, V., Fogassi, L., Fadiga, L., Keysers, C. en Rizzolatti, G. (2001). I know what you are doing. A neurophysiological study. *Neuron* 31, 155-165.
4 Fadiga, L., Fogassi, L., Pavesi, G. en Rizzolatti, G. (1995). Motor facilitation during action observation: a magnetic stimulation study. *J Neurophysiol* 73, 2608-2611.
5 Grafton, S.T., Arbib, M.A., Fadiga, L. en Rizzolatti, G. (1996). Localization of grasp representations in humans by positron emission tomography. 2. Observation compared with imagination. *Exp Brain Res* 112, 103-111.
6 Iacoboni, M., Woods, R.P., Brass, M., Bekkering, H., Mazziotta, J.C. en Rizzolatti, G. (1999). Cortical mechanisms of human imitation. *Science* 286, 2526-2528.
7 Brass, M., Bekkering, H., Wohlschlager, A. en Prinz, W. (2000). Compatibility between observed and executed finger movements: comparing symbolic, spatial en imitative cues. *Brain Cogn* 44, 124-143.
8 Aziz-Zadeh, L., Iacoboni, M., Zaidel, E., Wilson, S. en Mazziotta, J. (2004). Left hemisphere motor facilitation in response to manual action sounds. *Eur J Neurosci* 19, 2609-2612.
9 Gazzola, V., Aziz-Zadeh, L. en Keysers, C. (2006). Empathy and the somatotopic auditory mirror system in humans. *Curr Biol* 16, 1824-1829.
10 Mukamel, R., Ekstrom, A.D., Kaplan, J., Iacoboni, M. en Fried, I. (2010). Single-Neuron Responses in Humans during Execution and Observation of Actions. *Curr Biol.*

11 Keysers, C. en Gazzola, V. (2010). Social Neuroscience: Mirror Neurons Recorded in Humans. *Current Biology* 20, R353-R354.

12 Hietanen, J.K. en Perrett, D.I. (1993). Motion sensitive cells in the macaque superior temporal polysensory area. 1. Lack of response to the sight of the animal's own limb movement. *Exp Brain Res* 93, 117-128.

13 Blakemore, S.J., Frith, C.D. en Wolpert, D.M. (1999). Spatio-temporal prediction modulates the perception of self-produced stimuli. *J Cogn Neurosci* 11, 551-559.

14 Davis, M.H. (1980). A multidimensional approach to individual differences in empathy. Catalog of Selected Documents in *Psychology* 10, 1.

15 Davis, M.H. (1983). Measuring individual differences in empathy: Evidence for a multidimensional approach. *Journal of Personality and Social Psychology* 44, 113-126.

16 Desimone, R. (1998). Visual attention mediated by biased competition in extrastriate visual cortex. *Philos Trans R Soc Lond B Biol Sci* 353, 1245-1255.

17 Bangert, M., Peschel, T., Schlaug, G., Rotte, M., Drescher, D., Hinrichs, H., Heinze, H.J. en Altenmuller, E. (2006). Shared networks for auditory and motor processing in professional pianists: evidence from fMRI conjunction. *Neuroimage* 30, 917-926.

18 Calvo-Merino, B., Grezes, J., Glaser, D.E., Passingham, R.E. en Haggard, P. (2006). Seeing or doing? Influence of visual and motor familiarity in action observation. *Curr Biol* 16, 1905-1910.

19 Gazzola, V., Rizzolatti, G., Wicker, B. en Keysers, C. (2007). The anthropomorphic brain: the mirror neuron system responds to human and robotic actions. *Neuroimage* 35, 1674-1684.

20 Buccino, G., Lui, F., Canessa, N., Patteri, I., Lagravinese, G., Benuzzi, F., Porro, C.A. en Rizzolatti, G. (2004). Neural circuits involved in the recognition of actions performed by nonconspecifics: an fMRI study. *J Cogn Neurosci* 16, 114-126.

21 Rijntjes, M., Dettmers, C., Buchel, C., Kiebel, S., Frackowiak, R.S. en Weiller, C. (1999). A blueprint for movement: functional and anatomical representations in the human motor system. *J Neurosci* 19, 8043-8048.

22 Meltzoff, A.N. en Moore, M.K. (1977). Imitation of facial and manual gestures by human neonates. *Science* 198, 74-78.

23 Thorpe, W. (1956). *Learning and instict in animals*. Londen: Methuen.

24 Gallese, V., Fadiga, L., Fogassi, L. en Rizzolatti, G. (1996). Action recognition in the premotorcortex. *Brain* 119 (Pt 2), 593-609.

25 Subiaul, F., Cantlon, J.F., Holloway, R.L. en Terrace, H.S. (2004). Cognitive imitation in rhesus macaques. *Science* 305, 407-410.

26 Jabbi, M., Bastiaansen, J. en Keysers, C. (2008). A common anterior insula representation of disgust observation, experience and imagination shows divergent functional connectivity pathways. *PLoS ONE* 3, e2939.

27 Jacob, F. (1977). Evolution and tinkering. *Science* 196, 1161-1166.

28 Central-Intelligence-Agency (2008). *The 2008 World Factbook.* Directorate of Intelligence.

29 Pinker, S. (1994). *The language instinct.* Londen: The Penguin Press.

30 Senghas, A., Kita, S. en Ozyurek, A. (2004). Children creating core properties of language: evidence from an emerging sign language in Nicaragua. *Science* 305, 1779-1782.

31 Chomsky, N. (1965). *Aspects of the theory of syntax.* Cambridge, Mass: MIT press.

32 Shubin, N. (2008). *Your inner fish.* New York: Pantheon Books.

33 Csibra, G. en Gergely, G. (2009). Natural pedagogy. *Trends Cogn Sci* 13, 148-153.

34 Vargha-Khadem, F., Gadian, D.G., Copp, A. en Mishkin, M. (2005). FOXP2 and the neuroanatomy of speech and language. *Nat Rev Neurosci* 6, 131-138.

35 Watkins, K.E., Dronkers, N.F. en Vargha-Khadem, F. (2002). Behavioural analysis of an inherited speech and language disorder: comparison with acquired aphasia. *Brain* 125, 452-464.

36 Bookheimer, S. (2002). Functional MRI of language: new approaches to understanding the cortical organization of semantic processing. *Annu Rev Neurosci* 25, 151-188.

37 Marshall-Pescini, S. en Whiten, A. (2008). Social learning of nut-cracking behavior in East African sanctuary-living chimpanzees (Pan troglodytes schweinfurthii). *J Comp Psychol* 122, 186-194.

38 Wilson, S.M., Saygin, A.P., Sereno, M.I. en Iacoboni, M. (2004). Listening to speech activates motor areas involved in speech production. *Nat Neurosci* 7, 701-702.

39 Keysers, C., Kohler, E., Umilta, M.A., Nanetti, L., Fogassi, L. en Gallese, V. (2003). Audiovisual mirror neurons and action recognition. *Exp Brain Res* 153, 628-636.

40 Kohler, E., Keysers, C., Umilta, M.A., Fogassi, L., Gallese, V. en Rizzolatti, G. (2002). Hearing sounds, understanding actions: action representation in mirror neurons. *Science* 297, 846-848.

41 Fadiga, L., Craighero, L., Buccino, G. en Rizzolatti, G. (2002). Speech listening specifically modulates the excitability of tongue muscles: a TMS study. *Eur J Neurosci* 15, 399-402.

42 Meister, I.G., Wilson, S.M., Deblieck, C., Wu, A.D. en Iacoboni, M. (2007). The essential role of premotorcortex in speech perception. *Curr Biol* 17, 1692-1696.

43 Kuhl, P.K. en Miller, J.D. (1975). Speech perception by the chinchilla: voiced-voiceless distinction in alveolar plosive consonants. *Science* 190, 69-72.

44 Hauk, O., Johnsrude, I. en Pulvermuller, F. (2004). Somatotopic representation of action words in human motor and premotorcortex. *Neuron* 41, 301-307.

45 Rizzolatti, G., Camarda, R., Fogassi, L., Gentilucci, M., Luppino, G. en Matelli, M. (1988). Functional organization of inferior area 6 in the macaque monkey. II. Area F5 and the control of distal movements. *Exp Brain Res* 71, 491-507.

46 Damasio, A.R. (2003). *Looking for Spinoza: Joy, Sorrow and the Feeling Brain*. New York, New York: Hartcourt.

47 Hatfield, E., Cacioppo, J.T. en Rapson, R.L. (1993). *Emotional contagion*. New York: Cambridge University Press.

48 James, W. (1884). What is an emotion. *Mind* 9, 188-205.

49 Rogers, C.R. (1957). The necessary and sufficient conditions of therapeutic personality change. *J. Consult. Psychol.* 21, 95-103.

50 Penfield, W. en Faulk, M.E., Jr. (1955). The insula; further observations on its function. *Brain* 78, 445-470.

51 Wicker, B., Keysers, C., Plailly, J., Royet, J.P., Gallese, V. en Rizzolatti, G. (2003). Both of us disgusted in my insula: the common neural basis of seeing and feeling disgust. *Neuron* 40, 655-664.

52 Keysers, C. en Gazzola, V. (2006). Towards a unifying neural theory of social cognition. *Prog Brain Res* 156, 379-401.

53 Keysers, C. en Gazzola, V. (2009). Expanding the mirror: vicarious activity for actions, emotions, and sensations. *Curr Opin Neurobiol* 19, 666-671.

54 Calder, A.J., Keane, J., Manes, F., Antoun, N. en Young, A.W. (2000). Impaired recognition and experience of disgust following brain injury. *Nat Neurosci* 3, 1077-1078.

55 Adolphs, R., Tranel, D. en Damasio, A.R. (2003). Dissociable neural systems for recognizing emotions. *Brain Cogn* 52, 61-69.

56 Adolphs, R., Tranel, D., Koenigs, M. en Damasio, A.R. (2005). Preferring one taste over another without recognizing either. *Nat Neurosci* 8, 860-861.

57 Mesulam, M.M. en Mufson, E.J. (1982). Insula of the old world monkey. III: Efferent cortical output and comments on function. *J Comp Neurol* 212, 38-52.

58 Singer, T., Seymour, B., O'Doherty, J., Kaube, H., Dolan, R.J. en Frith, C.D. (2004). Empathy for pain involves the affective but not sensory components of pain. *Science* 303, 1157-1162.

59 Jabbi, M., Swart, M. en Keysers, C. (2007). Empathy for positive and negative emotions in the gustatory cortex. *Neuroimage* 34, 1744-1753.

60 Morecraft, R.J., Stilwell-Morecraft, K.S. en Rossing, W.R. (2004). The motorcortex and facial expression: new insights from neuroscience. *Neurologist* 10, 235-249.

61 Van der Gaag, C., Minderaa, R. en Keysers, C. (2007). Facial expressions: what the mirror neuron system can and cannot tell us. *Social Neuroscience* 2, 179-222.

62 Adolphs, R., Damasio, H., Tranel, D., Cooper, G. en Damasio, A.R. (2000). A role for somatosensory cortices in the visual recognition of emotion as revealed by three-dimensional lesion mapping. *J Neurosci* 20, 2683-2690.

63 Beilock, S.L. en Holt, L.E. (2007). Embodied preference judgments: can likeability be driven by the motor system? *Psychol Sci* 18, 51-57.

64 Jabbi, M. en Keysers, C. (2008). Inferior frontal gyrus activity triggers anterior insula response to emotional facial expressions. *Emotion* 8, 775-780.

65 Lanzetta, J.T. en Englis, B.G. (1989). Expectations of cooperation and competition and their effects on observers' vicarious emotional responses. *J. Pers. Soc. Psychol.* 56, 543-554.

66 Hess, U. en Blairy, S. (2001). Facial mimicry and emotional contagion to dynamic emotional facial expressions and their influence on decoding accuracy. *Int J Psychophysiol* 40, 129-141.

67 Smith, A. (1759). *The theory of the moral sentiments.* Adam Smith Institute.

68 Banissy, M.J. en Ward, J. (2007). Mirror-touch synesthesia is linked with empathy. *Nat Neurosci* 10, 815-816.

69 Singer, T., Seymour, B., O'Doherty, J.P., Stephan, K.E., Dolan, R.J. en Frith, C.D. (2006). Empathic neural responses are modulated by the perceived fairness of others. *Nature* 439, 466-469.

70 Gilligan, C. (1982). *In a different voice.* Cambridge: Harvard University Press.

71 Gazzola, V. en Keysers, C. (2009). The observation and execution of actions share motor and somatosensory voxels in all tested subjects: single-subject analyses of unsmoothed fMRI data. *Cereb Cortex* 19, 1239-1255.

72 Keysers, C., Kaas, J.H. en Gazzola, V. (2010). Somatosensation in social perception. *Nat Rev Neurosci* 11, 417-428.

73 Hebb, D. (1949). *The organisation of behavior.* Wiley.

74 Bi, G. en Poo, M. (2001). Synaptic modification by correlated activity: Hebb's postulate revisited. *Annu Rev Neurosci* 24, 139-166.

75 Stent, G.S. (1973). A physiological mechanism for Hebb's postulate of learning. *Proc Natl Acad Sci USA* 70, 997-1001.

76 Keysers, C. en Perrett, D.I. (2004). Demystifying social cognition: a Hebbian perspective. *Trends Cogn Sci* 8, 501-507.

77 Heyes, C. (2001). Causes and consequences of imitation. *Trends Cogn Sci* 5, 253-261.

78 Perrett, D.I., Oram, M.W., Harries, M.H., Bevan, R., Hietanen, J.K., Ben-

son, P.J. en Thomas, S. (1991). Viewer-centred and object-centred coding of heads in the macaque temporal cortex. *Exp Brain Res* 86, 159-173.

79 Von Hofsten, C. (2004). An action perspective on motor development. *Trends Cogn Sci* 8, 266-272.

80 Brass, M. en Heyes, C. (2005). Imitation: is cognitive neuroscience solving the correspondence problem? *Trends Cogn Sci* 9, 489-495.

81 Blakemore, S.J., Wolpert, D. en Frith, C. (2000). Why can't you tickle yourself? *Neuroreport* 11, R11-16.

82 Wolpert, D.M. en Miall, R.C. (1996). Forward Models for Physiological Motor Control. *Neural Netw* 9, 1265-1279.

83 Sommerville, J.A., Woodward, A.L. en Needham, A. (2005). Action experience alters 3-month-old infants' perception of others' actions. *Cognition* 96, B1-11.

84 Woodward, A.L. (1998). Infants selectively encode the goal object of an actor's reach. *Cognition* 69, 1-34.

85 Barraclough, N.E., Xiao, D., Baker, C.I., Oram, M.W. en Perrett, D.I. (2005). Integration of visual and auditory information by superior temporal sulcus neurons responsive to the sight of actions. *J Cogn Neurosci* 17, 377-391.

86 Keysers, C., Wicker, B., Gazzola, V., Anton, J.L., Fogassi, L. en Gallese, V. (2004). A touching sight: SII/PV activation during the observation and experience of touch. *Neuron* 42, 335-346.

87 Blakemore, S.J., Bristow, D., Bird, G., Frith, C. en Ward, J. (2005). Somatosensory activations during the observation of touch and a case of vision-touch synaesthesia. *Brain* 128, 1571-1583.

88 Botvinick, M. en Cohen, J. (1998). Rubber hands 'feel' touch that eyes see. *Nature* 391, 756.

89 Meltzoff, A.N. en Borton, R.W. (1979). Intermodal matching by human neonates. *Nature* 282, 403-404.

90 Anisfeld, M. (1996). Only tongue protrusion modeling is matched by neonates. *Developmental Review* 16, 149-161.

91 Ekman, P., Sorenson, E.R. en Friesen, W.V. (1969). Pan-cultural elements in facial displays of emotion. *Science* 164, 86-88.

92 Tarabulsy, G.M., Tessier, R. en Kappas, A. (1996). Contingency detection and the contingent organization of behavior in interactions: implications for socio-emotional development in infancy. *Psychol Bull* 120, 25-41.

93 Gazzola, V., Van der Worp, H., Mulder, T., Wicker, B., Rizzolatti, G. en Keysers, C. (2007). Aplasics Born without Hands Mirror the Goal of Hand Actions with Their Feet. *Curr Biol* 17, 1235-1240.

94 Lahav, A., Saltzman, E. en Schlaug, G. (2007). Action Representation of Sound: Audiomotor Recognition Network While Listening to Newly Acquired Actions. *J. Neurosci*, 27, 308-314.

95 Thioux, M., Stark, D.E., Klaiman, C. en Schultz, R.T. (2006). The day of the week when you were born in 700 ms: calendar computation in an Autistic savant. *J Exp Psychol Hum Percept Perform* 32, 1155-1168.

96 Klin, A., Jones, W., Schultz, R., Volkmar, F. en Cohen, D. (2002). Visual fixation patterns during viewing of naturalistic social situations as predictors of social competence in individuals with autism. *Arch Gen Psychiatry* 59, 809-816.

97 Dapretto, M., Davies, M.S., Pfeifer, J.H., Scott, A.A., Sigman, M., Bookheimer, S.Y. en Iacoboni, M. (2006). Understanding emotions in others: mirror neuron dysfunction in children with autism spectrum disorders. *Nat Neurosci* 9, 28-30.

98 Iacoboni, M. en Dapretto, M. (2006). The mirror neuron system and the consequences of its dysfunction. *Nat Rev Neurosci* 7, 942-951.

99 Oberman, L.M., Hubbard, E.M., McCleery, J.P., Altschuler, E.L., Ramachandran, V.S. en Pineda, J.A. (2005). EEG evidence for mirror neuron dysfunction in autism spectrum disorders. *Brain Res Cogn Brain Res* 24, 190-198.

100 Williams, J.H., Waiter, G.D., Gilchrist, A., Perrett, D.I., Murray, A.D. en Whiten, A. (2006). Neural mechanisms of imitation and 'mirror neuron' functioning in autistic spectrum disorder. *Neuropsychologia* 44, 610-621.

101 Williams, J.H., Whiten, A. en Singh, T. (2004). A systematic review of action imitation in autistic spectrum disorder. *J Autism Dev Disord* 34, 285-299.

102 Avikainen, S., Wohlschlager, A., Liuhanen, S., Hanninen, R. en Hari, R. (2003). Impaired mirror-image imitation in Asperger and high-functioning autistic subjects. *Curr Biol* 13, 339-341.

103 Hamilton, A.F., Brindley, R.M. en Frith, U. (2007). Imitation and action understanding in autistic spectrum disorders: how valid is the hypothesis of a deficit in the mirror neuron system? *Neuropsychologia* 45, 1859-1868.

104 McIntosh, D.N., Reichmann-Decker, A., Winkielman, P. en Wilbarger, J.L. (2006). When the social mirror breaks: deficits in automatic, but not voluntary, mimicry of emotional facial expressions in autism. *Developmental Science* 9, 295-302.

105 Bekkering, H., Wohlschlager, A. en Gattis, M. (2000). Imitation of gestures in children is goal-directed. *Q J Exp Psychol A* 53, 153-164.

106 Rogers, S.J., Bennetto, L., McEvoy, R. en Pennington, B.F. (1996). Imitation and pantomime in high-functioning adolescents with autism spectrum disorders. *Child Dev* 67, 2060-2073.

107 Vanvuchelen, M., Roeyers, H. en De Weerdt, W. (2007). Nature of motor imitation problems in school-aged boys with autism: A motor or a cognitive problem? *Autism* 11, 225-240.

108 Vanvuchelen, M., Roeyers, H. en De Weerdt, W. (2007). Nature of mo-

tor imitation problems in school-aged males with autism: how congruent are the error types? *Dev Med Child Neurol* 49, 6-12.

109 Avikainen, S., Kulomaki, T. en Hari, R. (1999). Normal movement reading in Asperger subjects. *Neuroreport* 10, 3467-3470.

110 Dinstein, I., Thomas, C., Humphreys, K., Minshew, N., Behrmann, M. en Heeger, D.J. (2010). Normal movement selectivity in autism. *Neuron* 66, 461-469.

111 Bastiaansen, J.A., Thioux, M., Nanetti, L., Van der Gaag, C., Ketelaars, C., Minderaa, R. en Keysers, C. (2011). Age-Related Increase in Inferior Frontal Gyrus Activity and Social Functioning in Autism Spectrum Disorder. *Biol Psychiatry*.

112 Sudhof, T.C. (2008). Neuroligins and neurexins link synaptic function to cognitive disease. *Nature* 455, 903-911.

113 Cherkassky, V.L., Kana, R.K., Keller, T.A. en Just, M.A. (2006). Functional connectivity in a baseline resting-state network in autism. *Neuroreport* 17, 1687-1690.

114 Just, M.A., Cherkassky, V.L., Keller, T.A., Kana, R.K. en Minshew, N.J. (2007). Functional and anatomical cortical underconnectivity in autism: evidence from an fMRI study of an executive function task and corpus callosum morphometry. *Cereb Cortex* 17, 951-961.

115 Courchesne, E., Karns, C.M., Davis, H.R., Ziccardi, R., Carper, R.A., Tigue, Z.D., Chisum, H.J., Moses, P., Pierce, K., Lord, C., et al. (2001). Unusual brain growth patterns in early life in patients with autistic disorder: An MRI study. *Neurology* 57, 245-254.

116 Kuhl, P.K., Coffey-Corina, S., Padden, D. en Dawson, G. (2005). Links between social and linguistic processing of speech in preschool children with autism: behavioral and electrophysiological measures. *Dev Sci* 8, F1-F12.

117 Adolphs, R. en Spezio, M. (2006). Role of the amygdala in processing visual social stimuli. *Prog Brain Res* 156, 363-378.

118 Ingersoll, B. en Schreibman, L. (2006). Teaching reciprocal imitation skills to young children with autism using a naturalistic behavioral approach: effects on language, pretend play, and joint attention. *J Autism Dev Disord* 36, 487-505.

119 Ingersoll, B. en Gergans, S. (2007). The effect of a parent-implemented imitation intervention on spontaneous imitation skills in young children with autism. *Res Dev Disabil* 28, 163-175.

120 Kast, B. (2006). *Die Liebe und wie sich Leidenschaft erklärt*. Fischer.

121 Buss, D.M. en Barnes, M. (1986). Preferences in human mate selection. *Journal of Personality and Social Psychology* 50, 559-570.

122 Weisfeld, G.E., Russell, R.J.H., Weisfeld, C.C. en Wells, P.A. (1992). Correlates of satisfaction in british marriages. *Ethology and Sociobiology* 13, 125-145.

123 Ferrari, P.F., Gallese, V., Rizzolatti, G. en Fogassi, L. (2003). Mirror neurons responding to the observation of ingestive and communicative mouth actions in the monkey ventral premotorcortex. *Eur J Neurosci* 17, 1703-1714.

124 Keysers, C. en Gazzola, V. (2007). Integrating simulation and theory of mind: from self to social cognition. *Trends Cogn Sci* 11, 194-196.

125 Critchley, H.D., Wiens, S., Rothstein, P., Ohman, A. en Dolan, R.J. (2004). Neural systems supporting interoceptive awareness. *Nat Neurosci* 7, 189-195.

126 Berthoz, S., Artiges, E., Van De Moortele, P.F., Poline, J.B., Rouquette, S., Consoli, S.M. en Martinot, J.L. (2002). Effect of impaired recognition and expression of emotions on frontocingulate cortices: an fMRI study of men with alexithymia. *Am J Psychiatry* 159, 961-967.

127 Mitchell, J.P., Macrae, C.N. en Banaji, M.R. (2006). Dissociable medial prefrontal contributions to judgments of similar and dissimilar others. *Neuron* 50, 655-663.

128 Mitchell, J.P. (2007). Activity in Right Temporo-Parietal Junction is Not Selective for Theory-of-Mind. *Cereb Cortex*.

129 Singer, T. (2006). The neuronal basis and ontogeny of empathy and mind reading: review of literature and implications for future research. *Neurosci Biobehav Rev* 30, 855-863.

130 Feinman, S., Roberts, D., Hsieh, K.F., Sawyer, D. en Swanson, K. (1992). *A critical review of social referencing in infancy. In Social Referencing and the Social Construction of Reality in Infancy*, S. Feinman, ed. New York: Plenum Press.

131 Perner, J., Leekam, S.R. en Wimmer, H. (1987). 2-Year-Olds Difficulty with False Belief – the Case for a Conceptual Deficit. *British Journal of Developmental Psychology* 5, 125-137.

132 Baroncohen, S., Leslie, A.M. en Frith, U. (1985). Does the Autistic-Child Have a Theory of Mind. *Cognition* 21, 37-46.

133 Kast, B. (2007). *Wie der Bauch dem Kopf beim Denken Hilft*. Berlijn: Fischer Verlag.

134 Aziz-Zadeh, L., Wilson, S.M., Rizzolatti, G. en Iacoboni, M. (2006). Congruent embodied representations for visually presented actions and linguistic phrases describing actions. *Curr Biol* 16, 1818-1823.

135 Haidt, J. (2001). The emotional dog and its rational tail: a social intuitionist approach to moral judgment. *Psychol Rev* 108, 814-834.

136 Greene, J.D., Nystrom, L.E., Engell, A.D., Darley, J.M. en Cohen, J.D. (2004). The neural bases of cognitive conflict and control in moral judgement. *Neuron* 44, 389-400.

137 Masserman, J.H., Wechkin, S. en Terris, W. (1964). 'Altruistic' Behavior in Rhesus Monkeys. *Am J Psychiatry* 121, 584-585.

138 Hare, R.D. (2003). *Manual for the Hare Psychopathy Checklist-Revisited*, 2nd ed. Toronto: Multi-Health Systems.

139 Hoffman, M.L. (1994). Discipline and Internalization. *Developmental Psychology* 30, 26-28.

140 Hare, R.D. (1993). *Without Conscience: The Disturbing World of the Psychopath Amongst Us*. New York: Pocket Books.

141 Michaud, S.G. en Aynesworth, H. (1989). *Ted Bundy: Conversations with a Killer*. New York: New American Library.

142 Blair, R.J. (2006). The emergence of psychopathy: implications for the neuropsychological approach to developmental disorders. *Cognition* 101, 414-442.

143 Kiehl, K.A. (2006). A cognitive neuroscience perspective on psychopathy: evidence for paralimbic system dysfunction. *Psychiatry Res* 142, 107-128.

144 Dolan, M. en Vilm, B. Antisocial personality disorder and psychopathy in women: A literature review on the reliability and validity of assessment instruments. *International Journal of Law and Psychiatry* 32, 2-9.

145 Chomsky, N. (1959). Verbal-behavior – Skinner, BF. *Language* 35, 26-58.

146 Henrich, J., McElreath, R., Barr, A., Ensminger, J., Barrett, C., Bolyanatz, A., Cardenas, J.C., Gurven, M., Gwako, E., Henrich, N., et al. (2006). Costly punishment across human societies. *Science* 312, 1767-1770.

Twee mensen zijn van cruciaal belang geweest voor de totstandkoming van dit boek: mijn vrouw en collega Valeria Gazzola, en mijn vriend Bas Kast. Dit is ons boek.

Bas en ik waren studiegenoten. Samen kwamen we vol passie tot het besef dat we pas begrijpen wie we zijn als we onze hersenen kunnen begrijpen. Dankzij deze passie is hij waarschijnlijk de meest getalenteerde en heldere wetenschappelijk schrijver in Duitsland geworden. Ik ben de wetenschap in gegaan. Hij was voor mij de inspiratie om te gaan schrijven. Tijdens het schrijven van dit boek heeft hij me met zijn adviezen en zijn steun steeds gestimuleerd om door te gaan. Dankzij zijn redactie is de eerste versie van dit manuscript een boek geworden dat het lezen waard is.

Valeria en ik hebben samen het Social Brain Lab gesticht. Zij aan zij, hoofd aan hoofd en hart aan hart hebben we de ontdekkingen gedaan die ik in dit boek beschrijf. Zonder haar synergie, haar passie, haar kritiek en haar creativiteit zouden deze jaren van onderzoek niet alleen veel eenzamer zijn geweest, maar hadden ze ook veel minder opgeleverd om over te schrijven. Ik ken geen groter geschenk dan het voorrecht om iedere seconde van mijn leven met haar te mogen delen. Ons onderzoek heeft me laten zien dat de menselijke geest niet alleen staat. De realiteit van die conclusie beleef ik dankzij haar iedere dag. Alle illustraties in dit boek zijn van haar hand.

Ook dank ik Anne Perrett, die zo geduldig en zo geniaal mijn Engels heeft opgepoetst; Amanda Cushman, mijn redacteur bij Dana Press, die het boek heeft ingekort om de vaart erin te houden; John Brockman en Katinka Matson, mijn agenten, voor hun geloof in mij. En tot slot dank ik de grote wetenschappers die mijn pad hebben gekruist en verlicht: Ruth Bennett, die mijn eerste schreden op het pad van de neurowetenschap begeleidde, mijn mentor David Perrett, die me liet zien dat het bij wetenschap niet gaat om de spanning van de ontdekking maar om integriteit, creativiteit en oprechte nieuwsgierigheid; Vittorio Gallese en Giacomo Rizzolatti, die me binnenlieten in de schitterende wereld van de spiegelneuronen, Bruno Wicker en Mel Goodale, die me lieten kennismaken met de wereld van fMRI; en ik dank alle leden, in heden en verleden, van ons Lab, omdat ik hun mentor mocht zijn en voor hun bijdrage aan het begrip van ons sociale brein. Het Marie Curie Program van de Europese Commissie en de Nederlandse organisatie voor Wetenschappelijk Onderzoek (NWO) hebben mijn onderzoek op genereuze wijze gefinancierd en zijn daarmee van kritiek belang voor het werk dat in dit boek wordt gepresenteerd.

Tot slot dank ik degene die u op het bestaan van mijn boek heeft gewezen. Dus als u dit boek met plezier gelezen hebt: zegt het voort!

Dr. Christian Keysers' onderzoek naar spiegelneuronen en de manier waarop we dankzij onze hersenen de innerlijke toestand van onze medemens kunnen delen is van groot belang geweest voor het wetenschappelijk onderzoek naar empathie. Keysers heeft de Franse en Duitse nationaliteit, is geboren in 1973 en heeft in vijf Europese landen en in de Verenigde Staten gewoond. Zijn werk heeft geleid tot publicaties in de meest vooraanstaande wetenschappelijke bladen en heeft hem als een van de jongsten ooit een hoogleraarstitel opgeleverd. Dankzij zijn vermogen om wetenschappelijke onderwerpen te verklaren voor een breed publiek is hem de Marie Curie Excellence Award verleend. Momenteel vervult hij zijn levensdroom: samen met zijn vrouw leidt hij een van de onderzoeksgroepen aan het Nederlands instituut voor de neurowetenschap (www.nin.knaw.nl), een onderzoeksinstelling van de Koninklijke Nederlandse Academie voor Kunst en Wetenschappen in Amsterdam. Ook is hij als hoogleraar verbonden aan het University Medical Center Groningen in Nederland en regelmatig werkt hij als Visiting Professor aan het California Institute of Technology. Buiten het laboratorium leren zijn vrouw Valeria en zijn dochter Julia hem waarom empathie zo'n grote gave is.

Wilt u contact opnemen met de schrijver, stuur dan een e-mail naar christian.keysers@gmail.com, of laat een bericht achter op facebook.com/theempathicbrain.

Als u dit boek met plezier gelezen hebt, verzoeken we u uw vrienden erop attent te maken. Voor een onafhankelijk auteur is mond-tot-mondreclame de beste manier om het publiek te bereiken.

Tot slot: als u geïnspireerd bent door het onderzoek naar empathie en dit onderzoek wilt steunen, is uw hulp altijd welkom: bent u wetenschapper, dan kunt u het team komen versterken. Verkeert u in de gelukkige omstandigheid dat u hiertoe in staat bent, dan kunt u een doctoraal- of postdoc-positie sponsoren.

De volgende uitspraken zijn bedoeld om inzicht te krijgen in uw gedachten en gevoelens over een aantal uiteenlopende situaties. Geef bij ieder item aan hoe goed deze beschrijving op u van toepassing is. Dit doet u door de juiste letter te kiezen uit de schaal boven aan de pagina A, B, C, D of E. Wanneer u zeker bent van uw antwoord, noteert u dit op een afzonderlijk blad papier, samen met het nummer van de beschrijving. Lees alle items zorgvuldig door voordat u antwoord geeft. Wees zo eerlijk mogelijk. U hoeft niet te letten op de letters en de mintekens tussen haakjes naast de items. Deze worden later gebruikt om uw score te bepalen.

Antwoorden:

A	B	C	D	E
Is niet typerend voor mij			Is zeer typerend voor mij	

Uitspraken

1 Ik dagdroom en fantaseer met enige regelmaat over dingen die mij zouden kunnen overkomen. (FS)
2 Ik heb vaak tedere gevoelens voor, en voel me betrokken bij, mensen die minder geluk hebben dan ik. (EC)
3 Soms vind ik het moeilijk om dingen te bekijken vanuit andermans standpunt. (PT) (−)
4 Soms heb ik weinig medelijden met andere mensen wanneer zij problemen hebben. (EC) (−)
5 Ik raak intens betrokken bij de gevoelens van de personages in een boek. (FS)
6 In noodsituaties voel ik me ongerust en onbehaaglijk. (PD)
7 Ik ben meestal objectief als ik naar een film of toneelstuk kijk, en ik laat me er niet gemakkelijk door meeslepen. (FS) (−)

8 Bij ruzies probeer ik ieders kant te bekijken voordat ik een beslissing neem. (PT)

9 Wanneer ik zie dat er van iemand geprofiteerd wordt, voel ik de neiging hem of haar in bescherming te nemen. (EC)

10 Ik voel me soms hulpeloos als ik me midden in een sterk emotionele situatie bevind. (PD)

11 Ik probeer soms mijn vrienden beter te begrijpen door me voor te stellen hoe dingen er vanuit hun perspectief uitzien. (PT)

12 Ik word slechts zelden echt meegesleept door een goed boek of een goede film. (FS) (−)

13 Als ik zie dat iemand pijn heeft of zich bezeert, heb ik de neiging kalm te blijven. (PD) (−)

14 Andermans tegenslag beroert mij niet echt. (EC) (−)

15 Als ik zeker weet dat ik gelijk heb, verdoe ik niet veel tijd met luisteren naar andermans argumenten. (PT) (−)

16 Als ik een toneelstuk of film heb gezien, voel ik me soms alsof ik zelf een van de personages was. (FS)

17 Ik vind het beangstigend om in een gespannen emotionele situatie te verkeren. (PD)

18 Als ik zie dat iemand oneerlijk behandeld wordt, heb ik soms niet veel medelijden met die persoon. (EC) (−)

19 Ik kan meestal nogal efficiënt omgaan met noodsituaties. (PD) (−)

20 Ik ben vaak nogal geroerd door dingen die ik zie gebeuren. (EC)

21 Ik ben van mening dat aan iedere kwestie twee kanten zitten en probeer naar beide te kijken. (PT)

22 Ik zou mezelf beschrijven als tamelijk teerhartig. (EC)

23 Als ik naar een goede film kijk, kan ik me makkelijk verplaatsen in de rol van de hoofdpersoon. (FS)

24 Ik heb de neiging in noodsituaties de controle te verliezen. (PD)

25 Wanneer ik overstuur ben over iemand, probeer ik me meestal een tijdje in die persoon te verplaatsen. (PT)

26 Wanneer ik een interessant verhaal of boek lees, probeer ik me voor te stellen hoe ik me zou voelen als de gebeurtenissen in het verhaal mij overkwamen. (FS)

27 Wanneer ik iemand zie die in nood verkeert en dringend hulp nodig heeft, ben ik nergens meer. (PD)
28 Voordat ik kritiek op iemand lever, probeer ik me in te denken
hoe ik me in zijn of haar plaats zou voelen. (PT)

Om de score uit te rekenen moet u uw antwoorden omrekenen in cijfers. Naast iedere uitspraak ziet u tussen haakjes twee hoofdletters
staan. Die geven de onderverdeling aan waartoe de betreffende uitspraak behoort.
PT = Perspective Taking scale (betreft het gemak waarmee u andermans standpunt inneemt)
FS = Fantasy scale (gaat over uw fantasie inzake fictieve situaties)
EC = Empathic Concern scale (hiermee wordt uw bezorgdheid voor
anderen gemeten)
PD = Personal Distress scale (hoe erg raakt u zelf overstuur als anderen in nood verkeren?)
Het minteken dat tussen haakjes naast sommige uitspraken staat, betekent dat deze uitspraak een omgekeerde waardering krijgt. U gebruikt dus twee verschillende berekeningen afhankelijk van de vraag
of een uitspraak een (–) heeft of niet:

Zonder -: A=0, B=1, C=2, D=3, E=4
Met -: A=4, B=3, C=2, B=1, E=0

Nu kunt u uw subscore voor de afzonderlijke schalen berekenen
door de cijfers op te tellen die u krijgt nadat u uw antwoorden voor
de diverse schalen hebt omgerekend. Voor Perspective Taking telt u
bijvoorbeeld de scores op van items 3, 8, 11, 15, 21, 25 en 28, en daarbij let u goed op de omgekeerde waarderingen voor 3 en 15. Uw score
voor Perspective Taking zal tussen de 0 en 28 liggen, waarbij 28 aangeeft dat u vaak en intens andermans standpunt inneemt; is uw score
0, dan neemt u zelden andermans standpunt in. Vervolgens doet u
hetzelfde voor de andere drie schalen.
    Nu hebt u uw score voor alle vier de onderverdelingen. Deze me-

ten verschillende, op elkaar aansluitende aspecten van uw omgang met anderen. Perspective Taking gaat over uw neiging om spontaan andermans psychologische standpunt over te nemen. Fantasy Scale kijkt in hoeverre u uzelf op creatieve wijze indenkt in de gevoelens en handelingen van fictieve personen in boeken, films en toneelstukken. De twee andere onderverdelingen gaan over uw emotionele reacties: met Empathic Concern worden uw gevoelens van medeleven en mededogen gemeten voor anderen in onaangename situaties, en Personal Distress geeft aan hoe sterk uw 'zelfgerichte' gevoelens van persoonlijke angst en onbehagen zijn bij gespannen situaties waarbij anderen zijn betrokken.

Algemeen gesproken scoren vrouwen hoger op alle drie schalen. Een proefneming met meer dan vijfhonderd mannelijke en vrouwelijke studenten leverde de volgende gemiddelde scores op:[14] voor vrouwelijke studenten gold FS=18.75, PT=17.96, EC=21.67, PD=12.28. De mannelijke studenten scoorden als volgt: FS=15.73, PT=16.78, EC=19.04, PD=9.46. Als uw scores hoger dan het gemiddelde waren voor uw geslacht, beschikt u over bovengemiddelde empathie; scoort u lager, dan bent u naar verhouding minder empathisch op die bepaalde schaal van de vragenlijst.